林美茂　刘晓峰　主编

日本哲学与思想研究（2020）

近世与近代的多元视角

清華大学出版社
北京

内容简介

本书以“近世与近代多元理论视角”为专题，分为“哲学与日本近代”“江户思想空间”“多元视角”“译著:《安部公房的都市》(连载)”四部分，内容包括“日本近代哲学”“江户日本汉学”“日本近代思想与文化”，以及东京大学苅部直教授的重要论著《安部公房的都市》第四章至第六章的中文翻译等，较为全面地展现了近年来中日学界关于日本哲学、思想与文化研究的最新动态与前沿性学术成果。

本书从多角度展现近年来中日学界的研究成果与前沿问题，是了解中日学界关于日本哲学、思想、文化等领域研究的重要学术窗口。可供从事日本哲学与思想等研究的专家、学者、研究生，以及其他关注日本人文、社会的学者与读者参考。

图书在版编目（CIP）数据

日本哲学与思想研究 . 2020：近世与近代的多元视角 / 林美茂，刘晓峰主编 .— 北京：清华大学出版社，2022.8

ISBN 978-7-302-61399-2

Ⅰ.①日… Ⅱ.①林… ②刘… Ⅲ.①哲学思想—日本—文集 Ⅳ.①B313-53

中国版本图书馆 CIP 数据核字（2022）第 136590 号

责任编辑：张维嘉
封面设计：何凤霞
责任校对：赵丽敏
责任印制：朱雨萌

出版发行：清华大学出版社
网　　址：http://www.tup.com.cn, http://www.wqbook.com
地　　址：北京清华大学学研大厦A座　　**邮　　编**：100084
社 总 机：010-83470000　　**邮　　购**：010-62786544
投稿与读者服务：010-62776969, c-service@tup.tsinghua.edu.cn
质量反馈：010-62772015, zhiliang@tup.tsinghua.edu.cn
印 装 者：小森印刷霸州有限公司
经　　销：全国新华书店
开　　本：170mm × 240mm　　**印　　张**：18　　**字　　数**：308千字
版　　次：2022年10月第1版　　**印　　次**：2022年10月第1次印刷
定　　价：78.00元

产品编号：096104-01

编　委　会

序言：坚守与求新

从事学术研究，坚守与求新是不可或缺的一双翅膀。坚守是一种品格，求新是一种精神。然而，要调和二者却非一件容易的事情。因为此二者一方面要求坚持不变，另一方面则需要努力寻求变化。这犹如柏拉图所描述的两匹马驾驭的灵魂马车，一边是血统高贵的良马，另一边是品性桀骜的劣马，驾驭这两匹性质与性格不同的马，需要驭手具备驯养与驾驭的高超技巧，才能顺利抵达巡天之上观照真理原野（《斐德罗篇》246b-247b）。人要养育调和灵魂的这双翅膀，则需要强大的理性力量，使理性之眼明锐而清醒，并能始终朝着本真存在的方向，绝不会被眼前周遭之存在且非存在的事物所左右。那么，这就要求作为学者要拥有一双慧眼，才能够清醒地认识到究竟需要扬弃什么、必须坚守什么、如何在坚守中求新的道理。

关于坚守，现实中往往被运用在对于某种所谓的传统之传承与朝拜之上，从而接续学脉，开掘所谓的源头活水。然而，一些被树立的所谓的学脉、传统，本来就不具备作为传统且值得继承的价值，在这种情况下所导引的学脉，其所宣扬的传承与坚守则意味着抱残守缺，除了某种别有用心的利用性嫌疑，不知道还有什么值得提倡与坚守的意义。对于学者而言，真正意义的坚守只有一种诸学共通的品格，那就是对于学术的敬畏与向学的初心，这种敬畏与初心其实就是我们常说的“学术精神”中不可或缺的品质。从事学术研究的人，只有始终心存敬畏、坚守初心，才能不至于有了小成就就忘乎所以，从而走向自恋、自大、自命不凡、唯我独尊的迷途。同时，也只有对学术心存敬畏、坚守初心的人，才能保持良知的清醒，理性地面对学术，始终秉承客观、冷静的批判精神，无论对于自己的学术还是对于他人的学术，乃至所谓的学术传统，都能够保持开拓求新的精神。

我国学界关于日本哲学与思想的研究，从近代末期以来大致经历了接触与介绍（清末至新中国成立）、奠基性研究（20 世纪 50 年代中后期至 60 年代中期）、复苏与借鉴（20世纪80年代至20世纪末）、探索与求新（进入21世纪以来）四个时期，每一个时期由于其历史阶段与时代背景的不同，呈现着不同的特点。现在正处于探索与求新阶段，出现了一些此前三个时期未曾有过的崭新气象，其最大特征是确立作为日本学界的“他者”视角，以客观求新的批判性研究姿态，探索日本学界不曾有的、真正具有学术创新意义的关于日本哲学与思想的研究路径。

当然，我们作为日本的“他者”，要发现日本学界所不能发现的崭新问题，首先需要奠定属于我们自己的自主性研究基础，不能总是借鉴日本人的研究认识形成自己的研究成果。其实，这种自主性研究摸索，在上述的“奠基性研究”时期就已经出现。然而，由于受到当时的意识形态先行的影响与制约，研究中所秉承的学术态度，只是一种主观臆断的求新追求，正因为如此，诸多观点缺少应有的学术说服力，其中所表现的批判性也只能停留在浅尝辄止的表面。经历了“文革”期间的研究中断，在20世纪80年代进入研究复苏之后，直至20世纪末，我国学界关于日本哲学与思想的研究，其中的自主性研究追求与“奠基性研究”时期相比不是增强反而减弱，虽然摆脱了意识形态要求的制约，却受到了日本学界的相关研究及其观点的影响，除了少数的成果之外，多数研究论述具有明显的对于日本学界认识的综述性、借鉴性特点，真正中国学界的自主性研究之创见性认识并不突出。

正如所知，凡事都具有两面性，对于研究者而言在前人研究的基础上进一步展开相关研究，相较于自己的开拓性研究自然会来得容易，但这种研究要发现新问题，取得具有创见性价值的学术成果则比较困难。为此，如果我们的研究总是紧跟着日本学界的研究视角、观点亦步亦趋，那就只能拾人牙慧，终其一生也难以确立自己的学术自信。高须芳郎曾在他20世纪20年代出版的与日本思想相关的论著中指出，关于日本思想，与其说日本人，不如说被欧美人研究得更多且更为深入（《日本思想十六讲》）。虽然这种观点已过了百年，但这种指摘却提醒了我们，作为日本的“他者”，无论是欧美人还是我们中国人，一定有日本人自己发现不了的崭新问题，“不识庐山真面目，只缘身在此山中”就是这个道理。中国学界研究日本哲学思想也有一百多年了，然而，我们可以自信地说自己比日本人的研究“更为深入”的成果有哪些？这是值得深思的问题。当然，其中极少的一些成果确实具有中国学界的独特性视角。比如，我国日本哲学思想研究的奠基者朱谦之先生在20世纪30年代发表的《日本思想的三时期》一文，可以代表民国时期中国人关于日本思想研究的重要成果，虽然其中存在着孔德实证主义哲学影响的痕迹，但他把历史哲学研究方法运用于日本思想研究是值得肯定的，也是当时日本学界不多见的。遗憾的是，这样的科学态度与研究方法，在朱谦之先生50年代中期以后重新出现的相关成果中却消失了。此后，中国学界的日本哲学与思想研究，意识形态的有色眼镜也许让其颇具中国特色，然而这种特色失去了作为学术研究应有的客观性与说服力。而在20世纪80年代至20世纪末的研究复苏与借鉴期，除了关于日本佛教、神道研究之外，其他关于日本思想与哲学的研究，当学者们摘下了意识形态滤色镜的同时，就陷入了只能在借鉴、参考日本学界相关研究成果基础上确立自己的存在的境地。当然，其中的原因在于此前的中国学界研究成果严重不足，只能借鉴、参考日本学界的相关成果才能有所阐发，可以说，这是前辈们不得已而为之的选择。

然而，当历史进入21世纪，特别是最近十多年，一种前所未有的崭新气象逐渐显现，我国学界以客观求新为特征的自主性研究探索意识日益增强，区别于日本学界的研究视角与具有创新意义的研究发现不断增多，出现了一批重要学术成果。其中最具独创性的研究成果，应该是韩东育教授关于近世日本“新法家”的研究，他把近世日本的徂徕后学等思想以“新法家”命名，尽管这种命名是否合理还存在争论，而这种独辟蹊径的探索精神正是我们作为日本“他者”所应该拥有的学术姿态。当然，其中还有吴震、孙歌所取得的重要学术成就，更加令人瞩目。此外，郭连友、王青、王颂、刘晓峰、韩立新、刘岳兵、龚颖、吴光辉、韩立红、史少博等以及部分港台学者也出版了重要的研究成果。而更加令人欣慰的是，近年来越来越多的中青年学者在学界不断涌现，一支前所未有的、日益壮大的日本哲学与思想研究队伍正在形成。正是基于这种认识，本书所编选的论文以中青年学者的最新研究成果为主，并以近世与近代哲学、思想的研究为专题，呈现我国学界关于日本研究的多元视角与崭新认识。

无论是日本还是我国学界，近世与近代的日本哲学与思想都是研究者们热衷的研究领域，其中除了语言的因素之外，更为重要的是由于这个时期可供研究的文献资料丰富，也因此相关的研究成果居多。那么，我们作为日本学界的“他者”，确立一种“他者”的视角，则成为不可或缺的自我定位与学术追求。如果从坚守与求新的关系而言，我们只有坚守“他者”的自我定位，才能充分发挥作为中国学者的求新优势，从而摆脱日本学界的影响，真正确立属于中国学者的自主性研究。特别是关于日本的近世与近代研究，虽然日本学界已经有了丰富的成果，但其中也存在一些日本学者尚未涉及的问题。比如，近代日本与日本近代究竟如何看待？把近代以前归入“思想”，把近代之后才归入“哲学”研究对象究竟是否合理？正如所知，无论“哲学”还是“思想”，都是近代以后才出现的学术概念，甚至“思想”的出现比“哲学”概念的出现还来得迟。那么，二者的本质区别是什么？日本学界关于日本哲学史的研究为什么只从近代写起？井上哲次郎的学术路径被日本学界抛弃的原因是什么？近代以前的日本学术思想如果从“哲学”角度展开研究应该如何进行？等等。葛兆光教授在美国普林斯顿大学讲演时，对于思想史的研究概括了三种不同的方法，他指出，西方人的思想史研究方法更多地侧重于以“理性”这个概念的发展史为线索展开阐述；在日本，思想史的研究主要以历史事件与史料为坐标展开思想的叙述；而中国则是一种“谱系式”的研究方法，主要以人物思想脉络为线索来梳理其中的“道统”，也就是以强调思想的正当、正统性的研究为主（《思想史为何在当代如此重要》）。虽然这样的归纳是否合理值得商榷，但至少为我们提供了一种思路。如果把“理性”的发展史与“谱系式”的研究方法运用于日本哲学与思想的研究，是否可确立中国学界关于日本哲学与思想研究的独特性视角，取得我们探索性研究的创新性成果？这些都是值得我们思考与探索的问题。

是为序。

编　者

2022年6月20日

目录

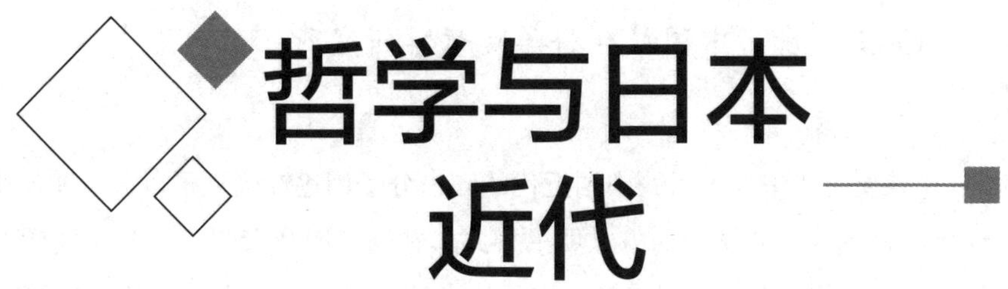

哲学与日本近代

井上圆了的佛教哲学对梁启超的影响

○ 王　青　中国社会科学院哲学研究所

［**摘要**］甲午战争后，中国近代的知识分子们逐渐确立了以通过明治维新实现近代化的日本为中介学习西方文明的模式，在这一时代背景下，日本明治时期的佛教哲学家井上圆了对倡导以佛教为主干的中西文明融合论的梁启超产生了深刻的影响。本文从融合东西方思想创建新的东方哲学以贡献于世界的学术宗旨、主张佛教融合理性的科学与哲学的宗教观、以康德哲学的认识论“格义”佛教的天台与华严思想这三个方面对梁启超与井上圆了进行比较研究，论证了梁启超将康德哲学引进中国，并借康德哲学阐述佛教思想与来自井上圆了的启发具有密切的关系。

［**关键词**］梁启超；井上圆了；康德哲学；佛教思想

梁启超（1873—1929）是中国近代著名的思想家和政治家，也是以康有为、梁启超为代表的维新派发动的资产阶级改良运动“戊戌变法”的领袖之一。1898 年戊戌变法失败后，他被迫逃亡日本。在逃亡前的洋务运动时期，梁启超就已经对借助明治维新成功实现近代化的日本有所憧憬，在流亡日本后，通过进一步学习日语，以及大量阅读日本的西洋译著和日本人所著的西学相关书籍，梁启超的思想又发生了更大的转变，积极地向中国推介通过日本而被其接受的西方近代思想文化。

在此期间，梁启超深受日本明治时期的著名佛教哲学家井上圆了（1858—1919）的影响。从梁氏的《论佛教与群治之关系》《复友人论保教书》《佛教心理学浅测》等关于佛学的文章可知，以井上圆了为代表的明治日本佛教界的影响对梁启超具有不容轻视的作用。

梁启超不仅阅读过井上圆了的很多著作，而且曾与井上圆了有过直接接触。实际上，德国哲学家康德首次被介绍到中国，便是以梁启超 1903 年在《新民丛报》上发表的文章《近世第一大哲康德之学说》为契机的。梁启超对康德给予了极高的评价，称他“非德国人，而世界之人也；非十八世纪之人，而百世之人也”，甚至是“百世之师，黑暗时代之救世主”[①]。此文正是梁启超流亡日本期间，参观井上圆了创建的哲学普及机构——哲学堂，看到馆内将康德与苏格拉底、孔子、释迦并列为古今东西的“哲学四圣”加以祭祀而深受振奋所著。在文章中，梁启超将康德的认识论与佛教思想相比较，用佛教的“真如”比附康德哲学的“真我”，并得出“康氏哲学大近佛教”的结论，笔者认为这与井上圆了以康德哲学提升佛教理论的启发有着密切的关系。

然而，井上圆了与梁启超之思想间的影响关系在中国学术界并未受到关注，在康德哲学研究界几乎从未被提及，因此本文试图深入考察和分析井上圆了对梁启超的佛教观与康德理解观所产生的具体影响，以期能够对进一步搞清中国近代佛教史与康德哲学在中国的传播史之全貌略有助益。

一

明治初期，欧美哲学在日本社会风靡一时，“欧化主义”“功利主义”思想日益流行，加上明治政府“废佛毁释”政策的助推，日本传统佛教的权威性和影响力岌岌可危。出身于净土真宗大谷派的佛学家井上圆了对此持有深刻的危机感，他终生致力于吸收和融合西方“哲学”与“科学”的因素，改良传统佛教，打造以佛教思想为基础的东洋哲学。

当然井上圆了所提倡的这一立场，受到了时代的制约，使他也未能逃脱借助西方哲学构建强调国家主义的日本佛教这一局限性。“我相信，吾人之天职在于借此活动达到人生进步，故此进步首先由一身及一国，由一国及世界，以此为顺序，人人皆为国鞠躬尽瘁。”[②] 因此，对井上圆了来说，佛教的“改良扩张”运动既是对真理的

① 梁启超:《近世第一大哲康德之学说》,《饮冰室合集・文集之十三》，北京：中华书局，1989 年，第 47 页。

② ［日］井上円了:「奮闘哲学」,『井上円了選集』第 2 巻，東洋大学，1987 年，第 442-443 頁。

追求，也是对国家的义务。

然而井上圆了虽然一直强调“护国爱理”是一体两面，但并非仅仅出于日本佛教镇护国家的传统性质，而是他同时确信“欧洲数千年来所究得的真理，早在三千年前的东洋太古时代早已具备”[①]，即佛教与西洋哲学所述皆为相同的真理。因此，井上圆了于1884年设立哲学会，并在《论哲学的必要性与本会之沿革》一文中，提出了一个宏伟的设想，要以日本固有的佛教为根干，以西方近代哲学为辅翼，吸收二者的精华而创造出一种新的所谓“纯正哲学”的理论体系。井上圆了呼吁道：“在我们东洋有西洋人尚未研究的古来固有之哲学，其中亦自存有一种之新见。若今日我邦研究之，与西洋之哲学比较对照，他日取其二者之长处，至组成一派之新哲学，非独吾辈之荣誉，学者岂能犹豫因循而置之弗讲耶。”[②]

井上圆了构建东洋哲学以贡献于世界的学术抱负可以说也是梁启超的思想课题。19世纪后半期的中国，内忧外患，风雨飘摇，知识分子普遍认识到欧美列强的侵略造成了中国分裂的现实危机，所以将中国改造为近代“国家”以抵抗列强就成为时代要求的紧迫课题，梁启超正是在这一时代背景下，将“国家”这一新概念引进中国思想界的。实际上，如何抵抗西方近代国家的侵入是东亚近代的共同命题，因此梁启超在流亡日本期间，曾经与明治时期以国家主义或亚洲主义对抗欧化主义、提倡东洋伦理复兴或东西伦理调和的日本思想家们产生了思想上的强烈共鸣。

然而，梁启超在1919年12月至1920年1月周游欧洲后，看到了“一战”后科学主义的失败给欧洲国家带来的危机，深刻反省了国家主义的膨胀与世界大战之间的关系，他思想上发生了巨大转变，开始批判全面西化的浅薄性，并呼吁以中国文化为主干，统合精炼各国的学术思想，创造出一种超越西洋文化的独特新文明，为全世界的人类带来光明。

梁启超以《欧游心影录》（1920）这一欧洲访问记为契机，推动了中国近代关于如何认识和处理东西文化关系的“东西文化论战”大辩论，引发了中国近代思想界的大震荡。相较于彻底否定中国固有传统文化的全盘西化论和主张以中国文化统合西洋文化的传统守旧派等论点，梁启超承认东西文明各有优劣，并提倡以西洋文化的优点弥补中国文化之不足的东西文化融合论。

梁启超承认中国传统文化中缺乏科学精神，倘若能以西洋思想的方法进行改良，

① ［日］井上円了:「仏教活論序論」,『井上円了選集』第3巻，東洋大学，1987年，第337頁。

② 『哲学会雑誌』第1冊第1号，東京帝国大学文学部哲学会編，1887年，第8-9頁。

必定能发展为一种新文化，为全人类作出贡献。即他主张“第一步，要人人存一个尊重爱护本国文化的诚意；第二步，要用那西洋人研究学问的方法去研究他，得他的真相；第三步，把自己的文化综合起来，还拿别人的补助他”，如同“泰东（中华）文明”和“泰西（西洋）文明”结婚一般，“叫它起一种化合作用，成了一个新文化系统”，借此修正科学至上主义的偏颇；然后“第四步，把这新系统往外扩充，叫人类全体都得着他好处”。[①] 梁启超怀着“对全世界文化应负此种天职”的强烈责任感，在思想层面一跃成为以超越西洋近代国家这一框架为志向的世界主义者。

在这种思想背景下，梁启超确立了将佛教哲学作为东方文明的主干，致力于通过东西思想之融合而实现中国传统文化的革新，可以说在面临同样的时代课题时，梁启超与井上圆了经历了同样的思想历程，并最终都到达了通过融合东西方思想而创建新的世界性文明以贡献于全人类的抱负与志向。

二

如前所述，井上圆了思想上具有国家主义的时代色彩，他强调“护国爱理”论，即“心系国家”与“热爱真理”之间“是一非二”，为了报国家社会之恩，应该通过普及“统括诸学问的根本学问”的哲学之教育，实现开发民众智慧而强化国力的目标。

井上圆了认为，大乘佛教的宗旨是“上求菩提，下化众生”〔在上追求开悟（菩提），在下教化众生〕，即是将真理应用于现实世界，为人类的幸福和社会的改善而工作，井上圆了将此称为“转迷开悟”“安心立命”，即强调佛教的最终目的正是令人们从迷茫中转而领悟到真理，认识到自己的使命。

然而当时日本民间信仰的宗教多为愚昧的迷信，从迷信中产生出来的五花八门的妖怪们充斥着日本民间，这不仅是缺乏合理依据的世俗信仰，而且迷惑人心，妨碍人的“安心”，即对真理的认识。为了坚持正确的信仰，必须用科学的道理解释妖怪的根源，并打破这些愚昧的迷信。于是井上圆了致力于妖怪学研究，他将所有的妖怪分为八大门类，将“误怪”和“伪怪”等七大类的妖怪视为错觉或误解的产物，分别用物理、化学等科学知识去逐一破解，最后他将唯一一种所谓“真怪”视为无法用科学验证和哲学推理的“真正的妖怪”，就是作为本体的不可知的存在，或者说

---

① 梁启超:《欧游心影录》，北京：商务印书馆，2014 年，第 51 页。

就是包容并超越了西方近代的哲学与科学的宗教这一范畴，也就是井上圆了称之为“真如”或“中道”的“纯正哲学”体系。

而当时中国的知识分子正在为社会改良与民族救亡而急切地寻求着思想方法，以井上圆了关于佛教包容并超越西方近代的哲学与科学的学说为代表的日本近代佛教改良思潮对清末以来的中国思想界产生了很大影响，为中国近代知识分子以西方科学和哲学格义佛教的教理，或用佛教的教理理解西洋科学和哲学，以及通过西方近代宗教学的研究方法研究佛教历史、文献和思想等，提供了一种理论上的启发。晚年致力于将中国传统文化构建为系统化国学的梁启超就是在这一时代背景下认识到佛教不仅具有重要的社会统合机能，而且在认识论上也可与西方近代哲学进行打通。

梁启超首先认为佛教作为宗教信仰不仅丰富了中国文化，还具有改良社会人生的重要作用。他在《论佛教与群治之关系》中的一段话反映了他对宗教作用的认识：

> 信仰必根于宗教，……宗教遂为天地间不可少之一物……亦有心醉西风者流，睹欧美人之以信仰景教而致强也，欲舍而从之以自代，此犹不达体要之言也。……欲求一新信仰，则亦求之于最高尚者而已。[①]

对梁启超而言，“最高尚”的信仰就是佛教，但遗憾的是在当时的中国，佛教却衰退到只有“宗”派势力之争，作为宗“教”信仰的作用却丧失殆尽，为形成西方近代式的国民国家，民众动员和民心统合必不可少，此时宗教作为社会统合机能即“群治”之手段的作用不可或缺。然而，由于儒教不是宗教而是学问，基督教与中国民众的关系又不亲厚，所以只有佛教才能成为最适合中国国情的信仰体系。

梁启超的这种佛教观，显然与同时代的哲学家、教育家蔡元培有着明显不同。蔡元培和以科学、民主为口号的新文化运动有着深刻关联，在近代中国实行了以科学主义和公民道德为内容的教育改革。蔡元培的早期思想经常参考井上圆了佛教护国论的相关著作，可以说他与井上圆了同样认为在建设近代化国家时当务之急是以科学彻底揭露妖怪、幽灵等异常现象，扫除人心的迷妄愚昧，改善社会风俗和道德水平。然而，蔡元培在政治上主张抑制君权、伸张民权，他实际上是把佛教视为一种蔑视君主的自由思想；并且蔡元培从科学启蒙的立场出发，虽然将井上圆了的《妖怪学讲义》翻译介绍至中国，但他同时否定了井上圆了推崇的“绝对无限、不可思议”

① 梁启超：《论佛教与群治之关系》，《饮冰室合集·文集之十》，北京：中华书局，1989 年，第 45 页。

之宗教，认为宗教是妨碍精神自由的非理性的“迷信”，故提倡以美育代宗教的理念。蔡元培的这种佛教观与梁启超形成了鲜明对比。

在梁启超看来，佛教主张“一切众生皆有佛性，……其立教之目的，则在使人人皆与佛平等而已”①，即是一种“乃平等而非差别”的符合近代价值观的平等主义，梁启超积极宣扬大乘佛教作为一种救赎的信仰，给普通民众带来大乘开悟之希望，肯定了佛教在统合民心方面发挥的作为“教”的统合机能。

不仅如此，梁启超同时又从学术的角度对佛教作出了“佛教之信仰乃智信而非迷信”的高度评价，主张佛教与理性的科学以及哲学并不矛盾，甚至佛教“恒以转迷成悟为一大事业……故世尊说法四十九年，其讲义关于哲学学理者十而八九。……希腊及近世欧洲之哲学……论理之圆满，犹不及佛说十之一”②。因此，梁启超通过与康德哲学的比较研究，论述了佛教作为认识论的哲学价值，为近代中国佛教学术的振兴作出了巨大贡献。

三

井上圆了把西方哲学史的发展进程概括为自希腊以来遵从“三段法的规则”而发展起来。古代哲学分万有哲学时代、人间哲学时代、宗教哲学时代；近代哲学分再兴时代、新设时代、完备时代，新设时代哲学的代表是培根的经验派和笛卡儿的独断派，但“各偏极端”；至康德登场，“看破过去的哲学的假定独断，开一大完全的组织以后，西洋哲学大大完备”③。

> 西洋哲学在康德以前有唱唯物论的，有唱唯心论的，又有唱虚无论的，不知其所定，康德一出，排除四方异说，统合分解，斟酌折中长短，而大成纯然一个批判哲学。……使之后的哲学者得纯正哲学之光，以照真理之道，全是康德之恩惠。④

因此井上圆了将康德推崇为“近世无二的硕学大家”，对他给予了“其人格品行

① 梁启超:《论佛教与群治之关系》,《饮冰室合集・文集之十》，北京：中华书局，1989年，第49页。
② 梁启超:《论佛教与群治之关系》,《饮冰室合集・文集之十》，北京：中华书局，1989年，第46页。
③ ［日］井上円了:「哲学早わかり」,『井上円了選集』第2巻，前掲書，東洋大学，1987年，第48頁。
④ ［日］井上円了:『井上円了選集』第2巻，前掲書，東洋大学，1987年，第108頁。

作为学者之榜样可说是无可非议。且近世哲学始于法国的笛卡儿氏，康德氏可谓是集此大成者”[①]的高度评价。这也就是井上圆了将康德、苏格拉底、孔子与释迦尊为“哲学四圣”，将康德作为近代西方哲学代表的理由。

当然，根据日本佛教学家竹村牧男的研究[②]，井上圆了又批评康德哲学存在着一大缺点，即“在心外假定物质的实在，并认为其实体完全不可知”[③]。也就是说，井上圆了认为虽然康德将我们的所见所闻之物视为感觉所接受之物，即在主观方面是接近唯心论立场的，但他又认为产生此感觉的物自体存在于外界，结果就陷入了物心二元论。

从这一立场出发，井上圆了逐渐倾向于黑格尔哲学，认为他“并不在相对之外另立绝对，相对之体即是绝对。换言之，黑格尔的学说认定，相对与绝对并非全然相离，而是相互结合而存在。因为绝对的范围中有相对，在相对之中又应当可以得知绝对之如何。将这一绝对之全体冠名曰理想，其体中含有的可开物心两界之物，即是理想之进化。……德意志哲学至此始得其大成”[④]。圆了所说的“理想”又称“理体”，正是他对“本体”概念的一种解读，他也是通过这种类似于中国佛教的“格义”方法把黑格尔哲学与佛教的“真如”或曰“中道”的思想联系起来的。

> 确定物心之本体，首先不外于建立非物非心的理体。此理体，就是真如。真如是物又不是物，是心又不是心，所谓非物非心，又是物是心。也就是非有非空亦有亦空的中道。……理与物心相合，有着不一不二的关系。[⑤]

井上圆了在《哲学要领》的前编，指出黑格尔关于绝对相对不二的立场与佛教天台思想的真如缘起说、华严思想的法界缘起说等理论一脉相通，他以此为依据将佛教与西方哲学结合起来，并将佛教打造为与传统愚昧信仰截然不同的一种“哲学”体系。

> 余认为，佛教中一半是理学或哲学，一半是宗教。换言之，小乘俱舍是理学，而大乘中，唯识、华严、天台等是哲学。……而大乘唯识的森罗诸法中，唯识所变的理论类似于西洋哲学中的唯心论。其第八识阿赖耶识

---

① ［日］井上円了:「哲学一瞥」,『井上円了選集』第2卷，前揭書，東洋大学，1987年，第76-77頁。
② ［日］竹村牧男:「井上円了の哲学について」,『国際井上円了研究』第1号，2013年，第82-102頁。
③ ［日］井上円了:「哲学要領（前編）」,『井上円了選集』第1卷，東洋大学，1987年，第141-142頁。
④ ［日］井上円了:「哲学要領（前編）」,『井上円了選集』第1卷，東洋大学，1987年，第144-145頁。
⑤ ［日］井上円了:「仏教活論序論」,『井上円了選集』第3卷，東洋大学，1987年，第367頁。

类似于康德的自觉心，或者费希特的绝对主观。又，般若学的诸法皆空，在西洋哲学中类似于虚无学派的视物心二者为空。又天台宗的真如元气，类似于西洋哲学中的逻辑学派，即理想学派。在天台宗理论中的万法是真如、真如是万法一说，与黑格尔的现象是无象、无象是现象的说法乃是一样的。①

井上圆了创立的哲学教育机构哲学馆、哲学堂以及圆了对康德哲学的理解，对梁启超和其老师康有为产生了深刻影响。②梁启超明确表示他正是受到井上圆了哲学四圣观的启发，才认识到康德在西方哲学史上的重要性，从而写出了《近世第一大哲康德之学说》这篇著名文章，文中集中反映了梁启超的佛学观，他在文章开头就这样说道：

吾昔见日本哲学馆有所谓四圣祀典者，吾骇焉！嵇其名，则一释迦、二孔子、三梭格拉底、四康德也。其比拟之果伦与否，吾不敢言，即其不伦，而康德在数千年学界中之位置，亦可想见矣！作康德学说。③

在文章中，梁启超用佛教思想解释康德学说，又将康德的认识论与佛学进行比较，笔者认为梁启超援用佛学“格义”康德哲学的方法应该就是受到了井上圆了康德观的影响。

梁启超参照井上圆了的康德观，也给予了康德“西洋哲学的集大成者”这一高度评价。

自近世之初，学界光明，始放一线。其时屹然并起于欧洲者，厥有二派：一曰英国派，倍根倡之。专主实验，以科学法谈真理。其继之者为霍布士，

---

① ［日］竹村牧男：「井上円了の哲学について」，『国際井上円了研究』第 1 号，2013 年，第 82-102 頁。

② 逃亡日本的康有为在 1897 年主编的《日本书目志》中，介绍了井上圆了的《哲学要领》《哲学一夕话》《佛教活论》《伦理通论》等许多著作。据圆了的《西航日录》记载，他于明治三十五年（1902）12 月 19 日到达印度大吉岭，第二天就去拜访了滞留在此地的康有为，双方互相赠诗，如旧友般情投意合。对此康有为也在《须弥雪亭诗集》中有如下记载：“日本井上圆了博士，哲学第一名家也。访余于金刚宝土，卧之下榻，赠诗索和。万死奔亡救国危，余生身世入须弥，偶从空谷闻鸾啸，了尽人天更不疑。”此外，康有为还为井上圆了的四圣堂作如下跋：“日本哲学博士井上圆了来馆谈玄甚欢，索题四圣堂：以孔子、佛索、格低、康德为四圣。东西南北，地互为中。时各有宜，春夏秋冬。轨道之行虽异，本源之证则同。先后圣之拨异，千万里之心通。藐兹一堂，捧经质从。羹墙如见，梦寐相逢。化星方寸，与天穹窿。亿劫旦暮，以俟来者之折衷。”

③ 梁启超：《近世第一大哲康德之学说》，《饮冰室合集 · 文集之十三》，北京：中华书局，1989 年，第 47 页。

为洛克，而谦谟集其大成。二曰大陆派，笛卡儿倡之，专主推理，以发心物二元论。其继之者为斯宾挪莎，为黎菩尼士，而倭儿弗为其后劲。此两派者，中分欧洲之思想界，各自发达而常不能调和，当十八世纪之初，实全欧学界最纠纷最剧竞之时代也，于是乎康德出集其大成。[①]

梁启超关于康德哲学是对独断论与怀疑论的折中调和的观点也与井上圆了的康德观一脉相承。

康德少时，最得力黎菩尼士倭儿弗之学，后读谦谟著书，深有所感，以为前此学者之言哲学，或偏主论定派，或偏主怀疑派，要之皆非其至者也。……康氏以为欲调和此两派之争，必当先审求智慧之物，其体何若，其用何若。然后得凭借以定其所能及之界。于是有所谓检点派之哲学出焉。盖彼二派皆就吾人智慧所触所受者言之，康氏则直搜讨诸智慧之本原，穷其性质及其作用也。[②]

梁启超通过深入钻研《成唯识论》等佛学典籍，认识到佛学，特别是“穷一切理，必先以本识为根柢”的大乘佛教唯识论作为认识论的重要性，并通过康德哲学与唯识论的比较研究得出了“康氏哲学大似佛教”[③]的观点。梁启超文中不乏对康德哲学和佛教教义关联性的强调之处，例如：

康氏以为，欲明智慧之诸作用，宜先将外物之相区为二种。其一曰现象，其二曰本相。现象者，与吾六根相接而呈现于吾前者。举凡吾所触所受之色声香味皆是也。本相者，吾所触所受之外，彼物别有其固有之性质。……案此义乃佛典所恒言也。……其谓由我五官及我智慧两相结构而能知物。五官者，《楞伽经》所谓前五识也；智慧者，所谓第六识也。[④]

梁启超主张康德认识论的三大原理与华严思想存在着一致性，即反映因果关系

---

① 梁启超：《近世第一大哲康德之学说》，《饮冰室合集·文集之十三》，北京：中华书局，1989年，第49页。

② 梁启超：《近世第一大哲康德之学说》，《饮冰室合集·文集之十三》，北京：中华书局，1989年，第50-51页。

③ 梁启超：《近世第一大哲康德之学说》，《饮冰室合集·文集之十三》，北京：中华书局，1989年，第51页。

④ 梁启超：《近世第一大哲康德之学说》，《饮冰室合集·文集之十三》，北京：中华书局，1989年，第51-52页。

的“条理满足之理”、诸现象间必定有关联性的“庶物调和之理”和诸现象中的力固定不增不减的“势力不灭之理”，这三大原理是“康德大发明之者也。其义与华严宗之佛理绝相类。所谓条理满足者，即主伴重重十方齐唱之义也；所谓庶物调和者，即事理无碍相即相入之义也；所谓势力不灭者，即性海圆满不增减之义也”[①]，可以说，梁启超力图通过对康德哲学的认识论和华严宗思想的比较研究进而提升佛教的哲学价值。梁启超甚至认为，康德所谓“现象之我”相当于佛教的“无明”，而康德所说的人类具有的超越时间和空间的高等生命这一本质，也就是所谓的“真我”概念，则相当于佛教的“真如”，这样就在本体论层面论证了佛教教义与康德哲学的一致相通。[②]

当然，梁启超阐发康德哲学时带有的浓厚佛学色彩，以及他努力把佛教打造为“哲学”的操作，也难免被批评为无视二者异质性的牵强附会[③]，然而，正是他的这种“误解”或“误读”，在把“哲学”这一完全异质的西方学术思想介绍到中国的过程中起到了巨大作用，从这个意义上说，井上圆了在此过程中对他的启发也不容忽视。

结　语

作为日本近代佛教哲学家的井上圆了，通过与西方哲学的比较研究重新发现了佛教的价值，并借助西方哲学的框架和概念将日益衰退的日本传统佛教构建为近代的“宗教”，以抵抗西方文明对所谓日本精神的侵蚀。从明治20年代到大正中期，井上圆了不仅在日本社会产生了巨大的影响力，也对中国近代的思想家们产生了重要的影响。

自1840年的鸦片战争促使中国近代知识分子们认识到学习西方文明的必要性以来，他们确立了以通过明治维新实现近代化的日本为中介学习西方的模式。甲午战争后，中国大量翻译日本书籍，积极引进西学，井上圆了的著作正是在这一时期被

① 梁启超：《近世第一大哲康德之学说》，《饮冰室合集·文集之十三》，北京：中华书局，1989年，第54-55页。

② 梁启超：《近世第一大哲康德之学说》，《饮冰室合集·文集之十三》，北京：中华书局，1989年，第60-61页。

③ 参照郭敬燕：《以佛教释康德：梁启超的康德观探析》，《东方论坛》2018年第5期。

翻译介绍到中国的。其中蔡元培翻译的《妖怪学讲义》[①]在井上圆了的中文译著中最具影响力，然而由于蔡元培始终是启蒙主义者，他的目标是从佛教中找出与君权相对抗的“平等”乃至“民权”，并从妖怪学研究中发现“科学”，因此蔡元培与井上圆了终究是南辕北辙。实际上，井上圆了的佛教哲学理论对倡导以佛教为主干的中西文明融合论的梁启超具有更为深刻的影响。

中国学界往往从梁启超将佛教作为近代中国统合国民之手段这个视角出发分析其佛教思想的性质和特点，而对于梁启超佛学观的形成与井上圆了的影响关系则不甚明了。笔者通过从融合东西方思想创建新的东方哲学以贡献于世界的学术宗旨、主张佛教融合理性的科学与哲学的宗教观、以康德哲学的认识论“格义”佛教的天台与华严思想这三个方面对梁启超与井上圆了进行比较研究，论证了梁启超将康德哲学引进中国，并借康德哲学阐述佛教思想与来自井上圆了的启发具有密切的关系。

当然，本文只是对梁启超与井上圆了之间的影响关系作了一点粗浅的梳理，井上圆了的佛教哲学理论体系十分庞大、复杂，实际上还可以从很多方面详细考察他对梁启超佛教思想的启发，但本文尚未及一一讨论。同时，井上圆了虽然将康德视为西方近代哲学的集大成者，但他又不满于康德哲学陷入物心二元论的弊端，转而倾向于黑格尔哲学。梁启超对井上圆了思想的这一转变是如何看待的？本文也暂时搁置了对这个问题的讨论。正如梁启超本人所言，他的《近世第一大哲康德之学说》还参考了中江笃介的《理学沿革史》等著作，因此也有必要将视野扩展到梁启超与明治时期其他日本哲学家在思想上的联系。总之，中日近代哲学思想交流史是一个很有意义的重大课题，笔者打算以此文为契机，对于以上未及涉足的问题今后将继续加以深入的研究。

（译者：冯璐）

① 虽然《妖怪学讲义》六册已翻译完毕，不幸的是，由于出版社遭遇火灾，仅于1904年出版了《总论》一册。

从主体到场所
——西田哲学对日语语言学的影响

○ 孙　彬　中山大学

[**摘要**] 本文通过对时枝诚记与冈智之的语言学核心立场的分析，论述西田哲学对日语语言学的影响。时枝诚记反对索绪尔的结构主义语言学，以“主体的立场”构建其理论，并对日语的特质作了初步的讨论。主体这一概念并不能理解为西方哲学之中的实体性自我，而是与西田的“场所的自我”概念相通。冈智之借助场所哲学的基本原理，提出日语无主语及日语符合场所逻辑的核心主张。对日语语言学的分析有助于看清西田哲学对日语及日本文化的自觉性思考。

[**关键词**] 时枝诚记；冈智之；西田几多郎；主体；场所

一、相关研究背景

西田几多郎（1870—1945）是日本京都学派的开创者，其哲学思想不仅在哲学界引起众多讨论和研究，对其他学科也产生了巨大影响；在日语语言学界，时枝诚记（1900—1967）的“言语过程论”、三上章（1903—1971）与金谷武洋的“主语废止论”，以及近年冈智之的“场所语言学”都受到了西田哲学思想的影响。这些语言学家对西田哲学的感受并没有停留在启发的层面，西田哲学直接对他们的语言学理论的原理建构产生深刻影响。

在西田几多郎的著作中鲜少直接论述日语的文章，只有在《国语的自在性》这一短文之中说：“日语适合什么？……试举一例，犹如俳句这样的，……唯有日语才能表现出它的美。大而言之，它体现出了日本人的人生观、世界观的特色。日本人针对物的认识或者见解的特色，就是在现实之中把握无限的存在。”①这其实说明了西田关于语言与人的思维的一些关系的看法。的确存在一些只有在日语以及日本文化的环境中才能被清晰把握的、日本人的独特的观念，这些独特的关于日语以及日本文化的观念显然不是西田哲学的主要目标，但是西田也认为应该用西方哲学的方法去挖掘提炼“东洋的矿石”，也就是说，西田哲学在自身的发展过程中，对这些观念进行了回应，甚至可以说西田哲学的根底有用日语“思考”的含义。例如下村寅太郎（1902—1995）在其论文《语言与思维》中所言，西田哲学之中“意识到的意识”（意識された意識）和“意识着的意识”（意識する意識）的区分很难被翻译成德语，而这一区分是导向场所逻辑的重要依据。因为思维通过语言的形式来思考，由于语言的特殊性，语言对思维的思考方式也会存在制约。下村认为，“西田的场所逻辑当然不是通过对日本语的考察得来的，实际上应该说是我们用日本语实际思维的时候所谓的哲学的自觉”②。

中村雄二郎首次比较系统地讨论了西田哲学与日语语言学的契合，举的语言学理论就是时枝理论。除了比较两者，中村还认为离开西田，甚至不能谈论“日本哲学”。其原因在于中村针对中江兆民（1847—1901）关于“日本没有哲学”的担忧提出了“日本哲学的哲学性难题”。这一难题难在单纯的对西方哲学的研究成果并不能够说明存在“日本哲学”，必须在认真思考哲学这一形式的基础上，对日本的“无意识的思维方式”进行自觉的把握，从而才有“日本哲学”的可能性。中村认为这种把握应该建立在对日语的思考的基础上，“在日本要彻底地思考问题时，必须要在充分了解日语的特性的基础上发挥其优点。这里说的特性不是指狭义的语法层面上的东西，而是指当人们去感觉、思考和表达时所体现出的日语在结构上的性质”。③也就是说，中村认为西田揭示了日语的特质，或者说，尽管西田没有正面论述日语的特性或者说日语的逻辑，但是其哲学却深刻地表现了这一特征。

---

① ［日］西田幾多郎：『西田幾多郎全集』第十二卷，東京：岩波書店，1965年，第323頁。

② ［日］下村寅太郎：「言語と思惟」，『科学基礎論研究』1964年5月第6卷第4期，第24頁。

③ ［日］中村雄二郎：《日本哲学的哲学性难题与我的道路》，龚颖译，《世界哲学》2009年第5期，第102-114页。

二、场所哲学的主要立场

在《善的研究》中，西田试图通过对“纯粹经验”的描述，把握一种真正的实在。西田反对在主客观对立的基础上去讨论主观对客观的把握，认为这种“心物二元论”忽视了实在即活动的根本立场。在纯粹经验的状态下，对象与意识是完全合一的，真正的实在就是主客未分、知情意合一状态下的纯粹经验。西田也把纯粹经验的立场称为“一即多”的立场，通过意识状态的分化，纯粹经验在意识活动之中完成自身。[①]西田直接将纯粹经验等同于意识现象，将世界理解为意识现象的组成。需要注意的是，这种意识现象不单是指区别于物体现象的那种精神性的思维活动现象，应该说后者是前者分化发展的产物；并且这一“意识现象”不是单单属于“我”的，“不是有了个人才有经验，而是有了经验才有个人，而且经验比个人的区别更是根本性的”[②]。这个纯粹经验的世界不是一个“独我论”的世界，是不分彼我的，反省的自我是在这个世界之中抽象得到的产物。

在《善的研究》新版序言之中，西田表示场所逻辑是对其这一早期立场的深入。“纯粹经验”的立场是对心物二元论的批判，而场所逻辑则更进一步对西方哲学背后的“主语逻辑”发起了挑战。西田在《场所》一文中统一了两种观点：判断理论（逻辑学），主语在述语之中包摄（包摂）；存有论，特殊的存在（个物的存在）是以关系关联中存在为前提，特殊在一般中被包含。场所逻辑不仅仅是一种知识论，也是一种存有论的立场，知识的逻辑同时也是实在的逻辑。

西田构想的“场所”概念是对“实体”概念的翻转，亚里士多德的“实体”是只能被陈述而不能成为述语的[③]。在判断中就是判断的主语，主语也是无限的述语的统一。如果在主语的方向深入，我们就思考到第一实体这样的终极主体，判断的真正主语即超越论的主语（transcendental subject）。按照这样的“主语逻辑”，我们的意识必须超越自身，投向主语的存在，而这个超越不在意识之内，这样的“主语 / 主体”使得我们的认知及知识都蒙上不可知的阴影。西田认为“认知”必须是“包含在内”之意，也就是说，西田认为西方哲学过于关注只能为主语的东西，而忽视了只能为

---

① ［日］西田几多郎：《善的研究》，何倩译，北京：商务印书馆，1965 年，第 59 页。
② ［日］西田几多郎：《善的研究》，何倩译，北京：商务印书馆，1965 年，第 5 页。
③ ［古希腊］亚里士多德：《范畴篇 · 解释篇》，聂敏里译注，北京：商务印书馆，2017 年，第 11 页。

述语的东西。[①] 在意识的根底思考意识的场所，这一场所统一了认知者、认知对象与认知作用。

西田从判断的包摄构造出发，认为必须有包含“超越的主语”的述语面，即“超越论的述语”（transcendental predicate），也就是“无”（nothingness）。这里的无不是同“主语的有”对立的“无”，而是能使“有”存立的“无”。西田的意思是：我们怎么能发问“存在什么”，使得我们能够认识对象的根底是什么？为了使认识关系成立，应该有包含对象的意识的场所；为了使个物存立，应该有包含个物的绝对无。

西田的场所逻辑并非完全否定了西方哲学中的主语逻辑。在场所逻辑之中，这种追求“超越的主语”是一个受限定的“有的逻辑”，使得这一逻辑成立并且限定它乃是一种关于“无的逻辑”，意即我们应该转而思考“超越的述语面”。[②] 这种思路下，“认知主观”就不是真正的自我，真正的自我乃是“场所的自我”。

三、言语过程论与主体的立场

在这一小节中，可以看到在日语语言学的领域中，最先受到西田哲学影响的时枝诚记是如何运用“场所的自我”这一核心立场，来检讨索绪尔的语言观，并且展开自己独特的国语（日语）研究。面对西方语言学解释日语时出现的困难，时枝认为必须将说话者（主体）重新纳入语言学的考察对象，并将其视为语言活动的中心。

（一）语言是表现思想的过程

把语言作为人类行为的一环来观察，将一切的语言表现都解释为语言主体的功能，时枝的“言语过程学说”建立在此种基础上。时枝认为语言不是脱离说话者以及环境的自治系统，如同事态是一具体的存在一样，语言也是说话者具体思想的表现。

时枝认为语言学的研究不能是脱离主体的、被孤立的考察活动。语言学考察的对象是具体的，例如具体的说话、阅读的场合。语言学的对象既包含纯粹心理的侧面，又包含生理的侧面，还有物理的侧面。主体的活动不是在这些要素之上思考一个组

① ［日］西田幾多郎:『西田幾多郎全集』第四卷，東京：岩波書店，1965 年，第 215 頁。

② 张政远:《西田几多郎——跨文化视野下的日本哲学》，台北：台湾大学出版中心，2017 年，第 88 页。

合的结果，而是结合这些要素的就是主体的活动。① 我们可以明显地看到，针对索绪尔的语言学的基本立场，时枝反对将语言看作概念与音响形象的结合体的结构主义语言观。

索绪尔主张语言学的研究对象不是个体的言语活动（langage），而是独立于个体的言语活动之外的语言（langue），语言与言语是相对立的，正如社会与个体相对立一样。索绪尔认为，“言语活动是多方面的、性质复杂的，同时跨着物理、生理和心理几个领域，它还属于个人的领域和社会的领域。我们没法把它归入任何一个人文事实的范畴”②。而语言是言语活动之中确定的部分（音响形象与概念的连接），索绪尔认为语言是独立于个体的言语活动和存在具有社会公共属性的抽象的表达观念的符号系统，语言学的研究就是关于符号系统的研究。

而时枝诚记则认为除了言语活动之外，不存在所谓的独立于个体言语活动之外的语言，语言学的研究对象就是言语活动本身而不是脱离个体的语言。这一本质的分歧正是时枝诚记批判索绪尔的出发点。索绪尔区分具体的言语活动与语言的理由都带有理论的预设，因而时枝批评索绪尔理论的第一点就是认为其理论“在考察对象以前，将自然科学的、原子的构成观加之其上”③。时枝认为语言就是语言主体的表达和理解过程，在这个过程之外不存在独立于语言主体意识的语言。语言的本质在于人的主体性活动，是一种精神活动的过程（process），语言学理论就是客观描述作为精神活动的语言。

我们可以看到时枝将主体的立场视为其理论的核心立场，与之相关的还有两个条件——素材与场面。这三者构成了语言不可或缺的存在条件。时枝认为，进行抽象的语言分析之前，观察具体的语言经验在怎样的条件下存在，这样的具体的语言经验就决定了语言的本质领域。简而言之，语言是由某说话者（“主体”）在某处（“場面”）言说关于某事物（素材）构成的④。在这里，我们不能简单地将时枝所言的“主体”等同于语句的“主语”或者“动作主体”，例如，“私が読んだ”。这里的“私”不是主体，而是被客体化的“我”。也就是说，说出或写出的语句是语言的表现，是言语过程的最后一个概念化、表象化的结果，而时枝所言的“主体”是贯穿整个言语过

① ［日］時枝誠記:『國語學原論』，東京：岩波書店，1941 年，第 16 頁。

② ［瑞士］索绪尔:《普通语言学教程》，高名凯译，北京：商务印书馆，1980 年，第 30 页。

③ ［日］時枝誠記:『國語學原論』，東京：岩波書店，1941 年，第 62 頁。

④ 原文对此的表述是“主体が場面に素材について語る”。［日］時枝誠記:『國語學原論』，東京：岩波書店，1941 年，第 40 頁。

程的功能。

场面是包含内容的场所，不是单纯的客观世界。场面的概念一方面与场所（指空间）的概念相通，一方面与事态情景以及主体的态度、心境和感情等相通，"场面既不是纯客体的世界，也不是纯主体的意向作用，它是所谓主客融合的世界"①。语言是在我们的意识状态下被表现的东西，而场面是我们在其中生活的存在。"场面的概念对语言的考察而言是必要的，原因是场面常常与我们的行为有紧密的机能的关系或者函数的关系。场面制约语言的表现的同时，语言的表现也制约场面，其中是无法割裂的关系"②。场面与语言表现的关系，如同轨道与列车的关系，轨道规定列车的方向，而列车的功能制约了轨道的存在。语言不是单纯主体内部的发动结果，还必须在场面之中完成。主体所在的这一场面，与西田哲学之中"纯粹经验"的世界是相通的。一方面，这样的场面就是我们在此活动的世界，规定着我们怎样去表现自身；另一方面，还是"我"与他人共同的经验世界，在场面之中，我们被他人限定的同时也在限定他人。时枝的主体就不是一个单纯去描述外部世界的封闭存在。

最后一个条件是素材。时枝理论的素材是指经过语言使我们理解以及表达的概念、表象、事物等。这一点十分容易引起误解，因为在索绪尔理论中，概念直接就是语言符号系统的组成部分，是语言的本质性要素。而在时枝这里，主体、场面是语言之外的存在，素材也是如此。没有素材，语言就没有意义。语言于表现素材的功能处成立。表象、概念是心的内容。语言对素材不是照样搬运，而是依照一定的形式变形处理。在索绪尔的理论中，"狗"这一符号指向的是"狗"的概念，不是某个具体对象。在思考语言时，我们容易得出经过语言来理解概念内容这样的想法，而概念内容就是语言的构成要素。在时枝看来，这是一种对象性的理解，也就是站在观察的立场上得出的结论。但是观察的立场必须在理解的立场上才能成立，时枝认为，具体对象也好，语言概念也好，对于主体而言，素材被表现的同时必须是与主体对立的东西。在"狗来了"之中，指向的是一条具体的狗，而在"狗是哺乳动物"之中，"狗"则是狗的一般概念。那么，概念就不是语言的本质要素。在主体的立场即过程的立场上，作为概念作用的主体才是语言的本质性要素，这一本质性要素就是传达素材并对其加工、变形的主体的功能。也就是说，不是概念，而是主体的概念作用。

---

① ［日］時枝誠記:『國語學原論』，東京：岩波書店，1941年，第44頁。
② ［日］時枝誠記:『國語學原論』，東京：岩波書店，1941年，第45頁。

（二）主体的立场

通过对时枝理论的核心概念的阐释，可以看到“主体的立场”是考察语言的基本立场，并且通过对这一立场的分析，我们看到西田哲学对时枝的影响，本文从两个方面来分析西田哲学对时枝理论的影响。一是语言实践的主体性视角和研究语言的观察性视角的区分，后者以前者为前提才能成立；二是从日语是词与辞的统一的构造，表述日语语法的主体性或者说主观性特质。我们可以看到，“主体”这一概念与西田的“场所的自我”概念的深刻契同。

首先来看，所谓“主体的立场”与“客观的观察”的区别。这个区分有两点需要注意。一是，对语言的客观观察必须是在主体的立场成立的基础上，从上一节论述来看，语言表现是主体的功能作用的最后呈现，我们对这一结果的观察与分析必然地离不开对主体功能的回溯思考。二是，这一对概念表明了一个视角的转换，在所谓的语言活动之中，我们就是具体地听说读写，而当我们脱离这种具体活动去观察语言时，这种观察的立场已经是站在一个第三者的视角上了。当我们处在观察的立场时，我们必须暂时脱离日常经验对语言整体性的把握。时枝认为客观的观察必须时时回溯到主体的立场。①

按照时枝所言，主体的立场就是一个日常的立场，我们不能脱离日常的语言使用去考察语言。这一视角的转换是如何产生的？或者说，时枝理论的主体如何将自身客体化，将其表现在语言之中？这一点，笔者认为必须通过西田的场所哲学来阐明。在西田的场所哲学之中，自我（主体）通过自觉——自我映照自我的形式来将自身客体化，使得意识得以可能。自我是一种场所，通过规定自身才有主客对立成立。同样，我们看到时枝理论的“主体”并不是一开始就是被规定的存在，主体通过各种各样的具体语言活动显示自身。

我们大致可以将场所的自我理解为一种更加本源的自我，或者是一种“无语境的自我”②。所谓无语境的自我是一种源初视角的自我，这个视角是“我”唯一观看世界的视角，这里的“唯一”意思是“我”没有任何其他的视角可以来比较。因此这个“源

① 时枝的这一想法，与认知语言学区分“主观把握”与“客观把握”类型有相通的地方。参考［日］池上嘉彦、潘钧主编：《认知语言学入门》，北京：外语教学与研究出版社，2008 年。

② ［日］田口茂：《无语境的“自我”——胡塞尔的“源我”观与西田几多郎的“自我”概念》，徐英谨、宗宁译，《复旦学报（社会科学版）》2017 年第 1 期，第 47-55 页。请注意，“源初视角”概念与认知语言学之中的“主观把握”概念具有内涵上的相似性。

我”的概念并不是一种超越性的自我，反而它与日常的自我紧密联系。这个视角观看不到自我的存在。只有加入比较的视角，才能产生对象化的自我，以及所谓的“客观的观察”。

如果我们按照西田的思维来看，从这个没有比较的视角来看，反而是没有自我的，因而是一种“无”。这种“无”超越一般有与无的对立，因此这里的场所的自我就是无限的作用，西田也称之为“作用的作用”[①]。这个场所的自我无法被在反省或者说第三者的视角之中对象化，反过来，这个自我是所有思维活动的基底，由此看来，我们不能将时枝理论的“主体”视为西方哲学中自我自身同一的主体，这种主体已经是被客体化的主体。用西田的术语来说，这是一种“处在主语方向的”主体。而场所的自我以及时枝所言的“主体”则可以说是述语的自我。

顺着这个方向继续深入，可以发现时枝对日语具有“述语性格”的阐释与这一“述语的自我”具有内在关联。在论述之前，我们可以在下村寅太郎的《西田哲学与日本语》一文中找到线索。“我们的会话、文章之中没有主语的场合非常多。但是将其解释为主语的省略，仅仅是从以主语和述语为根本形式的西洋语法而来的解释。日语没有主语的场合，并不一定就是省略主语，而是并不将主语和述语作为根本形式。毋宁说主语的存在是不必要的，可以说这是日语的特色。”[②]这一点在三上章的语言学中有更加系统的论述，在后文将继续深入讨论这一问题。回到时枝的场合，时枝虽然并没有直接认为日语没有主语或者说主语是不存在的，但是时枝认为日语并不适用于西方语言学的“主语 + 述语”的结构。我们知道“主语 + 述语”的结构与西方哲学看待事物的方式紧密相关。在亚里士多德的哲学之中，实体是第一位的，性质是言说实体的，实体是性质的基底。这一方式反映在语言之中，就是主语对述语的统辖，主语具有绝对的地位。这也就是说，西方语言倾向于将语言作为“物”（もの）来看待。时枝认为日语的“主语格”是被“述语格”包摄的，例如“犬が走る”，“犬”是主语格，“走る”是述语格。虽然时枝沿用了“主语”“述语”这样的概念，但是时枝认为述语格是包含了主语格的，不仅是主语格，宾语、补语、修饰语都被包摄到基本的“述语格”之中。[③]时枝的根本意思在于日语的主语、宾语、补语、修饰语本质上毫无差异，都

---

① ［日］西田幾多郎:『西田幾多郎全集』第四卷，東京：岩波書店，1965 年，第 264 頁。

② 转引自［日］藤田正勝:『西田幾多郎の思索世界』，東京：岩波書店，2011 年，104 頁。在语言学界也有同样的说法，参见［日］金谷武洋:「幻想としての省略—日仏対照研究と日本語教育」，東京外国語大学国際日本研究センター，『日本語日本学研究』第 2 号，2012 年，第 75 頁。

③ ［日］時枝誠記:『國語學原論』，東京：岩波書店，1941 年，第 369-370 頁。

不占据特权性的位置。

（三）日语是词与辞的统一

中村认为时枝理论中与西田哲学有最本质性关联的是日语的套匣式（入れ子型）结构——语言（句子）是客体表现与主体表现的统一。[①] 如上一节所述，笔者认为“主体”这一概念才能体现时枝理论与西田哲学尤其是场所论的根本关联。我们先来看日语的套匣式结构指的是什么。

时枝借用江户时代的国学家本居宣长的概念将日语的单词分成两类——词与辞。根据言语过程论，语言活动是表达思想内容的过程，从思想内容来看包含客观的自然以及人的主观情感、意志等，从表现的方式上则区分为“词”与“辞”。词是包含概念化的表达式，表现与言语主体对立的客体界，是客体化的表现；而辞是直接表现言语主体的种种立场，是没有经过概念化过程的表达式。前者例如名词和动词“やま”“かわ”“走る”等，还有将人的主观情感客体化的形容词“嬉しい”“悲しい”等；后者包括助词“は”“が”“て”“に”“を”，助动词“ない”“だろう”，感叹词“ああ”“ねえ”，疑问词“や”“か”等。例如，当我们看到花盛开的场景时说“花よ”，花（はな）就是客体的表现，“よ”就是直接的主体表现。说话者不但表达了“花”这一概念，“よ”这一主体的表现还根据当时的“场所”限定而表达某种具体的感情状态，例如可能是一种惊讶以及感动的心情。语句之中的“花”不能直接等同于概念的“花”（也就是素材），前者是后者在具体语言表现过程中的变形，它表现的是某个具体的“花”。这一具体的“花”与主体在这一事态中的情感紧密联系，并且可以说“花”这一概念以及变形都是服务于主体的。那么这句话的中心就不是概念性的词，而是主体具体的表现，也就是作为“辞”的“よ”。在语句之中，辞是统辖词的。扩展到更长的句子，例如“匂いの高い花が咲いた”（香气扑鼻的花开了），如图 1[②] 所示：

---

① ［日］中村雄二郎：《西田几多郎》，卞崇道、刘文柱译，北京：生活·读书·新知三联书店，1993 年，第 65-66 页。

② ［日］時枝誠記：『國語學原論』，東京：岩波書店，1941 年，第 314 頁。

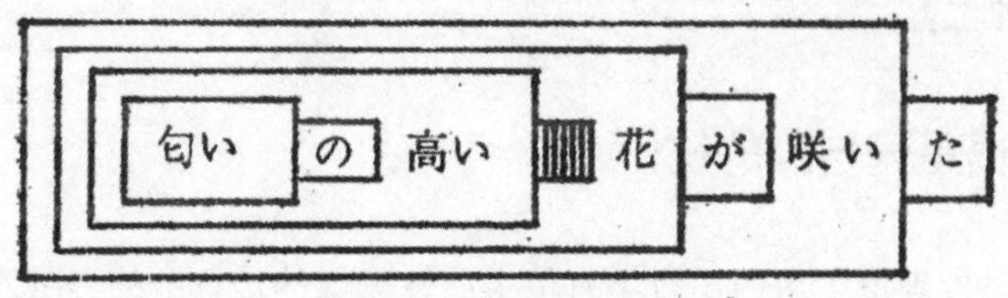

图 1　套匣式结构

日语呈现这样一层套一层的套匣式结构。因为用言可以单独成为句子，所以日语有一类句子句末没有出现主体统一功能的辞。① 这一类型的句子，时枝认为其句末实际上隐含了主体的统一功能，并且时枝用"▧"这个符号表现句子的统一性，这个记号称为"零记号"。如图 2 所示：

裏の小川がさらさら流れる ▧

图 2　零记号的统合

"辞"统辖或者说包摄"词"的套匣结构是时枝将言语过程论具体应用于日语的结果，这种结构在语言学研究中还值得商榷。② 但是，时枝表明了日语倾向对事态的直接表现，也就是说，将语言作为"事"（こと）来对待，在日语的语言表现之中，主体通过"辞"的方式表现自身，这种表现不是通过客体化的方式——将自身放在第三者视角中。日语的表现不是以观察的方式客观呈现事态的模式，而是主体沉浸在事态之中，以主观的视角将事态过程表现出来，因此主体在日语中的表现方式是通过"辞"——非客体化的形式。这一形式反而是一种对主体的否定，在极致的情况中，主体以"零记号"出现。或者我们可以用西田哲学的表述方式——主体不是一个实体性的自我，而是以否定自身的形式来表现自我。

日语无论有多少层最后都被主体的直接表现——辞来统一。没有主体表现的"辞"，则存在所谓"零记号"。浅利诚认为时枝将西田哲学中"无＝场所"或者说"述语性"的统合性质转换到"零记号"的统合性。③ 语言主体的统合性质可以认为是受

① 日语有用言与体言的区分：前者可以单独构成谓语，有活用的词，包括动词、形容词和形容动词；后者则包括名词、代词和量词。

② 被称为"日本语言学之父"的三上章就批评时枝的研究过于心理主义，这一结构忽视了日语语法的一些逻辑，时枝的"辞"包含了许多词类，这一概念掩盖了这些词类的重要区别。例如，在当代日语语言学中区分的系助词"は"和格助词"が"是非常重要的语言事实，在时枝的理论之中二者就没有得到区分。参见［日］三上章:『象は鼻が長い』，東京：くろしお出版，1960 年，第 16-25 頁。

③ ［日］浅利誠:『日本語と日本思想』，東京：藤原書店，2008 年，第 63 頁。

到西田的“自我作为一种场所”思想的影响。因此可以说日语不存在主语或者说不适用于“主语 + 述语”这一模式。

笔者认为中村的结论有些表面——将套匣结构与场所层层包摄的思想联系起来。实际上，套匣结构也必须在主体的立场上才能得到理解，因此时枝理论的“主体”概念才与西田哲学尤其是场所论最具有本质性联系。

四、场所的语言学

明治维新以来日本迅速现代化，语言学作为一个西方学科也被引进日本。日语语言学学科的建立深受西方语言理论的影响，上述的时枝理论在战后并没有成为研究日语的主流理论，时枝对索绪尔的批评也不被接受。但是，随着对日语语言学的深入研究，一些反对西方语言中心主义的语言学家对“主语 + 述语”的语言结构提出了根本质疑。本节先讨论日语有无主语这一问题引发的争论，以及日语有无主语关系到日语本身根本的逻辑问题；因为对主语的否定也直接牵扯到“日语是否是逻辑的”这一根本问题。接下来本节将讨论冈智之的语言学。可以看到，冈智之对这一问题的回答一方面利用了认知语言学的资源，另一方面接续了时枝理论的研究。而冈智之对“日语是否是逻辑的”这一根本问题的回答，则受到西田哲学的“场所逻辑”的影响。

（一）主语废止与述语自立

明治维新以来日本迅速现代化，语言学作为一个西方学科也被引进日本。日语语言学学科的建立深受西方语言理论的影响，而一些反对西方语言中心主义的语言学家则对“主语 + 述语”的结构提出了根本质疑。日语有无主语这一问题引发了长久的争论，日语有无主语关系到日语本身根本的逻辑问题，对主语的否定也直接牵扯到“日语是否是逻辑的”这一问题。

三上章认为西方语言学的主语的概念内涵包括了对述语的绝对支配作用，而在日语中“は”并没有这样的严格性。三上将系助词“は”与格助词“が”以及同一范畴的“を、に、と、で”在语法上严格区分。格助词和动词等单词一起表示语法关系，但是系助词“は”不表示任何语法关系，只是整体呼应句子的主题与述部。

例如“象は鼻が長い”，“象は”是主题，“鼻が長い”是述部。这个例句不能按照主述形式翻译成“象的鼻子是长的”。这个例句的意思应该是“象について言えば，鼻が長い”（大象嘛，就其鼻子而言的话，是长的）。“象は”之后句子可以说一度中断了，而“鼻が長い”则是就主题进行了呼应。三上认为“は”的作用不仅仅在一个句子内部，还可以突破句号在段落的层次上起作用。因此“主语＋述语”这样的主述关系在日语中不存在，日语基本句型可以用“述語一本立て”（述语自立）来形容。

继承三上理论的金谷武洋认为，西方语言之中的主语有四个条件：①是基本句型中不可缺少的要素；②从词序方面说，一般处在句子的开头；③动词根据人称变化（活用）；④以一定的格（主格）来表现（主格意味着动作主体）。②～④都是对①的补充说明。[①] 而日语在四个方面都不符合条件。

以尾上圭介为代表的“主语必要论”者提出的“主语”概念并不能够满足金谷理论关于主语概念的四个基本内涵。[②]“主语必要论”者的理论通过减少主语的内涵项来达到解释日语语言事实的目的。但是主语概念的四个内涵是彼此联系的，这样的目的面临一个理论的难题——坚持主语概念与解释日语事实之间的张力。

主语有无的争论还带来一个问题——日语是逻辑的吗？或者说日语符合哪种逻辑呢？这两个问题具有理论上的连续性。对这些问题的回答，可以表述为三种观点：①日语是主述（主谓）逻辑的，与西方语言是一样的；②日语不是主述逻辑，或者说日语不是逻辑的，日语是一种特殊的语言；③日语不是主述逻辑的，但是不意味着日语是特殊的，日语有自身的逻辑。第一种观点通过上面的论述基本上可以被否定；第二种观点隐含着“西方语言中心主义”的想法，也就是说，是否是逻辑的与是否具有主述形式并不是同一的，主述逻辑只是逻辑形式的一种。

“日语是逻辑的吗？”这一含有歧义的问题应该替换成“日语是怎样的逻辑？”，前者的提问方式仍然是基于“西欧语言是普遍的”信念的惯性思考的结果。接下来介绍的场所语言学是延续“日语是怎样的逻辑？”这一问题的建构性结果。

（二）日语是符合场所逻辑的语言

日语是怎样的逻辑？首先，日语当然是一种特殊的语言，与此一样，英语也是

① ［日］金谷武洋：『日本語に主語はいらない：百年の誤謬を正す』，東京：講談社，2002 年，第 57 頁。

② ［日］尾上圭介：「主語と述語をめぐる文法」，『朝倉日本語講座』第 6 巻文法Ⅱ，東京：朝倉書店，2004 年，第 1-20 頁。

特殊的语言。就认知语言学的观点而言，不存在超出特殊语言（也就是日常使用的某语言）的一般语言。认为日语不是主述逻辑，不单要说明日语的基本特征同英语的区别，另外出于论证的完整性，还要说明日语是怎样的逻辑。即冈智之所说的，“提出场所的语言学的紧迫性所在”①。

冈智之的场所语言学除了利用场所逻辑的基本原理提供哲学的支持，还借鉴了认知语言学的类型理论，将日语符合的“主观把握”类型与以英语为代表的西方语言符合的“客观把握”类型统一在场所逻辑之中。

我们先来看认知语言学中的“事态把握”（construal）② 概念，事态把握是指说话者（即认知主体）对事态进行显现的典型方式，可以区分两种典型——主观把握与客观把握。两者可以说是因视角或者说参照点的构造不同而产生的两种典型类型，前者一般以英语为代表，后者以日语为代表。请看下面的例句：

A. 風が窓をひらいた。（主体 + 对象 + 动作）

B. 風で窓がひらいた。（场所 + 出来事）

A 与 B 的语义是一样的，但是 A 的表述不是日语的惯用用法，日语倾向于 B 的表达方式。实际上 A 是翻译英语的惯用表达——The wind opened the window。英语在此表现的形式就是“主体 + 动作 + 对象”，我们也可以将主体等同于主语，剩下的部分是述语。这就是所谓客观把握的典型。英语以及汉语一般被认为是这一类型。将无生命体作为动作主体，这样的拟人方式体现了英语以物（もの）为中心的世界观，英语也就是所谓的主语逻辑或者说主体逻辑。而日语则以 B 类型的表达为自然，在日语中，一般将“で”解释成表示原因，同时也可以说这个“で”表示的意思是“風の中で”，那么这里的“で”表示的是场所，即“風の中で，「窓がひらく」という出来事が起こった”（在风之中，发生了“窗户开了”这样的事态）。也就是说，在场所之中，某种事态发生了变化。这样自然的表达形式可以用“场所逻辑”来解释，可以说日语表现了以事（こと）为中心的世界观。

在西田哲学那里，西田避免用主观与客观这样的术语是为了给人一种对立图式的印象，用场所、主语面和述语面这样的带有比喻性的术语，表现包含和被包含关系的“面”的想法。在认知语言学中，作为重要概念的“主观把握”和“客观把握”

---

① ［日］岡智之:「『主語』はない，『場所』はある：場所的存在論による日本語主語論への一提案」，『東京学芸大学紀要・人文社会科学系』Ⅰ，2006 年，第 111 頁。

② 汉语文献翻译为识解、识解方法。本文认为“事态把握”更加直观、易懂，所以采用日语的翻译。参考［日］池上嘉彦、潘钧主编:《认知语言学入门》，北京：外语教学与研究出版社，2008 年，第 4-6 页。

也给人一种对立的感受，潜在地给人以“日语是非客观的（非逻辑的）”的印象。冈智之认为，“客观把握”之中的“客观”不如说是一种“相互主观”，也就是以一种第三者的视角来把握事态。[①] 这一点，我们可以与时枝所言的“主体的立场”与“客观的观察”的区分联系起来。实际上，以日语为母语的说话者（认知主体）自身处在场所内部，以第一者的视角去把握场所的事态，认知主体就同化（隐含）在场所之中；与此相反，英语的使用者产生一个第三者的视角，以在场所外的视线来观察场所的事态。这个第三者是认知主体将自身客观化的结果，对场所内的事态把握必须有一个“中心”点的把握，也就是被观察的主体。因此英语以这样的“主体逻辑”来表现语言，主语就是不可缺少的成分了。

冈智之的场所语言学受到西田场所逻辑的影响，用“场所内的把握”和“场所外的把握”代替对立的主观与客观，表明日语作为一种语言同其他语言的内在联系。这说明日语并不是一种特殊的语言，甚至可以说，日语更接近语言发展的初期的认知方式。我们将日语视为一种“场所逻辑”主导的语言，那么可以看到这种逻辑对日语的解释更彻底。同时，所谓场所逻辑或者说述语逻辑并不是排斥“主体逻辑”的。从冈智之对语言类型转换的认知来看，实际上主语逻辑是对场所逻辑的视角转换，两种类型的逻辑是存在转换关系的。可以参看图 3 与图 4：

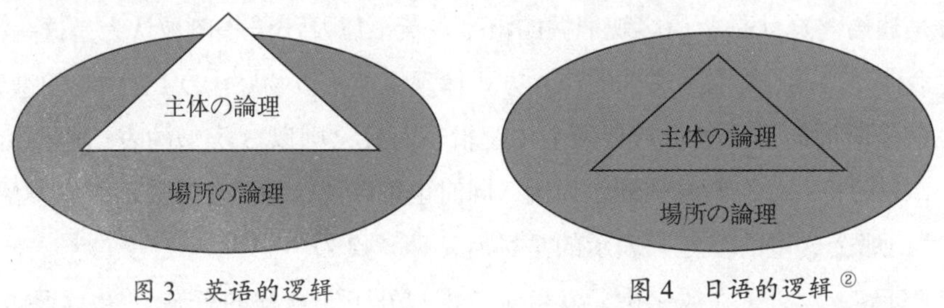

图 3　英语的逻辑　　　图 4　日语的逻辑[②]

场所与主体是无法缺少彼此的相辅相成的关系，场所逻辑是更根源性的。英语是主体逻辑突出的类型，主体从场所之中独立而存在，因此语法上的主语是必要的，在事态把握中是在场外观看的客观把握；而日语之中，主体依靠场所并且没入其中，因此主语是不必要的概念，在事态把握中是处在场所之中的主观把握。

日语在语法上没有“主语”，带来“日语符合哪种逻辑”的问题。我们可以得出，

① ［日］大塚正之、［日］岡智之:「場の観点から認知を捉える—主観的把握と客観的把握再考—」,『日本認知言語学会論文集』第 16 巻，2016 年，第 44 頁。

② ［日］岡智之:「日本語の論理再考: 場所の論理と形式論理」,『東京学芸大学紀要・総合教育科学系』62(2)，2011 年，第 367 頁。

否定日语在语法上没有主语，这是与西方语言在语言表现模式上的差别，并不意味着日语是一种特殊的语言，这里的“特殊”仍然是一种“西方中心主义”导致的结论。讨论日语与英语在逻辑（类型）上的关系，就必须破除这样的想法。通过两种类型的转换关系，既没有诉诸寻求语言背后的一般本质，同时也可避免日语“特殊论”的想法。

我们进一步思考冈智之的理论，他否定了语法上的主语，并不是彻底地否定了“主语”或者“主体”。回到时枝的理论，他的关于“主体”以“辞”或者“零记号”的方式呈现自身的想法，意味着主体以否定自身的方式在日语中表现。正如西田否定西方哲学之中实在的主体一样，场所的语言学以及主语废止论否定了语法上的主语，也否定了一种实体论式的主语。而场所论的主语（主体）以消弥自己的方式显现自己，是一种非实体、非本体、动态形式的自我（主语）显露。这正表现了西田哲学中“自我作为一种场所”的主张。

五、结　　语

可以看到，哲学界的学者对西田哲学与日语语言学的比较主要是结合时枝诚记的“日语过程论”来讨论的。时枝在表述其理论时援引了大量西方哲学以及日本传统思想的词汇，使得其理论不仅成为一个系统的语言学理论，还在哲学层面具有许多可探讨的地方。本文在相关研究的基础上，集中讨论了时枝理论的核心立场——主体概念与西田哲学之间的关系。西田对西方哲学中主体中心主义的想法进行了深刻的批评，认为主体的根底必须存在着场所，探究真正的实在由此从主语的方向转向了述语的方向。笔者认为时枝理论的“主体”不能在西方哲学的传统下理解，这一主体是“场所的自我”，主体在语言表现之中始终处在“述语”的方向上，通过“辞”与“零记号”表现自身。在日语的特质上，“辞”对“词”的统辖以及“述语格”包摄“主语格”的思想体现了西田哲学对“述语”的重视。

在冈智之的语言学研究中，场所逻辑进一步为厘清日语的逻辑问题提供了资源。在时枝、三上等人研究的基础上冈智之进一步研究了日语的“述语”特质，将日语的逻辑规定为场所逻辑，将“主观把握”与“客观把握”的对立转换为场所逻辑对主语逻辑的包摄。整体而言，语言学界对西田哲学的引入与讨论，主要是在两个方面：一是利用西田哲学的资源批评“西方中心主义”式的语言学理论；二是建立符合日语事实的语言学理论。本文论述时枝理论时侧重于前者，而论述冈智之理论时侧重于后者。从时枝理论到冈智之理论，从主体到场所，体现了日语语言学由浅而深地借鉴西田哲学的发展线索。

本文通过介绍时枝诚记与冈智之的研究，论述了西田哲学对日语的语言学理论建构方式的影响，同时也体现了西田哲学对日语及日本文化的自觉性思考。如中村所言，“如果能很好地意识到这种语言（日语）的结构并能娴熟使用的话，就不仅有可能为日本的哲学自身确定依据，而且有可能为世界的哲学做出贡献”[①]。

参考文献

日文文献：

（1）［日］浅利誠:『日本語と日本思想』，東京：藤原書店，2008 年。

（2）［日］大塚正之、［日］岡智之:「場の観点から認知を捉える—主観的把握と客観的把握再考—」,『日本認知言語学会論文集』第 16 巻，2016 年。

（3）［日］岡智之:「『主語』はない,『場所』はある：場所的存在論による日本語主語論への一提案」,『東京学芸大学紀要・人文社会科学系』Ⅰ，2006 年。

（4）［日］岡智之:「日本語の論理再考：場所の論理と形式論理」,『東京学芸大学紀要・総合教育科学系』62(2)，2011 年。

（5）［日］岡智之:『場所の言語学』，東京：ひつじ書房，2013 年。

（6）［日］尾上圭介:「主語と述語をめぐる文法」,『朝倉日本語講座』第 6 巻文法Ⅱ，東京：朝倉書店，2004 年。

（7）［日］金谷武洋:『日本語に主語はいらない：百年の誤謬を正す』，東京：講談社，2002 年。

（8）［日］金谷武洋:『英語にも主語はなかった日本語文法から言語千年史へ』，東京：講談社，2004 年。

（9）［日］金谷武洋:「幻想としての省略—日仏対照研究と日本語教育」，東京外国語大学国際日本研究センター,『日本語日本学研究』第 2 号，2012 年，第 73-82 頁。

（10）［日］下村寅太郎:「言語と思惟」,『科学基礎論研究』1964 年 5 月第 6 巻

① ［日］中村雄二郎:《日本哲学的哲学性难题与我的道路》，龚颖译，《世界哲学》2009 年第 5 期，第 109 页。

第 4 期。

（11）［日］月本洋:『日本語は論理的である』，東京：講談社，2009 年。

（12）［日］時枝誠記:『國語學原論』，東京：岩波書店，1941 年。

（13）［日］西田幾多郎:『西田幾多郎全集』，東京：岩波書店，1965 年。

（14）［日］藤田正勝:『西田幾多郎の思索世界』，東京：岩波書店，2011 年。

（15）［日］三上章:『象は鼻が長い』，東京：くろしお出版，1960 年。

（16）［日］三上章:『続現代語法序説—主語廃止論』，東京：くろしお出版，1972 年。

中文文献：

（1）［日］池上嘉彦、潘钧主编:《认知语言学入门》，北京：外语教学与研究出版社，2008 年。

（2）［瑞士］索绪尔:《普通语言学教程》，高名凯译，北京：商务印书馆，1980 年。

（3）［日］藤田正胜:《语言与思索——以日语来思索的意义》，吴光辉、陈晓隽译，《河北民族师范学院学报》2015 年第 35 卷第 3 期，第 42-49 页。

（4）［日］田口茂:《无语境的“自我”——胡塞尔的“源我”观与西田几多郎的“自我”概念》，徐英谨、宗宁译，《复旦学报（社会科学版）》2017 年第 1 期，第 47-55 页。

（5）王寅:《认知语法概论》，上海：上海外语教育出版社，2006 年。

（6）［日］西田几多郎:《善的研究》，何倩译，北京：商务印书馆，1965 年。

（7）［古希腊］亚里士多德:《范畴篇・解释篇》，聂敏里译注，北京：商务印书馆，2017 年。

（8）张政远:《西田几多郎——跨文化视野下的日本哲学》，台北：台湾大学出版中心，2017 年。

（9）［日］中村雄二郎:《西田几多郎》，卞崇道、刘文柱译，北京：生活・读书・新知三联书店，1993 年。

（10）［日］中村雄二郎:《日本哲学的哲学性难题与我的道路》，龚颖译，《世界哲学》2009 年第 5 期，第 102-114 页。

（11）［日］中江兆民:《一年有半、续一年有半》，吴藻溪译，北京：商务印书馆，2011 年。

试论西田哲学的美学理论

○ 冯　璐　中国社会科学院大学

［**摘要**］西田哲学之所以被称为日本最初的独创哲学，不仅仅是因为它立足于以无形为本的东方文化，更因为它通过场所逻辑为这种以情意为本的文化赋予了哲学依据。西田几多郎拒斥将“实在”作对象化理解的主客二元的思维方式，认为这是对实在的一种人为假设。基于此，他将实在视为无法被对象化的、包容主体与客体的无形之物。本文认为，西田哲学是一种剔除理性思维的限定，是以“无”为根本特征的主客合一论。它在美学当中体现出一种排斥人工装饰、崇尚自然的日本传统审美意识。

［**关键词**］无；场所；审美意识

日本最初的独创哲学家、京都学派的创始人西田几多郎在谈到东西方文化差异时认为：西方文化以有形为本；东方文化以无形为本，是以情或意为本的文化。实际上，与注重理性思维逻辑的西方文化相比，东方文化确实呈现出重经验和感性的倾向。也正因为如此，有些学者将这种以感性为特征的传统文化视为日本近代化过程中的阻力。最初将 philosophy 一词翻译为“哲学”的西周就主张抛弃传统儒学的思维方式，建立起注重反思和批判精神的实用性学问。西田几多郎身处的正是东方文化的价值遭遇西方文化挑战的境地。

面对西方文化的强势入侵，西田并没有对之采取简单的肯定或否定态度，而是通过多年的思考研究认识到：日本文化终究要扎根于东方的精神传统。因此，西田的任务就是尽快建立起日本哲学和思想的话语体系，以期能够与重视逻辑思维的西方文化进行对话。而他所采取的方式，就是运用西方的逻辑思维方法，为东方重感性和体验的文化特质赋予哲学上的依据。他在《从活动者到见者》一书的序言中写道："有形式、善形成并绚烂发展的泰西文化中，无疑有着许多可崇尚、可学习的东西，但几千年来孕育我等祖先的东方文化根柢中，不也潜藏着观无形之形、听无声之声的东西吗？我的心渴求如此之物，不能自已。而我想为这样的渴求赋予哲学根据。"①

实际上，这种"无声之声""无形之形"之物就蕴藏在日本传统艺术与审美意识之中，而深谙东方文化这一特质的西田哲学，无疑是适合用来解读这些艺术形式的。本文旨在通过西方哲学与西田哲学之特征的对比，指出日本哲学是一种以"无"为特征的哲学，并尝试用这一特征去审视日本建筑、俳句与茶道中所蕴藏的共同的审美意识。

一、以"有"为特征的西方哲学

正如西田所言，西方文化以有形为本。它主要表现在：西方哲学是一种以主客二元分立为主要特征的哲学。它肇始于以苏格拉底、柏拉图为代表的古希腊哲学，并在近代通过笛卡儿、康德等哲学家的学说发展为一种更为精确的体系。以主客二元为特征的哲学以主体（认识者）与客体（认识对象）的分立为前提构筑其理论，并致力于建立二者沟通的桥梁。

古希腊的哲学家们普遍认为，在变幻莫测的各种现象背后存在着一个决定性的本质力量，它是万事万物的主宰和原因。他们都假定，一个事物之所以能够被创造出来，是源于某种更为原始的存在（有）而不是"无"。它在柏拉图那里表现为"理念"，在亚里士多德那里是"形式"。也就是说，对这种根源性的实在是从对象化、外在于自我的方面去考虑的。笛卡儿的二元论哲学是这种对象化思维的典型表现。在笛卡儿的哲学体系之中，"上帝""物质"和"精神"是三个基本的范畴。笛卡儿将物质和精神都视为实体，并通过上帝的存在来保证这两个实体的真实性。作为纯粹的精神实体的"我"是不完满的，但"上帝"却能够保证物质和精神的存在。这种二元论的思维方式，依然把事物的客观性来源作为外在于意识的对象（上帝）去把握，也未能解决物质和精神、身体与心灵之间的割裂问题。

---

① ［日］西田幾多郎：『働く者から見るものへ・序』，東京：岩波書店，1927 年，第 5 頁。

康德看到了笛卡儿哲学中未被解决的问题，并指出笛卡儿哲学的问题在于未能正确运用经验的普遍法则。因此，康德的工作就是要为理性的运用范围划定严格的界限。他认为，人类的理性从本性上来说追求终极的无条件之物，然而对本体的追求超出了人类认识的范围，因此当理性将这一本体作为认识对象时，就必然会产生假象。在理性运用的范围内，感觉材料刺激人的感官，人类通过先验统觉的作用将先天具有的认识形式与表象联结起来形成知识。换言之，所谓认识就是通过主观所具有的先天认识形式对客观对象进行再构成的活动。为了说明人类理性的界限，康德作出了“现象”和“物自体”的区分，现象是人类运用先天认识形式进行加工形成的意识表象，而物自体则是存在于人类认识能力之外的客观实体。物自体作为一切现象的基础是超越了人类经验的，因而是理性无法认识的对象。由此可见，康德仍然将根源性的实在视为意识的对象，依旧无法从根本上解决主体与客体之间的分裂问题。

从根本上来说，西方哲学的思维是一种“有”的逻辑。“有”的逻辑认为：世界上一切事物及其生灭流变的现象背后，一定存在着支撑这些事物及其变化的根本原因。在不同的哲学体系当中，它或是柏拉图的“理念”，或是基督教中全知全能的上帝，抑或是康德哲学中的“物自体”。它是静止的、不生不灭的，最重要的是，它是一种被对象化的、外在于主体的客观存在。

然而，这种将实在视为意识对象的理解方式却存在根本的问题。一方面，由于只聚焦于主体意识，导致哲学家在对物质的理解上往往陷入狭路。笛卡儿的身心二元论便是这种典型表现。由于无法解释身心融合的问题，他只能通过设定“松果腺”这一概念来沟通身心的交往。另一方面，由于实在作为认识对象的客观性来源，对于主体意识而言始终是超越性的、不可认知的，这就导致意识与对象之间始终存在一条难以跨越的鸿沟，我们也永远无法解释判断的结构是如何与客体达到一致的。在《关于意识的未解之题》(『取り残されたる意識の問題』) 一文当中，西田就认为这是主客二元的传统认识论所存在的一个核心问题。

二、以“无”为特征的西田哲学

为了解决西方哲学以主客二元为前提的思维方式所导致的问题，并体现东方传统思维的根本特征，西田期望寻求到某个将主客对立都包容在其中的原初的整体。

这个整体就是西田哲学的“场所”，它能够包容主体与客体、有与无的对立，并使得这些对立得以在它内部形成。因此，场所不是“有”而是超越了一切的“无”，是主客体分离之前的意识。

这种主客合一的思维方式最初体现在“纯粹经验”这一概念当中。在《善的研究》当中，西田首次提出了“纯粹经验”这一概念。所谓纯粹经验，就是“完全去掉自己的加工，按照事实来感知”[①]的经验。在传统西方哲学的视域中，“经验”相对于“先天”，属于“后天”这一范畴。因为它是由于对象刺激人们的感官，在主体行为与知觉体验之间所形成的一种因果联系。因此，这是经过思虑辨别的、夹杂着某种思想的经验，日常语言就是基于这种意义来使用“经验”这一概念的。诸如物理学、化学等学问就是经过人们的理性推论得出的间接经验。然而，在西田看来，这样的经验并不是正确意义上的经验。他所指的恰恰是那种未经理性判断的、按照事实原样所感知的经验，只有这样的经验才能被称为“纯粹经验”。

“纯粹经验”和我们日常语言当中的经验最大的区别在于：一般的经验是主体借助感觉和理性对客体形成的感知；而在纯粹经验当中，主体和客体是同一的，或者说并没有所谓的主客之分，就像音乐家熟练地演奏乐曲时的状态。西方哲学的方法是通过意义和判断来解读经验，认为意义和判断丰富了经验的内容。然而在西田看来，意义和判断反而是因纯粹经验的统一状态被打破才诞生的，是从纯粹经验当中抽象出来的部分内容，因此其内容反而更为贫乏。

众所周知，“纯粹经验”这一概念虽然在西田哲学中占有重要的地位，但它本身并不是西田哲学的最终归宿，西田哲学还经历了一个从纯粹经验到场所逻辑的发展过程。促使西田哲学发生这样转变的，是新康德主义以及胡塞尔对于“心理学主义”的批判。西田在对自己前期的思想进行反思后，也认为“纯粹经验”依旧是直觉的，并不能从逻辑上去解读东方文化的特质。因此，在1926年的论文《场所》当中，西田为它赋予了场所的逻辑形式。所谓“场所”，是对象与对象发生联系之处。事物之间之所以能够产生联系，是因为它们共同存在于使这一关系得以成立的“场所”当中。例如，能够使白色得以从黑色中被区别出来的，并不是白色或黑色，而是能够将二者统一的东西，即包含了黑与白的、既白又黑的场所。

西田哲学的研究者藤田正胜教授认为，场所逻辑的诞生并不意味着“纯粹经验”这一概念在西田哲学中荡然无存了。西田的思想依旧能够还原为从主客合一出发的

① ［日］西田几多郎：《善的研究》，何倩译，北京：商务印书馆，2016年，第3页。

最直接、最根本的立场。在收录了《场所》一文的论文集《从活动者到见者》当中，西田在开篇论文中就如此写道："应称为直接经验或纯粹经验的真正的被给予者，……必须理解为是包含了无限的内容。我们越深入到它的根本之处，就会越接近在那里所提示给我们的现实。从主观的角度来看，它是不可以被对象化的自我；从客观的角度而言，它是不能无限反省的直接给予。在那里，存在着主客合一的直观、纯粹活动的意识，存在着所有一切知识的源泉。"[①] 在这里，"所提示给我们的现实"指的就是"场所"，这个场所借助纯粹经验被把握为"不可以被对象化的自我""不能无限反省的直接给予"。由此可见，虽然西田哲学经历了从纯粹经验到场所逻辑的发展，但它主客合一的立场却未发生改变。只是经由场所逻辑，开始获得一种相当于"实在"的根本性。

场所逻辑的形成是对古希腊以来西方哲学主语逻辑的一次成功逆转。亚里士多德将"基体"界定为判断的主语。"实体（基体），就其最真正的、第一性的、最确切的意义而言，乃是那不可以用来述说一个主体、又不存在于一个主体里面的东西。"[②] 也就是说，在判断中，基体只能作为被谓语描述的主词，而不能作为描述某个主体的谓词。因为在亚里士多德看来，基体应当是独立存在的东西，其他范畴如数量、性质只能依附于基体，因此基体从语言逻辑上来说应当居于主词的位置，其他用来描述其属性的范畴只能是谓词。例如，我们可以说苏格拉底是哲学家，但不能说哲学家是苏格拉底。与之相对，西田认为应当将场所作为谓语来把握。他着眼于包摄判断，认为主语应当存在于谓语之中，例如苏格拉底是哲学家指的是苏格拉底被哲学家所包摄。如果将这种包摄关系无限地向谓语方向推进，就会得到一个无限大的谓语。因此，只有在谓语当中才能看到处于其中的包含一切的无限大的一般者。西田还多次借助艺术直观来解读这个"真正的被给予者"即"场所"："与思维着的我相对、直接被给予的客观之物，并不是通过思维所构成的像知觉那样的东西，而必须是像主客合一的艺术直观一样。"[③]

综上所述，在西田那里，"无"意味着意识尚未被对象化的状态。无论是早期的纯粹经验还是之后的场所逻辑，都是将主客同一作为世界的真实面貌并以此为前提构筑其理论的。所谓绝对无的场所，就是主客合一、包容有和无的场所，是超越了

---

① ［日］西田幾多郎：『働く者から見るものへ』，東京：岩波書店，1927年，第25頁。
② ［古希腊］毕泰戈拉等：《古希腊罗马哲学》，北京：生活·读书·新知三联书店，1957年，第309页。
③ ［日］西田幾多郎：『働く者から見るものへ』，東京：岩波書店，1927年，第21頁。

判断并使之能够成立之物。因此，“无”并不意味着一无所有，而是一种充满了各种可能性的“有”，是生命未被限定修饰时最本真的状态。从这个意义上来说，以“无”为基本特征的西田哲学消解了西方哲学当中主客二元对立的传统，是对生命本身的意义进行直接关注。

三、日本传统艺术的特征

西田哲学的研究者中村雄二郎认为，在非常重视审美性倾向的文化当中，不仅存在着美学的可能，也存在着哲学的可能。作为日本最初的独创哲学，西田哲学的基本点或许是广义的美学或感性论。[①] 可以说，正是崇尚天然、排斥人为造作的日本传统艺术的土壤，孕育出了以主客合一的“无”为根底的西田哲学。从这个意义上来说，西田哲学是适合用来分析日本的这些传统艺术形式的。

传统的日式建筑中就蕴含着主客合一的审美意识。日本著名的建筑师黑川雅之将日本的审美意识之一概括为“素”。“素”就是不添加任何人为杂念的纯真，顺应自然、回归自然。他以建筑为例，认为西方的建筑物倾向于使用石材，因为西方建筑重视耐用性，这是一种控制和支配自然的意识。与之相反，传统的日式建筑多使用木材，木制的房屋经风吹日晒逐渐老化，人们能够从房屋和自然一同荒芜的过程中感受到美。[②] 房屋在时光流逝中逐渐成为自然的一部分。创作者将建筑视为自然不可分割的一部分的思想，通过建筑物这一艺术作品表达出来。因此，创作主体与艺术作品并不是制作与被制作的关系，作为创作者的“我”（主体）被消解于艺术作品完成的过程之中。这种不着人工痕迹、追求本色之美的精神就是以“无”这种审美意识为根底的。

日本文学所追求的“幽玄”也是一种以主客合一为特征的审美意识。“幽玄”一词在佛教中用来表示佛法的深奥难解，后来在文学中成为一种崇尚余情、意在言外的审美境界。俳句所追求的不是华丽的词藻与复杂的技巧，而是对世间真理最真实的体悟。铃木大拙认为俳句深受禅宗的影响，追求的是一种直觉上的“悟”。它拒绝被包摄在一切逻辑形式之内。因为“幽玄”这一境界是无法通过理性分析来把握的，因而也就不是被主体认识与分析的客观对象。就俳句创作而言，华丽的词藻徒有其

① ［日］中村雄二郎：《日本哲学的哲学性难题与我的道路》，龚颖译，《世界哲学》2009年第5期，第110页。

② ［日］黑川雅之：《日本的八个审美意识》，王超鹰、张迎星译，北京：中信出版社，2018年，第90-93页。

表，追求技巧则会陷入文字游戏。松尾芭蕉之门人服部土芳在《赤册子》中记录其师之言："作句有生成与作成。因常勤内而应物，故心色成句。常不勉内者，因不生成，故靠私意而作成也。"[①] 如果诗人能够去除物我之间的隔阂，感受到物的生命与自己本是一体，那么受到感染的心便会自然而然地生成俳句。相反，如果不能感受物的生命，那么俳句不过是依靠语言这一外壳表达"私意"的作成之物。

日本茶道所追求的"侘寂"也是以主客合一的审美意识为根底的。侘（わび）在日语中有简陋之义，描述的是一种与完美状态相对的、简单朴实甚至粗糙寒酸的样子。寂（さび）意指事物随着时间流逝而逐渐老旧。千利休将"侘寂"的精神理念引入茶道，创立了影响深远的闲寂茶。《南方录》中有记载："小茶室中的茶道，第一是以佛法修身得道之事。享乐于屋中的装饰、食物的美味，那都是俗世之事。有了不漏雨的屋子、不足果腹的食物就足够了，这才是佛教、茶道的本意也。"千利休的茶道便是基于这种精神建立的，因而他的茶道也被称为闲寂茶。他通过将茶室缩小至只有半张榻榻米的大小，使用没有鲜艳色彩的茶具，追求"和、静、清、寂"的境界。如今，茶道已经成为一种修炼身心的艺术形式，人们期望通过茶道排除欲望杂念，达到身心一体的境界，从而获得精神上的自由。而这种身心一体的境界，便是立于有无之外的一种"不二"。

艺术作品应当像一面镜子，反映出主体的真实情感，成为主体生命意志的自然流露。建筑、俳句以及茶道等艺术形式之所以都具有崇尚自然、排斥人为的共同点，其根本原因在于对于主体而言，人与自然拥有着共同的生命根源，二者从根本上来说处于同一个"场所"。因此，这些艺术形式作为生命的真实表现，呈现出的便是追求物我合一的境界。

四、西田哲学的美学理论

通过对西田哲学的根本特征与日本审美意识的论述，我们可以发现以"无"为根本特征的西田哲学与崇尚自然、拒斥人为的审美意识之间存在契合之处。正如西田所言，纯粹经验是主客未分的事实原样，是"丝毫未加思虑辨别的、真正经验

① ［日］藤田正胜：《日本文化关键词》，李濯凡译，北京：新星出版社，2019年，第130页。

的本来状态”[①],“其间没有插入思维的一点空隙”[②]。艺术家在进行艺术创作、观众沉浸在对艺术作品的欣赏之中时，就处于这种纯粹经验的状态。因此，对于西田哲学而言，人们不是通过理性的认识能力来不断接近实在，恰恰是思维意识的产生打破了实在原本的统一状态，产生主观与客观的分裂。就像再华丽的词藻也无法抒发俳句诗人的真情实感，再奢侈的茶室与茶具也体现不了茶道的根本精神，在艺术领域当中，主客合一的统一状态不是通过刻意追求所达到的，而是要尽量去除人工装饰之物，以“自然”为美。与之相对，西方哲学往往被视为一种主体性哲学，它聚焦于“人为自然立法”，突出主体改造自然、征服自然的力量性。但是在西田看来，无论是独立于客体的意识主体，抑或是独立于经验的客体，都是一种对象化的思维方式，二者应当同属于一个统一的实在。

以纯粹经验为起点，并通过场所逻辑获得根本性的西田哲学，虽然也主张艺术直观是一种主客合一的状态，却与同样追求主客合一境界的“移情说”有着根本不同。以德国美学家李普斯为代表的“移情说”，曾经是20世纪西方美学的主流学说。李普斯认为，审美主体通过将情感投射到外在于他的事物上去，使原先没有生命的东西仿佛具有了思想和感情。通过这一活动，人能达到物我同一的境界，从而感受到事物的美。虽然这种学说也将美感视为一种主客合一的状态，但它依旧是以主客二元分立的思维方式为前提的。正如西田所言：“所谓移情，并不是将主观自我的价值感情客观化，而是主客对立以前的具体生命的发展。”[③]由此可见，在西田哲学的语境当中，美感实际上是主客体分裂前的一种真实的存在状态。所谓主体和客体、思维与存在之间的分裂，恰恰是整体生命的统一状态被打破后产生的，而艺术与审美则帮助我们回归到主客分裂前的具体的整体，犹如“迷途的孩子回到父亲身边”[④]。从这个意义上来说，审美这一活动与其说是感情向对象的移入，不如说是主体与客体对于同一“场所”的回归。二者虽然都表现为追求主客合一的境界，支撑在其背后的却是完全不同的两种逻辑。以李普斯为代表的“移情说”以主客二分的二元论为前提，是一种“主体有情而客体无情”的认识，因此主客合一是主体向客体的单向流动；与之相对，在西田哲学当中，由于主体与客体被包摄于同一个场所，是一种“主体客

① ［日］西田几多郎：《善的研究》，何倩译，北京：商务印书馆，2016年，第3页。
② ［日］西田几多郎：《善的研究》，何倩译，北京：商务印书馆，2016年，第5页。
③ ［日］西田几多郎：《艺术与道德》，唐剑明译，上海：上海社会科学院出版社，2018年，第28页。
④ ［日］西田几多郎：《艺术与道德》，唐剑明译，上海：上海社会科学院出版社，2018年，第53页。

体皆有情”的认识，因此主客合一是往返于主体与客体、最后在同一个场所的归属。从这个意义上来说，日本的审美意识在根本上有着不同于西方美学的地方，是一种彻底的主客合一论。

西田对于美和艺术的直接论述更多地见于其论文集《艺术与道德》中，这一时期的西田基于绝对意志的立场，将艺术创造的本质把握为一种无法被对象化的能动性的直观，并在主客合一、纯粹作用的立场上对艺术进行阐述，指出美的感情是一种真的自我感情。但是，西田的目的与其说是探究美和艺术的本质，不如说是更多地希望借此建立一个真、善、美合一的哲学体系。因此，西田也被认为并没有发展出独立的“西田美学体系”。然而，西田哲学从一开始就植根于东方的以无形为本、重情意的文化土壤之中，并始终将主客同一作为它的基本立场，美学与艺术理论是西田哲学当中不可分割的一部分，西田对于自身哲学的构建也是伴随着他对于美的思考而逐渐深入的。以纯粹经验为起点，审美与艺术创造的活动最终被包摄在“绝对无的场所”之中。这一场所即无法被对象化的意识真正存在的场所，一般与个别、有与无的对立都消弭在这一场所中。由此可见，西田对于美和艺术的阐述，是一以贯之地存在于他的哲学体系当中的。

五、结　语

日本传统的俳句、茶道、花道等艺术形式中，蕴含着日本人对自然、生命问题的独特思考。西田哲学之所以能够成为日本最初的独创哲学，就在于他从这些日本传统的审美意识中发现了属于东方的哲学特质，并将这种直觉的、感性的、重体悟的东方特质归纳为一种“无”的逻辑，从根本上赋予其哲学的依据。从这个意义上来说，对于难以成为理智分析对象的审美意识，西田哲学能够进行较为明确的分析与表述。

“无”实际上是一种对将实在进行对象化、外在化理解的思维方式的否定，它认为真正的实在应当是无法被对象化的且内在于自我的。因此，西田并不是要否认主客二元框架内的认识，而是排斥自古希腊以来将理念、形式、物自体等意识的对象作为实在的认识方式。在西田哲学当中，真正的实在应当是无法被对象化的。从这个意义上来说，西田哲学为这种直观的“无”从逻辑上赋予了一种根本的特征。这种以“无”为根本特征的主客合一的哲学，在认识论当中就是通过剔除人为假设来接近事物的真实面貌；在审美意识当中则表现出一种排斥人工装饰、崇尚自然的特点。以“无”为特征的审美活动致力于回归到主客体分裂之前的状态，这也是基于主客合一的日本审美意识所追求的境界——尽其所能去除人工的痕迹，回归与自然圆融无碍的状态。因此，日式传统建筑的“素”、俳句所追求的“幽玄”之境以及茶道的“侘寂”，其审美意识的根源都是主客合一的“无”。

参考文献

日文文献：

[日]西田幾多郎:『働く者から見るものへ』，東京：岩波書店，1927年。

中文文献：

（1）[古希腊]毕泰戈拉等:《古希腊罗马哲学》，北京：生活·读书·新知三联书店，1957年。

（2）[日]黑川雅之:《日本的八个审美意识》，王超鹰、张迎星译，北京：中信出版社，2018年。

（3）[日]藤田正胜:《日本文化关键词》，李濯凡译，北京：新星出版社，2019年。

（4）[日]西田几多郎:《善的研究》，何倩译，北京：商务印书馆，2016年。

（5）[日]西田几多郎:《艺术与道德》，唐剑明译，上海：上海社会科学院出版社，2018年。

（6）[日]中村雄二郎:《日本哲学的哲学性难题与我的道路》，龚颖译，《世界哲学》2009年第5期。

西谷启治早期哲学中的虚无与主体性

○ 张　政　中山大学

[**摘要**] 众所周知，西谷启治（1900—1990）哲学的关键词是虚无主义。在他的早期思想中，虽然没有明确使用这个词，但虚无、虚无感这些词已经出现了，而这些词都与时代的整体精神氛围有关。本文以西谷早期的代表作《根源的主体性哲学》(『根源的主体性の哲学』, 1940）为中心，探讨西谷主体性哲学深化的路径。西谷提出了三种主体性，分别是近代主体性（人类中心主义）、信仰立场的主体性和神秘主义中的主体性（根源主体性）。在尼采（Nietzsche, 1844—1900）和艾克哈特（Eckhart, 1260—1327）的论述中，西谷都找到了与自身“根源主体性”相近的思想。虽然西谷关于虚无主义更为集中的论述要到其中期思想中去探寻，根源主体性的思考最终也发展为他后来提出的“空”的思想，但应该说，在其思想早期，西谷的哲学关注和思想进路便已得到呈现。

[**关键词**] 西谷启治；虚无；主体性；尼采；艾克哈特

一、起　　始

每个哲学家都有自己的哲学关键词，在一定程度上，这个关键词可以让我们找到进入某一哲学的钥匙。那么，虚无主义何以成为西谷的关键词呢？

应该说，西谷对虚无的关注与他自身的成长经历有很大关系。他在《我的青春时代》(『私の青春時代』) 里回忆自己的青年时期，用毫无希望来形容。身为独子的西谷在十五岁前，处于悠哉悠哉、毫无烦恼的状态，但在他十五岁时因为父亲的病逝，经济上面临很大压力，不仅如此，在心理层面上，父亲的过世也给他带来了一种生活实感的丧失。更悲惨的是，就在西谷中学毕业准备进入高中时，他患上了和父亲一样的病——肺结核，父亲因肺结核而死，想必给他带来极为沉重的打击。西谷考试落榜，虽然后来他从病痛中痊愈，并顺利升学，但这段时间的种种经历还是引发了他对于虚无、生死问题的哲学思考。①

再把视角放大来看，日本自明治维新实行开国政策以来，西方近代文明涌入，与日本传统文化激烈冲撞。与明治前十年的欧化主义相对，进入明治二十年代后半，日本形成了对欧化主义的强烈反对。西方近代文明由于传统价值的崩坏，已面临深刻的危机，前途不定，虚无感盛行。伴随西方价值观的强劲输出，这种危机感也必然波及日本。西谷认为："一方面，虚无主义是一个超越时空的问题，扎根于人类的本质之中，一个实存的问题，在这里，自我发现自我丧失根基。另一方面，这是一个历史和社会现象……虚无主义的现象说明了支持我们历史性生存的价值系统已经崩坏，社会和历史生活的整体已经从它的基础脱落。虚无主义显示了外在社会秩序的崩溃和内在精神的颓丧。"② 接下来，我们具体来看西谷如何从历史角度切入虚无的问题。

二、近代的人类中心主义

近代启蒙运动以后，人的自然理性从神的恩宠之光的束缚中挣脱出来，人们不再把自己作为神的附庸，获得了独立运用自己的理性去探索世界的权利。西谷论述到，一方面，借助理性理论方面的使用，人可以去发展自己对这个世界的客观认识，促进了科学的发展。可以说，近代精神的本质就是科学的精神，它与传统的世界观相分离，不同于把世界理解为神的造物，或以第一因为基础建立起来的形而上学式的演绎体系，科学把自然界所有的现象都只纯粹作为现象本身来理解。原理上，人与

① 西谷青年时期的经历可参见［日］西谷啓治:『西谷啓治著作集』第二十卷，東京:創文社，1990年，第175-180頁。另外，本文对西谷文本的引用均来自『西谷啓治著作集』，東京:創文社，1986—1995年。下文均采用"N+卷数·页码"的格式标记。

② Nishitani Keiji,*The Self-overcoming of Nihilism*,Trans.By Graham Parkes and Setsuko Aihara, Albany: State University of New York Press, 1990, p.3.

自然相互分离，人作为知的主体，而自然则作为外部的物质的客体，人去发现自然内部的构造，对自然进行机械论式的理解。由此可知，本质上，科学的自然观并不包含像神或第一因这样传统的统一原理。而且，正是这样的科学的立场取代了传统的世界观，成为具有统治力的新世界观，它打破了旧的价值体系，宣告了与传统的断绝。

另一方面，借助理性实践方面的使用，人可以为自己确立道德的法则。西谷以康德（Kant,1724—1804）哲学的主体性为例，指出："近代的人类自主性的自觉，……它与在信仰的决断中出现的主体性不同。并非因为神律便是道德，而是因为是道德法则，而被看作神律。这正是根源的主体性的自觉。"（N1・60）这里同样发生了判断基准的翻转。

就这样，从中世纪到近代，世界的面貌为之一变。过往世界只是神的造物，而现在要认识世界却反而需要去除神的因素，认识事物追求实证性。道德方面，遵从神的律法反而成了他律律法，人只有遵从自己给自己制定的律法，才是自律。西谷认为，"即便没有神的指示，人也可以在自己内部发现由自立而来的力量，这是从中世纪到近代历史大转换的根本原因"（N1・59）。

随着时间的推移，自然科学与技术的结合越来越紧密，自然法则也越来越深入地运用到人类生活的方方面面。本来是人用自然法则去支配自己的生活，但发展到一定程度，本来支配自然法则的人却反过来被自然法则支配。人的内心与社会关系越来越呈现出机械化的倾向，以及人性丧失。一方面，依从法则，人遵循非人格的普遍的立场；另一方面，却越来越呈现出单子化的个人性倾向。这种自然科学的立场构造了一个物质的世界，在这个世界里面，理念、人格、精神、生命都没有立足之处，完全是一个死寂的世界。按照大峰显的说法，"基督教的神，作为绝对的有，可以克服被造物底部的无，但却无法克服近代科学中作为死的物质的无"[①]。这个历史过程中呈现的精神性的消解，让尼采说出了"上帝已死，而杀死他的就是我们"。世界根源的统一原理消散，存在者丧失了自身应该存在的位置，丧失了对历史确定走向的信心，虚无感从存在者的脚下升起。

但对于西谷而言，虚无绝不仅仅是陷入一种绝望或虚无感的问题。按他自己的话说："虚无主义的问题并非通常意义上虚无的问题，这里的区别十分重要。在通常

① ［日］大峯顯：「無の問題」，『溪聲西谷啓治・思想編』，京都宗教哲学会編，京都：燈影舎，1993 年，第 46 頁。

虚无已被克服的宗教次元，或在与之相等的高度或深度的次元，虚无再次出现。也就是在宗教的次元，虚无的问题成为‘对自的’，并再次出现。”（N20・188）按照尼采的分析，人之所以需要上帝、彼岸或理念界，恰恰是为了克服现实存在的痛苦、空洞、虚无。因为相信有彼岸，有上帝，人才能够生存下去。因此尼采虽然把上帝、彼岸贬斥为虚假，却也承认它们所拥有的重要意义。但现在的情况却全然不同了，如上所述，以往无可置疑的上帝已被质疑，信仰的根基摇摇欲坠，这时从信仰的真空再次涌现的虚无就成为一个真正的问题。这时候，虚无开始成为一种对抗宗教的自觉立场。正因为敏锐认识到这一点，西谷说，“虚无主义拥有靠伦理和宗教无法全部包含的抵抗性，具有一种本质上怀疑的特性”（N20・192）。因为这种怀疑，伦理或宗教已经无法直接克服虚无主义，必须迂回至哲学的路径，探索新的方向。从这里出发，西谷认为“以后基本的研究方向，一是虚无主义立场哲学的展开，二是哲学批判式地理解伦理和宗教的诸多问题，三是通过虚无主义克服虚无主义”（N20・192）。限于篇幅，这里不展开论述。

西谷思想早期的代表作无疑是《根源的主体性哲学》（1940），在这本书里，第二篇论文的题目是《宗教・历史・文化》（1937），其中西谷区分了与宗教有关的三个立场，立足于文化的文化主义立场（即近代人类中心主义的立场）、立足于历史的终末论立场（即一般意义上信仰的立场），以及立足于纯粹宗教性的神秘主义立场。人的自主性逐渐被凸显之际，历史与宗教之间的关系也必然发生变化。从宗教的立场看历史就是把推动历史进程的根本动力归结于神的意志，这在《圣经・旧约》中多有体现。整个历史进程按照神的旨意向前推进，最终在耶稣二次降临的时候迎来终结。但进入近代，历史从中世纪宗教的世界观中脱离，被当作纯粹客观的事实来认识，历史只作为历史本身来研究，背后并没有任何其他意志，这就是狄尔泰（Dilthey，1833—1911）所谓的“历史的意识”。人自身创造历史的角度被西谷称为人类形成的立场。“简要来说，人类形成的立场就是以文化为中心，用文化来包含宗教、历史的态度”（N1・40）。因为以文化为主轴，因此也被西谷称为文化主义，强调“人的自主性，特别是在科学探究和道德自律中体现的不可被侵犯的理性的全能，从理性的开发而来的个人和社会的人类自我形成，同时重视自我教养的要求”（N1・40）。一言以蔽之，近代的人类中心主义信奉的是人类理性的全能。

三、神秘主义立场上的根源主体性

从上面笔者的分析可以很清楚地看到近代人类中心主义立场的特点，那么它与信仰的立场之间是什么关系呢？

> 在这里，听从神的启示或神的语言，顺服神的意志？或停留于我性，主张我意，不顺服于神的意志？必须要作出决断。这个决断，只要是意味着自己整个存在的决定，就不同于近代人类中心主义立场上的自我裁断，……从只有依靠信仰才能获救的信仰立场出发，把人类看作彻头彻尾的罪恶造物，因此从人类夺走了任何可以求取的自救之力，甚至把决断也归于神的恩宠之时，最清楚地展示了神中心主义对人类的绝对否定。（N1·69）

从西谷的这段分析可以看到，信仰与人类中心的立场针锋相对。文化主义肯定人自身具有的理性和认识能力，肯定人满足自身合理的愿望。而从信仰的角度来看，这种自主性是从神而来的背反，是人把自己绝对化，因此一概被贬斥为我意、根本恶或无明、颠倒等。在西谷看来，从宗教的立场出发这么去批判不可谓不正当，但面对时代新的状况，仅仅靠这种略显粗暴的方法已经不够了。从人肯定自身的立场出发，确实人所有的行动都必定与一定程度的我意或自爱相关。但与此同时，从人人都共同具有的理性出发，因为理性普遍的立法，人自我裁决，这种裁决、决断是对我意或自爱的否定。康德的定言命令是一个最好的例子。在这个意义上，西谷认为近代人自主性的自觉具有根源的主体性的特色。他论述道，“这里必须注意到自己否定式的自己普遍化，裁判自己的自己超越了我意的立场，站在自己内部普遍的立场上，这是一种无我的立场”（N1·60）。在这里，西谷指出了近代主体性最突出的特点，即我意的张扬和同时抑制我意的普遍理性的共存。西谷肯定理性为自己立法的重要意义，理性的自律可以使人突破自身的限制而进入一个普遍的共同体。他说，“可以说道德法是神的戒律的摹写，作为绝对他者，内在于以我意为根的人之中”（N1·73）。表面看来，人的道德自律与神的戒律已经丧失关系，但西谷却敏锐地指出两者之间的关联，两者并没有被表面的背反割裂，神的戒律规范人的我意，人的理性自律同样如此。不能简单地遵循宗教的立场，抛弃近代发展起来的理性，西谷同样认为这种普遍理性的内在性里蕴含了根源的主体性性格。

那么西谷谈论的根源的主体性就是建立在近代理性的基础之上吗？如上所述，一方面，西谷认为信仰主义对待近代理性的态度过于粗暴，没有看到其中蕴含的积极意义；另一方面，在根本的意义上，人的理性自以为掌握了衡量一切的标准，从更高层次的宗教次元来看，这是自执的强化，是一种更深的堕落。从这样的判断可以看出，归根结底，西谷是一个有强烈宗教诉求的人，他不可能满足于康德意义上的人为自己立法，有一个比理性自律更深的次元，它是比信仰主义更深的阶段，既保留宗教次元的要素，同时也能够给予理性合理的位置。而这就是神秘主义的立场。那么，这个立场有何特殊之处呢？

> 在神秘主义这里，这样根源的主体性呈现为“魂”或“灵”的思考方式，……这里，魂返回自己的主体性，即“我在”的根源。神的根底就是自己的根底，自己的根底就是神的根底。在这里，自己获得了完全自由和超越的宗教知性。通过“突破”这样的语言，中世纪德国神秘主义者表达了根源的主体性，即超越人格的对立的神，彻底地走向自身的自觉。而且，在这种突破的反面，神从根底不断否定自我，并在自我的内面出现。……因此突破的经验意味着不断否定我意或我性的神的“精神”代替它们，支配自己。……只有通过神对我意（自己旧的本质）的绝对否定，才出现自己根源主体性与神主体性的合一。这里表明了神秘主义的特质，一方面，它不同于信仰，神中心主义或信仰的立场把神作为绝对的他者，立于对面。另一方面，它不同于近代人类中心主义，这里的主体性没有绝对否定。（N1・64—65）

从这段比较长的引文出发，可以最为清楚地理解西谷的意图。上文已经讨论了文化主义立场上的主体性，西谷认为其中包含了根源主体性的自觉，但显然还不是根源的主体性。两者之间有何区别呢？如上所述，被解放的理性具有普遍性的立场，是规范我爱或我意的否定原理。这种否定原理出现在自我主体的内部，并始终停留于此。西谷在这里指出了近代主体性最根本的限制——停留于自我内部，无法获得绝对否定的意义，只能说是一种相对的否定。他说道，“理性作为绝对他物与我意相对，停留于自我的内部，相对于自我，并不意味着绝对他物、绝对超越，因此并不意味着新自我的脱体”（N1・65）。绝对否定为何如此重要？自我如果没有受到根本质疑和否决，那么借助理性对我意的否定也必定不能逃脱自执的性质。绝对否定对自我而言，意味着自我的裂解，而从神秘主义立场揭示的主体性正符合这种要求。也即灵魂要想返回自身根基，必须要有绝对的转换，这种绝对转换意味着对我意或我性的绝对否定。也可以说是突破自然的理性，进入超自然的理性，这是对理性的绝对否定。

上文提到的中世纪德国神秘主义者，其实就是艾克哈特。“突破”（durchbruch, breakthrough）就是艾克哈特最有名的教导之一。“突破”就是突破三一神的人格性，进入神的纯一性根底——“无”。正因为突破至神的最深处，自我与神已没有区分，因此才可以说神的根底就是自己的根底，自己的根底就是神的根底。从自我的根底发出神的语言，圣子在自身内部诞生，自己也作为圣子返回神的根基。自我被神性充满、作为圣子重新诞生的叙述表明了自我脱胎换骨的变化。作为圣子的再生意味着神的意志已经与主体的意志合二为一，这同时意味着对我意或我性的彻底否定。因此，也可以说，只有立足于“无”之上的主体性才是根源的主体性。

通过以上分析，也同样可以理解神秘主义超越信仰立场之处。在西谷看来，信仰的立场“固守神的超越，而人作为被造物，与神之间有本质的区别，并且由信仰而来的转换之中出现的新生最终也只是建立在旧的罪性自我的基础上”（N1・69）。应该说，在犹太基督教思想中，创造世界的超越的神是具有意志的人格，人格神作为“有”而出现。就像托马斯・阿奎那（Thomas Aquinas，1225—1274）所说的，神是最完全的有。虽然否定神学更倾向于把神看作“无”，但其确实不能算是基督教的主流。在信仰的立场，人神之间有一条绝对的鸿沟，两者之间要依靠中保基督来建立关系，也即两者只能在一种外在的关系中逐渐靠近。而神秘主义能够超越这种对象性的关系，进入神的内部与神合一，即所谓“神的根底就是我的根底，我的根底就是神的根底”。这种进入神的内部与之水乳交融的关系，毫无疑问比信仰的关系更为深入。也正因为这点，从信仰的立场出发，无法理解“自然理性向超自然理性的转变”（N1・70）。

这里应该指出，西谷对信仰的理解承袭了京都学派一贯以来的哲学路径，因为从西田几多郎（1870—1945）开始，就倾向于从外部关系的角度去理解基督教的信仰。首先看看西田在早期著作《善的研究》(『善の研究』) 中所透露的宗教思想。

> 所有宗教的基础必定是神人同性的关系，也即必定是父子的关系。神的宇宙的根本，同时也必定是我们的根本，我们归于神就是归

于本。[①]

神，若站在宇宙之外，作为宇宙的创造者或指导者，那就绝不是真正无限的神。[②]

超越的神从外部支配世界，这样的思考方式不仅与我们的理性冲突，而且这样的宗教也不是最深刻的。[③]

众所周知，西田在《善的研究》中提出的一个最关键的词就是纯粹经验。纯粹经验并不局限于个人，它的根底是一种普遍的根源的统一力，各个纯粹经验只是总体统一力分化、发展的不同样态。因此可以说，我们自己的根底同时也是宇宙的根底，自己的根本与宇宙的根本本是同一。一言以蔽之，西田主张自我与宇宙、与神的同性关系，强调神的内在性，神是宇宙的统一者，是实在的根底，同时也是在我们自身内部运作的根源的统一力。可以很明显看到西田否定超越性的倾向，西田把唯一实在的无限活动的根本命名为神，认为神绝不是立于实在之外的超越者。而到了晚期，西田提出"平常底"的思想，也即根源的实在并非超越日常，反而要到日常无限的根底处探寻，也被称为"内在的超越主义"[④]。相比于超越的内在，西田很明显更亲近内在的超越。西谷不满意信仰的立场，更青睐神秘主义，遵循的是同样的思路。

四、尼采、艾克哈特思想中的根源主体性

《根源的主体性哲学》这本书里的第一篇论文《尼采的查拉图斯特拉与迈斯特·艾克哈特》(1938)写于三十年代西谷留德期间，据说西谷曾与海德格尔(Heidegger, 1889—1976)讨论过其中的内容，海德格尔也表示认同。乍一看，一个是中世纪神秘主义者，在神的根底寻求彻底的救赎之道，另一个则试图借助"超人"哲学，彻底清算基督教的虚伪，寻求克服虚无主义之道。两者之间似乎没有任何相同之处，但西谷却认为两者"在大生命的顶端(或根源处)，不期而遇"(N1・25)。

西谷在《查拉图斯特拉如是说》(*Also sprach Zarathustra*)里摘取的片段是查拉

① ［日］西田幾多郎:『西田幾多郎全集』第一巻，東京：岩波書店，2003 年，第 138-140 頁。
② ［日］西田幾多郎:『西田幾多郎全集』第一巻，東京：岩波書店，2003 年，第 139 頁。
③ ［日］西田幾多郎:『西田幾多郎全集』第一巻，東京：岩波書店，2003 年，第 140 頁。
④ ［日］小坂国継:『西田幾多郎の思想』，東京：講談社，2017 年，第 298 頁。

图斯特拉已在山顶闭关十年，感觉自身力量饱满充溢，决定下山，途经森林之时，遇到了修行的圣者。圣者非常虔诚，全心全意侍奉神，期待自己的生命被神的生命充满。智者只愿意独自面对神，不愿意面向人。西谷指出智者的这种做法依旧是以自我为中心，把神当作一个对象。智者崇敬神，否定自身，这种否定还必须再一次被否定。

> 圣者已放弃人类的生存，因而在大自然的世界里得到与神生命的合一。从这再生的角度来看，人间的生也是死。但这再生无论多么高尚，还是把自己的根源放置在了自己的前面。把神放在前面，与神是两个生命。安住于神之中，却远离了他。……只要把神看作一个对象，在他面前出现的神的生命就还不是真正的生命。把生命当作对象，其实是生命的死。……同时，因为他对着神，便背对人间。对他来说，人间的生是死，因此他把他的生命没入神的生命之中，也丧失了通往人间生存的道路。因为他处于较高的生存境界，却是神的死，自己的死，人间的死。（N1・8）

智者否定自身寻求与神的合一，合一的前提便是分离，即把自己和神看作两个不同的存在。一方面是自己的形象，另一方面是神的形象，形象意味着间隔、阻碍。圣者希望自己被神充满，其实恰恰说明了彼此之间并未贯通，这也是他停留在森林中途的原因。要打通间隔，从中途走向全端，就要超越合一，走向根源的“一”。

与智者不同，查拉图斯特拉并非等待自己被大的生命充满，而是大的生命涌向自身、满溢自身。自己被充满，意味着仍留有自己的形象，生命之水只是把其中的空间填满罢了。而当大的生命涌向自身、满溢自身之时，生命之水已经冲破自我固定的形象，自我既非实体，也非意识作用固定的中心。没有任何固定的形象，便获得了无限的形象。当圣者看到查拉图斯特拉，忍不住叫道：“这人怎么像一个舞者一样行进？”舞者正代表了流动的生命，随时随地自由运动，不被任何一个形象束缚，也代表了创造的生命。查拉图斯特拉比智者更为彻底，因此智者停留于中途，而查拉图斯特拉还要继续前行，直到人迹扰攘的街道为止。用西谷的话来说，即“在它的顶点，生命真的成为创造的时候，向下或没落的意志也同时成熟”（N1・9）。结实是树生命的顶端，但只有在果子离开树，掉落到地面上的时候，才真正表现了树创造的行为。查拉图斯特拉离开人类，在山顶隐居十年，创造并非停留于此，而是必然要驱使他重回人间。这也是绝对否定转向绝对肯定的辩证过程，查拉图斯特拉破除了自我形象、否定了对神的依靠，必定要去重新亲近人类，他自己也是这么说的——“我爱人类”。正是这彻底的立场，比与神的合一更进一步，抵达生命最深的“一”。

在这篇文章里，西谷只是摘取尼采《查拉图斯特拉如是说》里的部分进行论述，文章篇幅短小，西谷借助对比圣者与查拉图斯特拉两者形象的差异，凸显了自己探究“生的根源”的强烈兴趣，应该说，对此论题探究的热情贯穿了西谷整个生涯。这个阶段，西谷已经注意到尼采，但真正对尼采的全面深入的探讨要到《虚无主义》（1949）这本书才出现。

接下来再看看西谷对艾克哈特思想的讨论。在艾克哈特的论述里，西谷同样看到了探究“生的根源”的彻底。比如，艾克哈特多次讲到，“并非被包含、并非合一，不如说就是一”，或“并非单单合一，不如说就是一个成为一的一”，或“神并不赐予什么，也不从神那里获取什么，就是一个一，一个纯粹的一化”（N1・13）。艾克哈特最为大胆的学说莫过于灵魂得救要超越“三位一体”的上帝，抵达神性（Gottheit, Godhead），从神性里流出了“三位一体”的上帝以及万物，而在神性的根基里，灵魂和神之间的界限已被取消，正所谓“我的根基就是神的根基，神的根基就是我的根基”。生命在自身最深的存在根基里，它的存在无需任何理由。生命存在，就是生命何以存在的理由。

此外，艾克哈特还提出“正义的存在与正义者的存在是同一”（N1・15）。众所周知，在柏拉图的学说里，正义或正义的理念是相、原型，因为分有原型，正义者身上体现的正义只是模像，两者当然不能等同。奥古斯丁（Augustine，354—430）也有类似的想法，即只有接受神的光，人的知性“看到”永恒的理念，认识才能成立，人的知性、人的认识只有在某种被动状态下才能成立。但艾克哈特却比两人更为彻底，提出“正义的存在与正义者的存在是同一”，其实就是取消了所谓原型和模像的区分，正义的直接现实就是正义者，正义者就是活生生正义的再现。毫无疑问，这是贯彻生的根源才能出现的场景。

灵魂要能够返归神性，当然是有条件的。首要的，就是去除表象。人习惯性地把自我当作一个实体，从而把它当作认识的对象，其他的一切也被当作自我外部的对象来认知。表象之所以成立，就是因为主客对立以及从外部而来的看的方式。西谷把表象定义为“孤立的自我从外部去看其他的所有的时候（作为对象），自我作用的内容”（N1・19）。以一种对象的方式去看的时候，自我与对象之间就有表象，这意味着两者的疏离。这种观看方式等于给自我和对象分别装上一个框框，两者之间的真实关系被扭曲了。因此灵魂要想洞见自身的本来面目，就必须打破作为形象的自我，当灵魂从自身内部放下一切形象，成为一个空虚的“形象”的时候，神的语言就从之前杂乱的声音中凸显而出。灵魂成为一个空的场所之时，当下便开始听取神的语言。所谓灵魂返归神性、返回根基，也即灵魂虽然在时间中被创造，但在它之中，包含了世界、时间、它自身创造以前的“非被造之物”。灵魂在他生命的最深处，是与神生命相连的最深的“一”。在最深处“知道”神，这知当然超越了一切表象，已不再是比量知，而是直观知或“无知之知”。

西谷最后总结，“两者共通的根本态度是生的辩证法运动的彻底。通过人的否定达到人的肯定的彻底”（N1・25）。对此，学者堀尾孟也有自己的总结：

> 艾克哈特寻求自身生命最根源的现实，突进至把生命注入被造物（人）的神的永恒生命之中，超越、否定沉浸于与神合一喜乐的自己，在“神、被造物皆不存在”的深处求取生命。自己的脚旁敞开了无底的虚无的深渊，却把自身投入其中，由此而领悟到虚无是“神之死”的反应，虚无主义也无非是被囚禁于神之阴影下的人的生存方式，尼采的超人超越了这样的神的阴影，超越一切是非善恶，生命只是作为生命，单纯地呼吸。①

可以说，艾克哈特追求上升的极致，尼采追求下降的极致，但两者都共同寻求生命的最深处。西谷在文章最后一小节还提到两人所处的时代背景。艾克哈特所处的时代，虽然托马斯・阿奎那为了保存信仰，为自然理性设定界限，但在当时风起云涌的各式宗教自由思想的冲击下，这综合调和的体系也被冲撞得岌岌可危。艾克哈特舍弃设限，矢志寻求拯救的彻底，超越亚里士多德主义，超越柏拉图主义，开创了一条全新的道路，可以说是一种对时代精神的回应。尼采面对传统精神与近代精神的冲撞、虚无感的四处弥散，同样要作出自己的回应。西谷不仅仅是对两者学说的探究，他们面对时代剧烈变迁的现状，敢于直面现状，寻求从中挣脱而出的路径，这种大无畏的勇气更是令西谷感同身受。毕竟，个人在庞大的历史潮流之中，应该如何理解它，如果去探寻自己的位置，对于每个人来说，都是至关重要的问题。

在西谷思想生涯早期，如同已论述的，西谷对尼采和艾克哈特都有很高的评价。

---

① ［日］堀尾孟:「ニヒリズムを通してのニヒリズムの超克　西谷啓治」,『日本近代思想を学ぶ人のために』, 東京: 世界思想社，1997 年，第 299 頁。

但随着他思想的发展，立场自然会有变化。西谷对艾克哈特思想比较详细的论述集中在《神与绝对无》(1948)中，晚期的《宗教是什么》(1961)中，西谷对艾克哈特的赞誉达到顶峰，认为他的立场与佛教“空”的立场接近，是安立生命最为本源的立场。而尼采则反而受到批判，西谷认为其学说并不彻底，这里限于本文主题，不详细展开。

五、主体性哲学发展的辩证法

对于以上从近代的主体性哲学发展至根源的主体性哲学的历程，西谷用辩证法来进一步地说明。如上所述，近代主体性以我意为根本，但它同时受到理性自律的约束，我意与理性之间的张力被西谷称为人类中心主义内部的辩证法、我意的辩证法。从信仰主义的立场来看，理性的自律不能根本地对治我意，终归还是要被我意所统治，因此信仰贬斥人的理性。这被西谷称为直接的否定，但信仰对理性采取如此粗暴的态度，只能说明信仰也陷入了自执。“这种执着，并非与理性相对、采取绝对的他者立场，而是执着于自身，封闭于自身，包含了无法否定即肯定地容纳对方的自执(或法执)”(N1・76)。因此，为了在否定理性的同时还能够重新把它唤醒，这种单纯的直接否定性就要再一次被否定，这样的话，就能在保持直接否定性的同时，重新肯定理性。这也是所谓绝对否定性，也是辩证法的直接性。“否定自律理性的同时保持自己，进一步否定自己(即保持直接否定性的自己，同时去除自执)，拥有真实的直接否定性的同时，把自律的理性夺回自己手中，让它为己所用”(N1・76)。这样通过否定的否定，也即绝对否定，自律理性死而复生。

所以，在信仰也进行自我否定的时候，在绝对否定的立场，理性不再与信仰相对，而是变身为绝对否定的道具。这种否定即肯定的绝对否定被西谷称为绝对无的立场。在绝对无的立场，人类中心性被彻底否定，通过自我的绝对否定，出现了根源的主体性，也即无我的主体性。这无疑比信仰立场的主体性更进了一步，在信仰的立场，自我还是作为一种有而存在，只有在绝对无的立场，脱底的主体性才真正出现。也即在绝对无的场域里，主体作为有出现，但这种有又并非实体性的有，而是否定了任何固定形态，每一刻都在改变的主体性，或许可称为“无的有，有的无”。

西谷总结以上思路，提出了三个辩证法。第一个把理性作为否定的媒介，是理性与我意之间的辩证法。信仰对理性采取绝对否定的态度，而从绝对无的立场出发，却可以扬弃理性。第二个是信仰与绝对无之间的辩证法。第三个是人类立场全体（我意和理性）与绝对否定的立场全体（信仰与绝对无）之间的辩证法。一边是我意，也即自然性，另一边是绝对无，两个极端都被囊括进来。以第三个辩证法为基础，可以把前面两个辩证法的内容构成一个整体的关联。这个整体的关联被西谷称为辩证法的辩证法，在这里面，第一、第二、第三的辩证法分别被视为自在、自为、自在自为的辩证法。在这个整体的关联里，作为一种根本的欲望，主体里的自然性被解放。自然的生命转向非自然的自然性，或被“非”化的自然性、“宗教里的自然性”[①]。在这里，也可以看到西谷晚期重回禅宗的动机，浸润禅宗，从中升现的自然态便是已被“非”化的自然性。当从我意内部而来的自然性，作为一种非自然的自然性被辩证地肯定之时，反而是对我意真正的绝对否定。

在绝对无的立场，有神的人格性的“非”化、理性的“非”化、自然性的“非”化，它们在主体生命的尖端浑然一体地现成之时，就是行的现成。当然，西谷在这里所说的行，不是一般意义上的行动，而是立足于根源的主体性，此时主体与神同根同源，可以说主体就是神意的代言人，主体的行就是神意之行。所谓脱底的自觉，其含义也正在于此：

> 我们存在的穷极之处是无底之物。在我们生的根源，没有任何定立之处，不如说正因为立足于无定立之处，生才是生，因此从脱底的自觉而来的全新主体性贯通了宗教的知性、理性和自然的生。（N1・3）

主体只要有“底”，它就一定被自我的形象束缚，就一定会有所仰仗。自我形象被冲破之际，也正是自执被冲毁之时，神、人共同根基，就能顺神意而为。这时成立的主体性便是非主体性的主体性，也即自体立足于生的根源的事实之上，对生的根源的“无”保持自觉，从而不被任何立场局限，立足于“无立场的立场”。

六、结　　语

通过笔者的以上论述，想必大家已能够知道西谷主体性深化的途径。从近代主体性与信仰的对立，到两者能够被辩证统一的根源主体性立场。其中隐藏的一条线

---

① ［日］森哲郎:「西谷前期の宗教／哲学—宗教における自然性に関連して」,『理想』2012 年第 689 号，第 6-17 頁。

索便是克服虚无感的尝试，但这个时期，西谷还没有明确讨论虚无主义，只是在论述的时候提到时代氛围中漂浮的虚无感，在西谷思想发展的中后期，从详细地检视虚无主义，到明确提出“空”的立场来克服虚无，可以说是其早期思路更为明确、精致的表达。西谷早期主体性思想的发展可以说是其整个思想生涯的迷你版，基本上他以后会使用的思想资源都出现了。当然，要想更深入地了解西谷哲学，必须更为仔细地审视其整体思想，这也是笔者未来的学术目标。

丸山真男批判日本法西斯主义的内在原理及其逻辑 *

○ 陈毅立　同济大学
○ 文　东　同济大学

［摘要］丸山真男对日本法西斯主义的批判可谓独树一帜。他基于西方政治学理论，从江户时期的“徂徕学”中寻找到日本近代萌芽的标志，即“个人主体意识的觉醒”。在此基础上，他立足社会心理学，以日本摄取外来文化的特征为线索，深度剖析沉淀在日本文化最深层的“执拗低音”天皇制，尖锐地指出近代日本天皇制的致命缺陷，进而对日本走上法西斯道路的思想根源进行追溯。丸山凭借其深厚的政治学素养与敏锐的文化洞察力，让人们对日本侵略战争产生了“刮骨疗毒”的勇气，充分体现了一名具有强烈责任感的日本知识分子为摆脱法西斯思想枷锁而作出的不懈努力。

［关键词］丸山真男；天皇制；古层；反法西斯主义

一、引　言

丸山真男（1914—1996）是日本著名政治思想家、教育家，毕业于东京大学法学部。其拥有宽阔的研究视野和敏锐的政治洞察力，生前留下了极为丰富多彩的研

*　本文系上海日本研究交流中心科研课题“文明互鉴对构建多彩东亚的意义与启示”（SJSC202004）的阶段性成果。

究成果。“二战”后，他致力于反法西斯主义，被誉为日本民主主义“旗手”。

鉴于丸山在日本政治思想史研究领域的重要影响力及其思想理论的多样性，日本国内外学界对丸山始终保持着高涨的研究热情。

日本学界视丸山为“二战”后的思想坐标。无论是丸山拥护派，还是批判派都不可避免地受丸山思想的影响。从研究的立场而言，主要存在三种不同的类型。第一，赞同派。这部分学者多为丸山的弟子，如藤田省三、平石直昭、饭田泰三、宫村治雄等，他们强调丸山拥有强烈的问题意识和责任感，其研究推动了日本“二战”后思想史研究的发展。第二，批判派。他们主要从近代超克、后现代主义、后殖民主义等视角出发对丸山真男的“超国家主义论”“古层论”“近代论”等展开批判，其中子安宣邦、古贺进、石田雄等的质疑声尤为高涨。第三，中立派。小熊英二、米谷匡史等学者辩证地看待丸山思想价值，指出其对日本国家体制批判的合理性。

我国学界对丸山的研究主要存在五种范式。第一，有关丸山思想介绍的译作。代表性成果有：陈力卫（2018），唐永亮（2017），区建英（2019），区建英、刘岳兵（2009），王中江（2000）等。这些译作为国内学者了解丸山真男提供了文献资料保障。第二，涉及丸山与“日本主义”的研究。其中又存在两种不同的倾向：一是如韩东育（2002）、高春海（2012）等力图从丸山思想的矛盾性入手，解读其思维深处的日本主义特征；二是如吴震（2015）、唐利国（2010）那样，辩证地看待丸山思想的发展轨迹，强调其思想本身的价值。第三，徐水生（2000）、韩东育（2015）等针对丸山“古层论”的解读。该类研究经历了由单纯的理论介绍到多维认识的再解读过程。第四，有关丸山与民主主义的研究。这些研究通过丸山对民主主义的论述，指出其理论困境，进而透析日本社会存在问题。[日]加藤节、邱静（2018），[日]米原谦、钱昕怡（2018），陈都伟（2013）等成果值得参考。第五，关于丸山对近代主义的研究。唐永亮（2017）、谭仁岸（2018）等认为丸山的近代观较为辩证，既主张日本应走近代化之路，又批判日本近代化没有抓住近代精神的精髓。

从上述考察中我们不难发现，对丸山的研究主要还是分领域的、阶段性的论述，而把“古层论”“国体论”“近代论”“民主论”等作为整体，全面、系统、综合地挖掘这些理论背后的内在逻辑及其关联性的研究尚不多见。特别是从批判法西斯主义的视角对上述理论进行梳理、整合，以此来诠释丸山思想特色及其现实意义的研究亟待展开。

二、徂徕学与“近代”：丸山真男批判法西斯主义的原点

19世纪中叶的“西力东渐”让日本的精英阶层产生了强烈的危机意识，这种意识起初以“尊皇攘夷”的形式喷薄而出，进而转为“尊皇倒幕”，最终掀起了“明治维新”这一巨大的历史事件。明治维新后，日本将西方的经济政治制度、思想文化、风土人情视为效仿的蓝本，开启了近代化征程，并历经了富国强兵、对外扩张、“二战”惨败、经济复兴等一波三折的过程。

日本通过维新虽实现了器物层面的富国强兵，但未真正实现思想上的自由民主，最终导致陷入巨大的战争泥潭。丸山对日本法西斯主义的批判首先源于其对“近代”的认知及其对日本近代化过程中的种种矛盾与弊端的反思。那么，丸山究竟是如何发现“近代”的？“近代”对丸山究竟意味着什么？

事实上，长达260余年的江户时期为丸山挖掘“近代”元素提供了充沛的思想资源，而“古学派”儒学家荻生徂徕则成为其认知日本“近代”的重要“方法”。可以说，考察丸山对徂徕学的研究是把握其近代观的有效途径。

在构建徂徕学的理论框架时，丸山选择将朱子学作为他山之石。他犀利地指出，在朱子的思想中，“宇宙理法与人类道德就被同一原理贯穿了起来。这就是所谓天人合一的思想”①，“朱子学的理是自然法则，但当它作为本然之性内在于人时，它又成为人的行为所应遵循的规范。换言之，朱子学的理，是物理同时又是道理；是自然同时又是当然。在这里，自然法则同道德规范是连续的”②。朱子学的思想，于是就实现了从宇宙论到人性论的统一，即“平等与差别的关系，不仅存在于人类一般所相对的自然之间，而且也存在于人与人相互之间。这样，朱子学的宇宙论就自然与他的人性论衔接了起来”③。

与朱子学不同，丸山认为在徂徕思想中，“道的价值既不存在于合乎天然、自然的真理之中，也不存在于自身终极的理想之中，它完全是依靠圣人之制作”④。徂徕

① ［日］丸山真男:《日本政治思想史研究》，王中江译，北京：生活·读书·新知三联书店，2000年，第12页。

② ［日］丸山真男:《日本政治思想史研究》，王中江译，北京：生活·读书·新知三联书店，2000年，第15页。

③ ［日］丸山真男:《日本政治思想史研究》，王中江译，北京：生活·读书·新知三联书店，2000年，第13页。

④ ［日］丸山真男:《日本政治思想史研究》，王中江译，北京：生活·读书·新知三联书店，2000年，第100页。

“把制度的妥当根据完全归之为各个时代创业君主之自由（按照自己的‘意图’）的制作”[①]。这样就排除了作为自然秩序思想根源的理念性优位，把道归为圣人这一绝对化人格主体的“制作”。

由此可见，丸山关注的焦点是“从‘自然’到‘制作’推移的历史意义”。在他眼中，朱子学是“自然秩序逻辑”[②]，徂徕学则是“人为说”[③]。那么，究竟何为“自然秩序逻辑”与“人为说”呢？丸山解释如下：

> 主体制作的立场内在地包含了利益社会的逻辑，这是什么意思呢？对于人类社会的组织，有两种根本对立的看法。
>
> 一是认为，这种组织，对于个人来说，是先在的必然所与；…… 组织方式具有固定的客观形态，对于自己来说，人是进入到命运所给予的方式之中。……像“家族”就是第一种类型中比较典型的例子。
>
> 二是认为，个人单从自己的自由意志出发，制造出这种组织。……个人具有某种意图，新的社会关系是作为其目的的手段而缔结的，所以在其组织方式中，并不存在固定的客观定型的东西，而是相应于目的的多样性而采取任意的形态。……“政党”“学会”等结社——在其组织的完整性上虽然程度不同，但总起来看则接近于后一种类型。[④]

观之，丸山明确区分了两类组织：一是“先在的必然所与”，是被赋予的组织，如“投胎”；二是自己制作的组织，如政党。在前者，人是被动的；而在后者，人是主动的。丸山的意图显而易见：所谓“近代”，其内涵当然非常复杂，每个人的思想各不相同。通常而言，人类社会组织是被其他东西所赋予的，还是人以自己的意志主动建立的，即在“组织与人”这对关系中，人是宾语还是主语，是区分一种思想的“前近代”与“近代”属性的标准。毫无疑问，在丸山看来，徂徕的思想符合上述“人以自己的意志主动地制作秩序”这一“近代”价值，而朱子学则停留在“前

---

① ［日］丸山真男:《日本政治思想史研究》，王中江译，北京：生活·读书·新知三联书店，2000 年，第 176 页。

② ［日］丸山真男:《日本政治思想史研究》，王中江译，北京：生活·读书·新知三联书店，2000 年，第 165 页。

③ ［日］丸山真男:《日本政治思想史研究》，王中江译，北京：生活·读书·新知三联书店，2000 年，第 202 页。

④ ［日］丸山真男:《日本政治思想史研究》，王中江译，北京：生活·读书·新知三联书店，2000 年，第 181 页。

近代”的层面。此处，不妨对丸山设想的朱子学与徂徕学作一比较（见表1）。

表1　丸山真男对朱子学与徂徕学的认知

比较对象	朱子学（前近代）	徂徕学（近代）
道	道是由天地自然之理所赋予的基础。它贯通天与人，包摄社会与自然，既是规范又是法则，既是应该同时又是存在	道自身的终极性开始被否定，它是依据圣人人格的东西。道的价值既不存在于合乎天然自然的真理之中，也不存在于自身终极理想之中，完全依靠圣人的制作
人与组织关系	组织对于个人来说，是先在的必然所与。组织方式具有固定的客观形态，对于自己来说，人是进入命运所给予的方式之中	个人单从自己的自由意志出发，制造出这种组织。个人具有某种意图，新的社会关系是作为实现其目的的手段而缔结的，所以在其组织方式中，并不存在固定的客观定型的东西，而是相应于目的的多样性而采取任意的形态
身份	主从关系	契约关系
社会政治秩序及其存在形态	存在于天地自然； “家”——最严密意义上的自然秩序——的公法的重要性、身份上的法律乃至事实上的世袭、门第门阀的广泛统治、租税及刑罚中的连带责任等，这些完全都是社会关系，人的自由意志无论如何都无能为力的自然命运	由主体性的人制作； 从完全现代化的利益社会的思维方式来说，自由意志主体的人制作社会秩序的结构，被认为是所有人的事情，“社会契约说”就是它的必然归宿
团体/社团	共同社会的组织：作为自然的产物被看待，作为生成的东西	利益社会的组织：在头脑中构造出来的存在，它服务于制作者，并在一些关系中，来表达他们共同的形成意念

总之，在“前近代”中，上帝（神、天）、自然（理、气、道）都是人的主宰，而在迈入“近代”后，随着自然科学的发展，客观的自然世界与人类世界被明确区分，自然世界被置于人类的对面，成为我们观察、认识的对象，这就是所谓“自然的发现”。与此同时，当人类意识到自身不再仅仅是被组装进社会，而是可以自觉地改变社会时，就产生了所谓的“人的自觉”“人的发现”，而这种“人的发现”首先肇始于欧洲。丸山指出：

找寻欧洲近代社会产生的学者们关注的是中世封建制度进入衰退期，在近代市民社会被胎内所孕育的历史转换过程中，后一种类型的社会组织急剧地压倒了第一种类型的这一现象，并以种种指标，阐明其推移的足迹。……所谓“从身份到契约”、所谓“从共同社会到利益社会”等图式，

> 作为这种尝试，是很著名的。特别是后者 F. 滕尼斯（F.Tonnies）的图式，最精细地描述出了以上社会结合两种类型的对立和推移，给学者带来了巨大影响。①

在欧洲历史上，从中世纪到近代的过程中，人作为主语的现象急剧增加。此处的“从身份到契约”，是 19 世纪英国著名法律史学家亨利·詹姆斯·萨姆那·梅因（Henry James Sumner Maine，1822—1888）的说法。所谓“身份”，即与生俱来的出身、地位，是被赋予的；而所谓“契约”，当然是人的主动作为，因为契约只有按照自己的自由意志签订方为有效，即常说的“同意”。因此，这一“从身份到契约”的演变过程，本质上是人摆脱“自然”的束缚，发现自我的过程。

三、近代天皇制与日本思想文化“古层”

如上所述，丸山早年试图从日本内部，尤其是从“徂徕学”入手探索日本近代化发展的动因，从而证明日本近代化并非完全依赖外力刺激，其内部孕育着个人主体意识的觉醒这一近代标志。实质上，这与后来他批判近代绝对天皇制国家无限侵害个人权利的观点是一脉相承的。通过深度思考日本战犯在“二战”前与“二战”后所表现出的巨大行为差异，丸山冷静地意识到“二战”时国家主义的诸多表现绝非一时狂热，而是受到根植于日本传统思想文化土壤中的“古层”影响所致。

在 1946 年撰写一系列论文批判日本极端国家主义时，丸山尚未明确提出“古层”这一术语。直到 20 世纪 60 年代，他在东京大学讲座中使用了“原型”这一概念来考察东洋政治思想及日本文化的传统。此后，因觉得“原型”带有“宿命”论的倾向，容易引起“日本人的世界观在古代就已尘埃落定”的误解，经深思熟虑后于 1972 年将“原型”一词改为“古层”，目的是体现“超越时代持续运动的层次性”②。而丸山之所以转向对日本本土文化“古层”的研究，主要源于他逐渐意识到自身批判视角的局限性，试图突破西方“启蒙主义”和“历史主义”的研究方式，深入对象本身，力图把“身在那个世界内部、被那个世界的逻辑和价值体系深深影响了的人们驱动

---

① ［日］丸山真男:《日本政治思想史研究》，王中江译，北京：生活·读书·新知三联书店，2000 年，第 181 页。

② ［日］丸山眞男:『丸山眞男集』第 12 巻，東京：東京大学出版会，1996 年，第 150 頁。

起来带到外边去”[①]。

“古层”是其在不断思考日本本土思想和外来思想之间的关联性时用来描述日本文化不断摄取、修正外来文化这一特点而提出的。他强调在文化传播这一动态过程中，新事物（思想文化等）以惊人的速度不断潜入“古层”的同时，日本本土思想文化中的“古层”又在不断抵抗、改变，甚至同化着新事物，而且“古层并非是单一的，它由数层垒叠而成。象征着天皇制的古层在不断被中断又不断得以复兴的过程中延续下来”[②]。

从神话到人世，日本天皇最终成为中世以前的最高执政者、掌权者，推动了日本社会的发展。镰仓以后，天皇的执政大权虽一度旁落，但天皇制却从未中断，虽然政治上以将军为首，各地大名为拱，但在精神层面天皇依然是领袖，日本形成了多元化的统治结构。近代以后，随着《明治宪法》（1889）与《教育敕语》（1890）的相继问世，曾经一度旁落的实权再度回归天皇，这两部政令毫不掩饰天皇至高无上、神圣不可侵犯的地位，标志着近代日本确立了以天皇为核心的国家体制。“忠信孝悌”“共同爱国”等一系列伦理道德，逐步升格为国家意识形态。1937 年文部省编写的《国体本义》中规定，“大日本帝国奉万世一系的天皇皇祖的神敕永远统治国家，这就是我国万古不变的国体”，“基于此大义，作为一大家族国家亿兆一心奉体圣旨，发挥克尽忠孝的美德。这就是我国国体的精华”[③]。“二战”时，日本人普遍相信日本是神国，对“神”一般存在的天皇尽忠，就是对国家效忠，就是个人真、善、美价值的最高体现。“天皇自身是一绝对价值实体的话，那么天皇就绝不是从无到有的价值创造者。天皇乘万世一系之皇统……天皇的背后便具备了一种可以上溯远古的传统权威，天皇的存在与这种祖宗的传统不可分割。”[④]换言之，《古事记》与《日本书纪》这两部史书巧妙地将天皇神圣化与合法化，如此一来，政治层面的国家主权与心理层面上的家族归属感完全一致化，凝结在天皇国家体制中。对日本人而言，国家的最高象征和家族的最高象征是完全吻合的，不存在中国人所谓的“忠孝难以两全”的困惑，对国家的“忠”和对天皇的“孝”通过日本式的“忠孝合一”的心理过程形成了日本独特的国家观念。丸山敏锐地捕捉到日本发动侵略战争绝非偶发和突发

① ［日］丸山眞男：『丸山眞男集』第 10 巻，東京：東京大学出版会，1996 年，第 124-125 頁。

② ［日］饭田泰三、陈毅立：《丸山真男的文化接触论、古层论探析》，《日本学刊》2018 年第 1 期，第 134-145 页。

③ ［日］土方和雄：『「日本文化論」と天皇制イデオロギー』，東京：新日本出版社，1983 年，第 180 頁。

④ ［日］丸山真男：《现代政治的思想与行动》，陈力卫译，北京：商务印书馆，2018 年，第 20 页。

事件，而是一种传统思想如“执拗低音”般地延续所致。

丸山对于日本法西斯主义的反思，不同于从经济基础和社会阶级展开批判的同时代学者，他更加注重从日本的思想文化来分析军国主义产生的精神土壤。在他眼中，天皇制作为日本文化中的“古层”，是抑制个人主体意识萌芽的最大障碍，也是日本军国主义发动战争的深层心理原因。他的批判不仅透彻、露骨，而且更具理论性和逻辑性，既体现了西方政治学的思考范式，又展示了其对日本政治思想的独特理解。毋庸置疑，丸山以其深厚的政治学素养和敏锐的洞察力让人们从心灵上对日本的侵略战争产生了“刮骨疗毒”的勇气。

由此可见，丸山的军国主义批判从一开始就注定了与文化的“缘分”，通过考察日本摄取外来思想文化的模式，透析出沉淀并叠加在日本思想文化深层的“古层”天皇制，进而解读日本战时军国主义狂热、个人主体缺失的深层原因，并以此展开对军国主义的批判。正如孙歌所言：“丸山真男在他的一生中致力于同一件事，那就是解释日本近代思维的深层次结构，特别是天皇制所产生的精神风土。”①

四、“无责任体系”的天皇制与法西斯主义

在丸山眼中，天皇制是日本文化从古至今特有的现象，是沉淀在日本思想文化中最重要、最深层、最根本的“古层”。明治以后在日本迈向近代化的道路上，天皇再度成为日本权力的至高点。神皇崇拜、尚武传统得到了传承。那么，作为“古层”的天皇制究竟具有何种特征？其在日本侵略战争中究竟发挥了怎样的负作用？国家生活的秩序化和思想界的无序化缘何产生？②

首先，丸山一针见血地指出在绝对天皇制下军国主义者的“矮小性”和局限性，这具体表现在他们对既成事实及责任的无限逃避。

何谓“矮小性”？丸山在对远东国际军事法庭中受审战犯南次郎、松井石根等的供词进行研究时发现，他们对自己发动的这场战争从道德的层面进行了美化，认为这并非是一种侵略，美其名曰“圣战”，是“兄弟之间的阋墙”。“不过，我们看来

① ［日］丸山真男：《日本政治思想史研究》，王中江译，北京：生活·读书·新知三联书店，2000年，第5页。

② ［日］丸山真男：《日本的思想》，区建英、刘岳兵译，北京：生活·读书·新知三联书店，2009年，第9页。

不能光认为那些战犯只是利用语言来蒙混、敷衍一时。在这场战争中包括被告在内的统治阶层普遍地主体责任意识淡薄的原因，要比把它归纳为恬不知耻的狡辩、卑鄙下流的保身条件更为深刻。这可以说不关个人的堕落问题，而是后文可见的‘体制’本身的问题。”①

观之，日本战犯对于自己所应负的责任尽可能地逃避，与他们在侵略战争时的暴行和狂热形成截然不同的反差，判若两人。如果这些情况仅是个别现象，那尚可称之为个性，但当所有军人都用如此暧昧性的语句陈述时，就远超个人问题的范畴。丸山敏锐地意识到战犯的个人陈述折射出了日本在体制上的弊端，即对责任的互相推诿，导致最终责任主体归于消失。“这种权威之源与决策主体之间分工模式就是传统的模式，它在不断保持统治体的自我认同（identity）和连续性的同时，也发挥着使统治体顺利适应——这两个课题是所有统治体都要面临的两难课题和巧妙应对事态变化的作用。而不能否认的是，这个模式最终淡化了权利的位置，使决策的政治责任变得暧昧化。以上就是‘天皇制’精神构造的历史意义。”②字里行间已清晰地表露出丸山对“二战”前天皇制缺陷的认知，他指出了天皇制是导致责任意识淡化的根源。

其次，丸山对“无责任体系”的洞察，源自其对等级制的深入思考。等级制在日本根深蒂固。自大和时期起，日本先后经历了贵族政权和武家政权。维新后，通过大政奉还，天皇再度成为日本最高的精神领袖和最强的权力拥有者，进一步强化了等级制。天皇在位居等级制顶点的同时，整个道德伦理价值被天皇所垄断。对天皇尽忠，则是对国家尽忠，个人价值由此实现最大化。换言之，日本社会产生了严重的“权威信仰”，人们对“权力的绝对服从，源于权力本身对客观价值（真、善、美）的独占”③。在等级制的束缚下，不论是内阁、军部、士兵，还是普通民众，都隶属于天皇，扮演着忠心耿耿的臣民角色，小心翼翼地行事。在这样的体系中，下属对于上级的哪怕是无端的呵斥也只能采取忍气吞声的方式，将郁闷与愤慨转移到身居下位的人身上④，压力经过等级制传导，就如同电流的传输、储存一般，处在金字塔最底端的普通民众好比最大的蓄电池，积蓄的压力最大，最终以对外侵略的方式向外

① ［日］丸山真男：《现代政治的思想与行动》，陈力卫译，北京：商务印书馆，2018 年，第 102 页。

② ［日］丸山真男：《丸山真男讲义录》第六册，唐永亮译，成都：四川教育出版社，2017 年，第 45 页。

③ ［日］丸山眞男：『丸山眞男集』第 3 巻，東京：岩波書店，1995 年，第 323-324 頁。

④ ［日］丸山眞男：『丸山眞男集』第 3 巻，東京：岩波書店，1995 年，第 327 頁。

宣泄而出。另外，由于个人非自由独立之个体，决策者是决策主体的同时也是被制约者。伴随着压力的不断转移，责任意识也逐渐模糊，最终消失在争论与时空中，这就是造成“无责任体系”的心理根源。

再次，丸山尖锐地指出“二战”前天皇制对个人权利、意识的迫害问题。“二战”期间，犯下暴行的是被称为“皇军”的普通士兵。他们的所作所为都依附于日本天皇这一价值实体，为皇国而奋斗就是为个人而战斗。“在这里，国家价值和个人行为巧妙地结合在了一起。国家即个人所有真、善、美的最高体现，但个人却不是自由的个人。个人的伦理不存在于自己的内部，而是与国家合为一体，这一逻辑反过来说，就是国家体制的内部，会无限侵入私人的利害关系。”① 由此可见，丸山明确意识到绝对天皇制对日本普通民众民主、自由意识的残害。普通民众经“皇国思想”的“洗礼”，失去了作为独立个体应有的权利意识，从而在“二战”时表现出强烈的狂热主义倾向。随着战败，人们突然失去了天皇这一价值判断，个人瞬间获得自由，然而，由于长期以来，个人对于价值的真、善、美的判断被“皇国”所侵蚀和垄断，主体意识无法在短时间内得到恢复，从而造成了“二战”后日本民众的彷徨和困惑。

总之，明治维新使日本成为近代资本主义强国的同时，也将个人淹没在“皇国”这一巨大的政治体系之中。在“圣神而不可侵犯”的天皇及“忠君爱国”思想的影响和鼓动下，普通民众产生了卑微的臣下心理，每个人都处于巨大压力之下，这种压力最终以战争形式对外释放，将日本拖入了万劫不复的战争泥潭，给亚洲各国带来了深重的灾难。

五、“二战”后民主建设与法西斯主义批判的现实意义

作为一名积极倡导“二战”后民主的知识分子，丸山对法西斯主义的批判，反映了他对战争责任的深刻认知，这既源于其对政治的高度敏感，也归功于他宽阔的思想史视野和多角度的理论洞察力。丸山的“主业”是日本思想史研究，因而其对军国主义的批判带有强烈的历史意识。他更注重精神文化对于个人乃至社会潜移默化的影响和作用，体现了与众不同的文化嗅觉。

丸山通过对日本的法西斯运动、集权政治的诞生机制和结构性的分析，解决了

① ［日］丸山真男：《现代政治的思想与行动》，陈力卫译，北京：商务印书馆，2018 年，第 9 页。

日本究竟“错因何在”这一重大命题，突破了“心理”“精神”上的窠臼，为“二战”后日本政治走向奠定了风向标，具有重大的理论价值和现实意义。

丸山深刻反省本民族走上法西斯道路的心理基础和理论来源，是日本知识分子从法西斯思想统治的枷锁中挣脱出来的一次里程碑式的探索。对于战争带来的无尽创伤以及“二战”后的迷茫与责任暧昧，丸山予以尖锐的批判与深刻的揭露。虽然法西斯主义已经烟消云散，但培养“自由个人”的思想意识还有很长一段路要走。丸山期待作为自由个人的主体性能由日本民众内部迸发而出，从而使日本真正成为自由民主的国家。他曾表示：“1945 年 8 月 15 日这天，不仅给日本军国主义画上了句号，同时将新的命运交给了日本国民。只有在以极端国家主义为一切基础的国体丧失了其绝对性的今天，国民才可能真正成为自由的主体。”①“二战”后，昭和天皇发表《人间宣言》，绝对天皇体制也随之分崩离析。丸山将盟军占领时期称为“日本历史上的第三次开国”，并指出“那是一个孕育着多样而又混沌的可能性的民主沸腾期”②，因此这一时期是推进民主、实现个人自由的绝佳时期。

鉴于精神文化上“古层”的执拗持续，丸山意识到民主的进程艰巨且复杂，无法一蹴而就，需要在民主的道路上不断推进精神改造。他指出，“毋庸置疑，民主主义并非只终结于议会制民主主义。议会制民主主义只是在一定历史条件下，民主主义在某种制度上的表现而已。然而，我们不管过去还是将来都不会看到一个完全体现民主主义的制度，人们至多只能谈论某种程度的民主主义。在这一意义上，不断革命才是真正符合民主主义这个词的”③。

所谓的民主革命，只有进行时，没有完成时，所以需要永久的革命。从丸山对军国主义的批判中，我们可以真切地感受到“从爱好和平和反对战争这一点来看，丸山可以称得上是明显的进步思想家”④。

然而，丸山虽认识到精神革命的重要性，但却依然无力改变日本现实。对于“二战”后日本的政治运动，他从满怀信心到希望破灭，实际是因为认识到了“古层”对于日本民主进程的巨大阻碍。诚如区建英所言：“战后初期，为了从思想领域推进民主改革，丸山着力解剖日本民族主义的病理，并通过分析现代社会的政治特征，

① ［日］丸山真男：《现代政治的思想与行动》，陈力卫译，北京：商务印书馆，2018 年，第 21 页。

② ［日］丸山眞男：『丸山眞男座談』第六冊，東京：岩波書店，1998 年，第 7 頁。

③ ［日］丸山眞男：『现代政治の思想と行動』追補，東京：未来社，1964 年，第 574 頁。

④ 韩东育：《丸山真男学术立论中的事实与想象——“原型论”与“日本主义”情结》，《日本学论坛》，2002 年，第 99-104 页。

提供了一个如何克服‘大众社会’问题的方策。但战后的‘民主主义沸腾期’只持续了十多年，随着经济的飞速发展，思想和政治方面就出现了倒退，而且大众的民主精神依然不见成长，他仿佛重新看到了明治期和大正期民主精神的迅速兴起和迅速衰退的过程。”①

六、结　语

丸山从社会心理出发，以日本人无意识表现出来的对外来文化摄取的特点为线索，进而从“执拗低音”这一视角对日本“二战”时的极端国家主义进行了深刻反思，这构成了丸山批判法西斯主义的最重要特征。他通过“二战”期间日本走向极端这一事实，从明治以来的国家体制乃至日本历史文化风土中过滤出了日本法西斯暴走的根源。

“二战”结束后，天皇作为日本统一国家的象征得以保留。随着黑暗、混沌、苦难的昭和前期的终结，昭和天皇开始反省战争给本国及其他国家带来的创伤。进入平成年代，明仁天皇也多次在各种场合公开表达了对战争的悔悟以及对和平的美好憧憬。2019 年 5 月，日本改元进入令和时代。“初春令月、气淑风和”蕴含着孕育美好事物的气息，但“靖国神社”依旧是受害国民众心灵深处最敏感的词汇。当耳闻日本政界近年批准《教育敕语》的内容可作为教材使用时，当目睹德仁天皇即位礼上安倍首相带领众人“三呼万岁”时，不禁让人产生几许忧虑。这也促使我们时刻警惕丸山所批判的“执拗低音”的再度复苏，时刻提防少数右翼分子利用这一“低音”复辟军国主义的险恶用心。

参考文献

日文文献：

（1）［日］小熊英二:『<民主>と<愛国>: 戦後日本のナショナリズムと公共性』, 東京: 新曜社，2002 年。

（2）［日］古賀進:『丸山眞男を読む』, 東京: 情報出版，1997 年。

① 区建英:《丸山真男思想史学的轨迹》,《日本学刊》2019 年第 3 期，第 136-166 页。

（3）［日］子安宣邦:『日本近代思想批判』，東京：岩波書店，2003年。

（4）［日］福田歓一:『丸山とその時代』，東京：岩波書店，2000年。

（5）［日］藤田省三:『天皇制国家の支配原理』，東京：みすず書房，1998年。

（6）［日］丸山眞男:『丸山眞男集』（第10卷），東京：岩波書店，1996年。

（7）［日］平石直昭:『戦後日本：占領と戦後改革』，東京：岩波書店，2005年。

中文文献：

（1）陈都伟:《从丸山真男的自由主义看日本战后民主主义的理论困局与时代危机》，《哲学研究》2013年第12期。

（2）［日］饭田泰三、陈毅立:《丸山真男的文化接触论、古层论探析》，《日本学刊》2018年第1期。

（3）高春海:《论丸山真男的理论困境及其日本主义》，《淮海工学院学报（人文社会科学版）》2012年第10期，第5页。

（4）韩东育:《丸山真男的“原型论”与“日本主义”》，《读书》2002年第10期。

（5）韩东育:《丸山真男“原型论”考辨》，《历史研究》2015年第1期。

（6）［日］加藤节、邱静:《丸山真男的思想世界——以民主论为中心》，《日本学刊》2018年第1期。

（7）［日］米原谦、钱昕怡:《丸山真男与社会主义》，《日本学刊》2018年第1期。

（8）区建英:《丸山真男思想史学的轨迹》，《日本学刊》2019年第3期。

（9）谭仁岸:《极端民族主义之后的民族主义——以战后初期的丸山真男、竹内好与石母田正为例》，《山东社会科学》2018年第6期。

（10）唐利国:《超越“近代主义”对“日本主义”的图式——论丸山真男的政治思想史学》，《文史哲》2010年第5期。

（11）唐永亮:《日本的“近代”与“近代的超克”之辩——以丸山真男的近代观为中心》，《世界历史》2017年第2期。

（12）［日］丸山真男:《日本政治思想史研究》，王中江译，北京：生活·读书·新知三联书店，2000年。

（13）［日］丸山真男:《日本的思想》，区建英、刘岳兵译，北京：生活·读书·新知三联书店，2009年。

（14）[日]丸山真男:《现代政治的思想与行动》，陈力卫译，北京：商务印书馆，2018年。

（15）吴震:《丸山真男有关“日本性”问题的思考》，《复旦学报（社会科学版）》2015年第57期。

（16）徐水生:《丸山真男的日本思想古层论初探》，《武汉大学学报（人文社会科学版）》2000年第3期。

（17）徐水生:《略论丸山真男的日本思想史研究》，《国外社会科学》2000年第4期。

（18）徐水生:《日本近代文化“脱亚入欧说”质疑》，《湖北社会科学》2018年第8期。

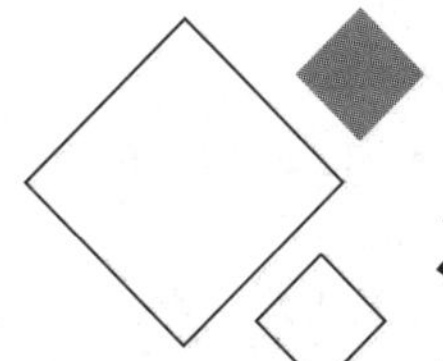

江户思想空间

宽政异学之禁与松平定信的思想 *

○［日］小岛康敬　日本国际基督教大学

受邀写一篇关于宽政时期朱子学的论文。提到宽政时期的朱子学，异学之禁自然成为最核心的问题。近年来关于宽政异学之禁的研究并不多见，但在其颁发的过程、思想史考察、历史评价等方面，仍有一定的研究积累。① 出乎意料的是，这些研究中几乎没有关于异学之禁的中心人物松平定信以何种儒家思想面对宽政异学之禁的分析。为此，虽然松平定信的思想并非完全等同于异学之禁，但笔者仍以正面探讨的形式展开论述。

一、十八世纪后半叶的知识世界

荻生徂徕（1666—1728）的出现对知识世界形成了很大的冲击。江户中期的儒者那波鲁堂（1727—1789）在《学问源流》中记述了当时徂徕学的兴盛："徂徕之说，享保中年以后可谓世信风靡……世人喜其说而习，信之如狂。" ② 徂徕学之兴盛不仅带来一股风潮，更引起社会思想状况的决定性变化。师从徂徕得意门生服部南郭

* 本文系国家社科基金重点项目"井上哲次郎《东方哲学史》的缘起、理路与影响研究"（项目号：20AZX011）的阶段性成果。

① ［日］衣笠安喜:『近世儒学思想史の研究』，東京：法政大学出版局，1976 年;［日］辻本雅史:『近世教育思想史の研究』，東京：思文閣出版，1990 年;［日］宮城公子:『幕末期の思想と習俗』，東京：ぺりかん社，2004 年;［日］眞壁仁:『徳川後期の学問と政治』，名古屋：名古屋大学出版会，2007 年。

② 『日本少年必読文庫』第六編，東京：博文館，1891—1892 年，第 24 頁。

（1683—1759）的汤浅常山（1708—1781）有言，“今之学者皆由徕翁（徂徕）使之眼开目明”，“徂徕学使世间为之一变”（《文会杂记》）。这些言论并非信奉徂徕学之人自我赞誉的辩解之词。的确，以徂徕为界，前后学问世界的诸相已发生改变。变者何在？从“修己”到“治人”，从探究内在之“心”的世界到探究外在之“物”的世界，学者们的知识趣旨多有所转移。众学子对该学说产生共鸣并潜心追随。但是，不久便出现对此学说的诸多责难，思想界呈现出纷繁复杂的状态。

通常学者们认为，十八世纪后半叶，仅就儒学思想的范畴而言，徂徕学的影响一直贯穿明和、安永、天明的整个田沼时代，它不拘泥于某特定学派，各重要学派的勃兴都与其有关，都在吸收徂徕学的基础上提出了自身的学说，如折中学以及贯彻文献实证主义的考证学。此后，对朱子学之衰微甚感忧虑的人们推动幕府来推进宽政异学之禁，以求朱子学之复兴。一般认为，此时儒学思想的活力已现凋敝。

承担思想创造性的工作已转移到一些既掌握汉学教养，又不再拘泥于儒学权威及知识体系，自由振动着探索之翅的开明思想家们手中。仅列举其名便有安藤昌益、富永仲基、三浦梅园、平贺源内、皆川淇园、司马江汉、山片蟠桃、海保青陵、本多利明等，为时代增色。另外，国学者本居宣长、前野良泽、杉田玄白等兰学医生，工藤平助之女——女流思想家只野真葛的知识活动也异常璀璨。十八世纪后半期的智识超越了儒学的言论，彼此展开清新而华丽的竞争。相形之下，儒学作为考证学、校勘学在学术上虽变得越发精密，但不得不说，其至十八世纪前期所呈现的思想创造力此时已近枯竭。

但换一角度观之，正如此时期藩校林立之势所象征的那样，儒学确已渗透整个社会，并在地方普及开来。诸藩作为藩政改革的一环，培育有能力的人才，教化和纠正领域内的风俗，重新审视公共教育的意义。在各藩校，儒学作为武士的基础教养受到了很大的鼓励，接受儒学的群体扩大。儒学促进了武士阶层作为精英的身份认同，提高了其责任意识。儒家与社会现实的距离被逐渐拉短。

如此，儒教之学不再局限于部分专业学者的学问思考，还广泛地与武士阶层的道德形成、社会艺术的形成相关联，宽政时期复兴朱子学的动向，成为儒学普及的契机。以朱子学为“正学”、其他学派为“异学”（对象主要是徂徕学）的政治权力介入，实行宽政异学之禁。而强烈建议幕府复兴汤岛圣堂“正学”的正是赖春水、尾藤二洲、柴野栗山、古贺精里、西依拙斋等人，其详细背景，可见赖祺一《近世后期朱子学派的研究》①。

二、定信的政治思想

当时的老中松平定信于宽政二年（1790）5月24日，对林大学头林信敬发布如下旨意：

> 朱子学乃庆长以来代代“信用”之“正学”，其“学风维持”乃林家世代之使命。然近世多有提倡“种种新规学说”、打破“风俗”之人。且其门徒之中亦有“非学术纯正之物”，甚者有图谋“圣堂取缔”之狂徒。宜责令柴野彦助（栗山）和冈田清助（寒泉），与门人共商讨，“相禁异学”，以树“正学讲究”之人才为用心。②

这便是所谓“宽政异学之禁”的“示谕”要点。关于异学之禁的历史评价，大致有以下见解上的分歧：（1）压制学术自由，实施教学与思想之统制；（2）与其说是教学与思想统制，不如将之理解为政治改革的一环，实施培养能吏、录用人才的教育振兴政策。如上文通谕所示，不过是学堂内部的教学统制令，并未有强权积极介入各藩教学政策的事实，而是鼓励文武，以“艺术见解”或“学问品味”之名，模仿科举制实施人才录用的考试，（2）才是幕府的本意所在。

但是在严厉取缔洒落本、黄表纸的背景下，幕府录用官员时排除异学，只以朱子学为选拔基准，在结果上发挥了学术与思想的统制效果。即使是各藩，也有不少将藩学统一为朱子学。结果，“异学五鬼”之一的龟田鹏斋（1752—1826）在江户原本拥有千名弟子，但门人纷纷离去，终于不得不将学塾关闭。另外，属于徂徕学派的福冈藩儒龟井南冥被以损害风俗、有害教化为由于宽政四年（1792）罢免了甘棠馆祭酒的职位，之后他过着愤慨的日子，二十四年有余，终以自焚结束自己的一生。“异学者”们虽然没有像山东京传（1761—1816）那样遭遇“手铐”之刑，但却被逼到了用棉花勒住脖子的境地。定信的心腹水野为永在展现当时江户世态的《世间风闻录》中，描绘了旗本、御家人压抑内心的“学问品味”，“为安身立命之学问”而

---

① ［日］頼祺一:『近世後期朱子学派の研究』，東京：渓水社，1986年。

② 「異学禁諭達書」，『日本儒林叢書』第3巻。

慌忙"学习"朱子学的样子。[①]

但是，如果以定信强行推行异学之禁的主观印象去接触他的著作，会发现这一形象与定信著作中的言论所展现的形象存在很大的偏差。定信有言："徂徕仁斋之学，应可谓豪雄之气概，但其徒又生弊，殃及圣人之学者甚。"[②] 虽然他在言论中指出了信奉仁斋学和徂徕学之人的弊端，但其话语也表现出极其开放、宽容的学术姿态。

> 以朱子学及徂徕学等之称树其党羽，相互非难浅薄平庸。……小子原乃林家侍学，虽是浮屠老庄之说，但该取之事在于侍者之心，何况是汲取孔子之流派的徕翁之学，如何将之拒之门外呢？[③]

另外，定信否定色欲，他认为色欲是"人皆欲而无真情者也"[④]，"房事等也是为了增加子孙，繁衍后代"，他还没有"情欲难耐之事"[⑤]。一方面，定信一贯守持着禁欲的生活态度；但另一方面，他也是当时爱花、赏月、爱好诗歌、爱读《源氏物语》的风流人物。他还爱好雅乐，对乐曲也有超越专家的见解。"学问乃学习人之道也，空作诗词与文章无益。"[⑥] 定信认为装成道学者是很不雅的。

该如何理解主导宽政改革的定信像与其著作中所展露的定信像之间的偏差，或者在其著作中到处可见的不一致呢？恐怕与其说是矛盾，毋宁说是他已在无意识中形成的作为当政者、公职人的立场和脱离权力以私人立场思考问题的习性所致。因此，不能认为宽政改革的政策能够完全反映他的思想，需将政策层面的方针和思想层面的主张分别加以评判，并且要注意他的思想也有公私立场的表里不一。

定信说，"予自幼而学程朱之学，今无可替代之事"[⑦]。但是坚持朱子学并非其"见地"，不过是因为"无所求，而无更替之念"这样消极的理由罢了。定信本来就认为"无论何种学文之流仪，何种流派，皆有好有坏，只是因人而异，不可因其流派而取舍"[⑧]，他胸怀坦荡，绝非朱子学的狂热信徒。看他二十多岁时的读书目录《读书功课录》后，可知其所涉猎的领域相当广泛，其中有中江藤树、伊藤仁斋、东涯父子

---

① ［日］小林幸夫:『近世後期における知識人社会と考証研究』。
② 「『責善集』巻一」,『楽翁公遺書』下巻，第 11 頁。
③ ［日］三上参次:『白河楽翁公と徳川時代』，第 1 頁。
④ 「修行録」,『宇下人言・修行録』，岩波文庫，第 184 頁。
⑤ 「宇下人言」,『宇下人言・修行録』，岩波文庫，第 59 頁。
⑥ 『花月草紙』，岩波文庫，第 47 頁。
⑦ 「退閑雑記」,『日本随筆全集』第 14 巻，第 177 頁。
⑧ 「修身録」,『楽翁公遺書』上巻，第 5 頁。

的著述，还有徂徕的《弁道》《弁名》。

丸山真男指出，扮演了将徂徕学“打上异端烙印的角色”的定信自身也“浸润”了徂徕的“先王制作”理论。[①]《政语》中说：“道路是基于人性而建立的，而不是天地的自然。那种认为凡衣、饮食、宫室之类，皆圣人所给予，人皆天地的自然，是因圣人往往与万物之性相通之故。”[②] 这一段不折不扣地表明了徂徕的行为秩序观。《政语》为定信成为老中首座的第二年，即天明八年（1788）所写，这里洋溢着他在幕政中枢创造制度、推进改革的强烈的主体意识。定信把“天地之道”和“人之道”区别开来，与寒暑自行交替的“天地之道”不同，人之道“并非自然兴盛，若贤主经常改变纪纲，则国势日趋衰退”，强调了作为改革主体的“贤主”的存在意义。但他肯定有着自负之心，认为自己正是在徂徕这个意义上担当着“圣人”的角色。

定信回到了为“民之父母”的地方，一心想着“仁政”。徂徕定义了“仁”，引用了《诗经·小雅》的《南山有台》第三章中的“民之父母”，再没有比这个更好的注解了，现援引如下：

> 治理天下国家之道乃圣人之意。一旦治心修身，如无瑕之玉，尽心修行亟待功成，若不知治国之道，则无益事。因此，更不见民之父母之所，何其金言妙句也，必与孔子相传之尧舜禹汤文武周公之道如天壤之别。(《徂徕先生答问书》)

定信一定是接受了徂徕的这一说法，自己作为“民之父母”，应做到“王要爱民如子”[③]。与田沼意次过于贴近现实而丧失了精神不同，定信高举理想，自行承担起“仁政”的责任。他说：“给我的米金一分一粒都不是国君的，而是国家的。”[④] 他区分“君”和“国家”，得出超越“君”的“国家”的概念，作为“国家”的一个机构，“君”可以根据“国家”经营的好坏而废立。他还叙述了以下值得注意的事情：

> 比你及车轮更重要的是车与国家之名……有了车这个名字、国家这个名字，就有了君、臣、轴、轮，从正而行则必在正道……正因为有了国家才有了国君……那么君不道则道自明，废暮而谋国家长久之事。[⑤]

---

① ［日］丸山眞男：『日本政治思想史研究』，東京：東京大学出版会，第 285 頁。
② 『近世政道論』，岩波日本思想大系，第 251 頁。
③ 「大学経文講義」，『楽翁公遺書』下巻，第 143 頁。
④ 「大学経文講義」，『楽翁公遺書』下巻，第 58 頁。
⑤ 「大学経文講義」，『楽翁公遺書』下巻，第 174-175 頁。

“君”不是“国家”，而是对“国家”负责的人。“作为人民的君主，要惩罚那些贪婪之民，你自己穿美服，吃珍膳，不做饥寒之苦的事，或沉湎于酒色，违背先祖遗业，怎么可能不遭到天谴呢？”①他在理想中燃烧起来的言语里没有虚假。

然而，作为当政者定信却产生了超越“民之父母”的过度意识。下文意在整顿纲纪，考虑到定信的政治姿态，不得不干涉民众生活的各个角落，颇有意思。

> （子＝民）用我的话来说，围棋将棋的赌注，会不会衍生出在赌博中偷窃的迹象呢？察觉到这个时机，我会好好教训他，关到仓库里，或是继续打下去……佳乃出于太多……即使通过眼神等详细了解下面的事情，也不会让下面的人知道，而是更好地去做事情。②

责打民众也是为了不因“穴一”等赌博而身败名裂，监视百姓也是“善为其事”。对于定信来说，民众不是成年人，而是“子”。所以才会有上面的教化说法。徂徕所说的“民之父母”，是指作为当政者的政治责任是“使民安定”，即保证民众政治经济的安定，没有深入民众的内心生活。定信过度超越了“民之父母”的意识，越过了徂徕的这一界限，甚至干涉了民众生活的细节，但这并非与徂徕的政治思想无缘。

三、定信的学问、学校观

徂徕学对定信的影响不限于上述政治思想，也见于其学问、学校观。定信“博学尤以物之用立事”之说，并重博学与实用。虽然也有人认为“习道以成学问之道，不必强求博学”，但事实并非如此。当然，一味地想被人称作博学的“闻名”之博学，不在此番讨论范围之内。学问即是将认识的框架向外部世界扩张，因此没有经验知识的扩展，便作不出正确的判断。应当通晓，“学者在于增广知识，上古之时，遥远国度之事，从治乱盛衰……至治水劝农之类者，应无事不晓”③。定信这句话很容易让人想到他在《徂徕先生答问书》中的一节“谓学问之事须增广见闻明察事实”。当然定信并未像徂徕那般，放言道德的诠义无用。但以下让人联想起抨击暗斋系朱子学道德狭隘之处的徂徕一文，毫无疑问是出自定信之手。

---

① 「政語」,『近世政道論』，岩波日本思想大系，第 260 頁。
② 「大学経文講義」,『楽翁公遺書』下卷，第 144-145 頁。
③ 「責善集」,『楽翁公遺書』下卷，第 5 頁。

酌朱子之流深陷偏曲而理过一旁，酌安（暗）斋之流者之弊陋僻更甚。[①]

“朱子学者”定信，本身并不是那么彻底的朱子学者。确实，定信借助圣堂的革新，使朱子学成为“正学”，或可以说定信对学问实用性的重视以及将学问活用在政治上的思考方法，经由徂徕学而觉醒。定信在幕府政治的用人方面，革除田沼政权下“政府官员皆为官官相护或行贿赂者”的风潮，“培养具有学问所之风的人”，通过考试选拔并积极录用“优秀的政府人才”[②]。作为白河藩的藩主之一，定信自己也如他制定的藩校校规“立教馆令条”那般，持“学校以明人伦，正风气，以长远目光培育人才为主旨”[③]的思想付诸学校行政。“风气”与“人才”是徂徕统治论的核心。由敦厚的“风气”、优秀的“人才”，从而生成的“学问所”，是在徂徕学影响下建立的庄内藩致道馆、肥后藩时习馆等所向往的目标，白河藩立教馆也可以说是如此。但强调“明人伦”这点，大体上与“正学派朱子学”相似。

定信对肥后藩主细川重贤十分敬重，立教馆的创设理念也被认为受到时习馆的影响。进一步加深这两所学校关系的是本田东陵（1749—1796）。东陵是定信十八岁时的老师，定信到了白河之后便跟随他，并且为立教馆的创立作了很大贡献，成为那里的教师，撰述了《学馆记》。东陵出身肥后藩，跟着时习馆教师秋山玉山学习徂徕学，如前所述，自然与给予时习馆创立理念决定性影响的水足博泉有深交。也就是说，在学校论上，可以描绘出徂徕—博泉、玉山—东陵—定信这样的系谱。

四、定信的修身论——“形之教诲”

那么，至此，笔者从政治思想、学问观、学校论几个方面，对徂徕学与定信思想之间的亲近性进行了讨论。那么，修身论又如何呢？定信自然是强调修身的。

世之学徂徕之人君不以身垂范，仅用善举贤可也，然以心镜蒙尘之所为善，若为存私欲之人则极恶。[④]

定信学习徂徕，并注意政治的技术层面，主张施政的同时必须以崇高的道义精

① 「修身録」,『楽翁公遺書』下巻，第 5 頁。

② 「大学経文講義」,『楽翁公遺書』下巻，第 27 頁。

③ 『楽翁公遺書』上巻，第 1 頁。

④ 「大学経文講義」,『楽翁公遺書』下巻，第 130 頁。

神作为支撑。他认为治理国家时，“虽用小智，以其术治国，却远离治国之本”是错误的。这毫无疑问是在批判徂徕的统治之术。

“若要施行仁政，唯在君主一心。”[1] 这“一心”就是指“诚之心”。“礼乐刑政之类”也是“出自此诚者”才开始能够促使民众的“自然和感化”[2]。“如若天与我等共一诚”，治国将“易如反掌”。像这样，定信最终是把人的追求认为是道德上的诚实。因此在政策施行之前，必须追究为政者的“心”之所在。在重视心的修养这一点上，定信确实是脱离了徂徕学而偏向了朱子学。

但在心的修养的方法上，和他自己是否有所自觉无关，这是徂徕学的特点。在克己心的“修行”上，定信采用了禅和宋学中“存心持敬”的方法。他知道“纵持心以正心，也不禁思欲更甚”[3] 和“心法”论的矛盾。对此他“发明”出来的，是“形之教诲”。“形之教诲”是指“通过正形以正心”的引导方法。这是和“吾本浅学寡闻之人，至发现此种教诲之前，将此种谦逊视为奉承”[4] 同样充满自信的想法。通过“形”来修“心”的想法，是受了铃木清兵卫“起倒流柔道”中“体的教诲”的启发。[5] 定信通过“柔道”，学到了由正直的身体之“形”而培养正直的“心”的经验。

《花月草纸》里有“形之教诲”的条目，内容如下。里面说，成为虚心模仿“先王之教诲”的人才是“学问之道”，让人想起了徂徕。

> 形之教诲。孔子有丧故之际，拱而尚右，门人皆学之，“二三子之嗜学也”。形之教诲，较之形须及于内，今以心治心，劳而功不薄。劳之所至岂少乎？[6]

这种“形之教诲”，事实上不是提倡以心制心、以礼制礼的徂徕学。谨慎地说，更符合补全徂徕修身论之不足的太宰春台所提倡的观点。定信说，“以心修心，无功劳也有苦劳”是浅薄的说法，如遵从“形外之礼”便自然会节制“内心饮食男女之大欲”，“上下如此着衣冠束带狩衣礼服之故，由此形者心自然而正”[7]，“礼乐于人形外者方入

① 「政語」,『近世政道論』，岩波日本思想大系，第 260 頁。
② 「大学経文講義」,『楽翁公遺書』下卷，第 157 頁。
③ 「退閑雜記」,『日本随筆全集』第 14 巻，第 276 頁。
④ 「退閑雜記」,『日本随筆全集』第 14 巻，第 276 頁。
⑤ 「宇下人言」,『宇下人言・修行録』，岩波文庫，第 181-184 頁。
⑥『花月草紙』，岩波文庫，第 116 頁。
⑦ 「大学経文講義」,『楽翁公遺書』下卷，第 117 頁。

心内”[①]。

“礼”，着眼于外在形式在潜移默化中改变人的内面的效用，遵从“礼”便能陶冶“心”，其结果是这些新的结合体反映成了好的“风俗”，这是徂徕学的一大特色。接下来引用定信的一段文字，正是这种思考方式的延伸。

> 朝起而口不漱，整日则不得滋味。如此礼自然浸入我身，所触之处皆如此行动。嗟乎此诚拜圣人之道所赐。圣人之道诚如以辘轳制瓷，其中形状无人知晓，土不知自身将化茶碗，或酒壶，不觉中已成酒壶之形也。如今承天地圣人之荫，世界之人不觉中已身在辘轳，或为孝子，或成烈女……[②]

这种“形之教诲”体现出的定信的思考方式，更似徂徕，更有甚者认为其更似激进化的太宰春台的言论。但是，徂徕与春台的“礼”在任何地方都是造就圣人的外在的制度，与此相对，定信把“礼”作为“外部”之“形”来捕捉的同时，认为“心中常备礼者，将成自然之故，若能将其置于外形之上，内心也能依此道理归于满足”[③]，在强调把“礼”作为内在于“心”的事物这一点上，两者有着微妙的不同。即使认同外部的“礼”对于“心”的感化力，不将内部“心”的可被感化程度作为前提，便不能很好地从理论上来说明，因此定信为追求理论上的整合，将“礼”作为内在于“心”的部分。定信就是通过他自己的方式，将统合“形”与“心”作为目标的思想家。在关于“形”和“心”的讨论上，春台和定信仅有“一纸之差”。总的来说，定信和春台无论在思想问题的关注点，还是在个性上都有共通之处。

五、结　　语

那么，如上述所作讨论，该如何理解定信对徂徕学的志向，以及异学之禁之下对朱子学的宣扬，这种看来互相矛盾的情况呢？与其说这是矛盾，不如说这是把定信作为为政者对君主的期望与对封建家臣群体的希望分开来看的结果。也就是说，把作为帝王之学的徂徕学和作为封建臣僚培养之学的朱子学分而用之的逻辑驱

---

① 「大学経文講義」,『楽翁公遺書』下卷，第 125 頁。

② 「大学経文講義」,『楽翁公遺書』下卷，第 121 頁。

③ 「大学経文講義」,『楽翁公遺書』下卷，第 117 頁。

使着定信。在为政者一侧由徂徕学理论独占，以构思制度政策，而执行被构思出来的制度政策的臣僚们却接受了朱子学（指理所当然舍弃了思辨性的朱子学）的教育。这种二重构造的假设和定信的思想以及实践是合乎逻辑的。朱子学流于狭隘，偏重理论，比起徂徕学安全无害得多，在肃正风纪、精神教育上有所帮助，但定信认为，徂徕学内有着可能唤醒人们政治意识的烈药性，必须要慎重对待。

本居宣长认为，“欲得治国者之学问，宋学虽不切实际，然无损于治世也。不若近世古文辞学之学问，其所生之误甚矣”①，已经指明了徂徕学的危险性。再者，龟井昭阳也说，“朱子之学风，士庶皆宜，以过寡也。以君大夫施之，必有所取舍。物氏之风，君大夫皆宜，以其器用人才也。施之青衿，必有所取舍”②，认为徂徕学是适合“君大夫”的学问，朱子学是适合“士庶”的学问，并警告如若取舍错误，将招致巨大的损失因此要分开使用。③定信通晓徂徕学、朱子学的长短得失，故而必然会注意把学问战略性地应用到现实中去。

如此看来，定信在宽政异学之禁的意图上，并非要单纯反动地复活朱子学，而是要将“儒教政治化”的徂徕学巧妙地予以吸收以重新构建朱子学。

（译者：李泽田、郭星媛、顾春）

① 『本居宣長』，岩波日本思想大系 40，第 475 頁。

② 「家学小言」，『日本儒林叢書』6 巻，第 9 頁，原漢文。

③ ［日］辻本雅史：『近世教育思想史の研究』，東京：思文閣，1990 年，第 181 頁。

佐藤一斋的“敬”论

——兼及佐藤一斋思想的学派归属

○ 祁博贤　中国人民大学

［**摘要**］“敬”是佐藤一斋思想的重要内容，对于了解佐藤一斋的思想史定位有着关键的意义。佐藤一斋从收敛精神、去除妄念的角度解释“敬”的含义，强调“活敬”而反对“死敬”，注重从和乐与威严的双重面向来把握“敬”，这些思想都可以在朱熹那里找到相似的论述。一斋将“敬”视为顺承于天的“地道”，并将其解释为身顺承于心，这意味着主敬工夫在一斋那里是以“心”为直接的发动源头的。一斋讨论“诚敬”概念时，以“诚”本心之别名，将“诚”与“敬”理解为本体与工夫的关系，强调工夫应从本体出发、以对本体的自觉为基础，这些说法则与朱熹的“敬”论有着方向性的差异而近于阳明学。一斋对“敬”的关注在问题意识和许多基本观点上都来自朱子学，而其论述中又表现出兼取朱、王的倾向。从“敬”的问题来看，一斋思想中的朱子学因素不容忽视，以“朱王调和论者”而非“阳明学者”来定位一斋的思想特征更为恰当。

［**关键词**］佐藤一斋；敬；诚敬；朱熹

“敬”是理学工夫论中的重要内容，在东亚儒学思想史上有着深远的影响。宋代理学的集大成者朱熹将“敬”置于工夫论的中心地位。《大学或问》中所谓“敬之一字，圣学所以成始而成终者也”[①]之类的说法，集中显示了朱熹对“敬”的重视。黄榦在

① 《大学或问》，（宋）朱熹《朱子全书》（第6册），上海：上海古籍出版社，合肥：安徽教育出版社，2010年，第506页。

《朱子行状》中明确地将朱熹的学术概括为“穷理以致其知，反躬以践其实，居敬者所以成始成终也……致知不以敬，则昏惑纷扰，无以察义理之归；躬行不以敬，则怠惰放肆，无以致义理之实”①，则更是将“敬”视为朱熹整个学术体系的枢纽以及其他一切为学工夫的基础所在，揭示了“敬”对于朱子学而言的重要意义。日本儒者在接受、理解朱子学时，亦相当重视“敬”的问题，这在林罗山、山崎闇斋等人的思想中已得到了充分的体现。②江户末期儒者佐藤一斋同样是一位对“敬”极为关注的思想家。他对“敬”在儒家学术中的地位推崇备至：“圣贤之学在于心，治心之要在于敬。心无所苟，则言行自无所苟。故学唯敬之为要。”③他的著作《言志四录》中围绕“敬”的论述随处可见，他生前未曾发表的《栏外书》一类文本也有大量篇幅与“敬”相关。围绕“敬”的丰富论述，构成了佐藤一斋思想的一个重要部分。与此同时，“敬”观念的演进也构成了整个江户儒学史的一条重要线索。按照相良亨的概括，德川儒学史的发展历程可以被视为从以“敬”为中心的儒学向以“诚”为中心的儒学的转变④，而佐藤一斋则是以“敬”为中心的系谱中的最后一人，并且在包括一斋在内的幕末儒者那里，“其对敬的重视方式”已包含了“诚的抬头”⑤。可见，“敬”的观念对于理解佐藤一斋的思想特质及其思想史地位而言具有重要的意义。本文将以朱熹的主敬理论为背景，集中考察佐藤一斋关于“敬”的一系列观点，说明一斋“敬”论的基本内涵，并尝试借此为理解佐藤一斋的思想特质提供一个视角。

一、收敛与动静

朱熹服膺程颐“涵养须用敬，进学则在致知”⑥一语，将“敬”的功能理解为对心的“涵养”。而从朱熹的论述来看，“敬”作为一种涵养工夫，其主要的含义在于

---

① （宋）黄榦《朝奉大夫华文阁待制赠宝谟阁直学士通议大夫谥文朱先生行状》，（宋）朱熹：《朱子全书》（第27册），上海：上海古籍出版社，合肥：安徽教育出版社，2010年，第560页。

② 林罗山以“敬”为“圣学之要”，山崎闇斋更是将“敬”视为“圣人传道统之心法”。二人对“敬”的重视，对各自的学术传统也有着深远的影响。参见［日］相良亨：『近世の儒教思想』，東京：塙書房，1982年，第26-48頁；［日］子安宣邦：《江户思想史讲义》，北京：生活·读书·新知三联书店，2017年，第45-57页。

③ ［日］佐藤一齋：「吴氏校本四書章句集注序」，『爱日楼文诗』（第1册），江户和泉屋吉兵卫刊本，第1頁。

④ 见［日］相良亨：『誠実と日本人』，東京：ぺりかん社，1998年，第165-182頁。

⑤ ［日］相良亨：『近世の儒教思想』，東京：塙書房，1982年，第165頁。

⑥ （宋）程颢、（宋）程颐：《河南程氏遗书》卷十八，《二程集》，北京：中华书局，2004年，第188页。

“收敛”：

敬，只是收敛来。

程子推出一个“敬”字与学者说，要且将个“敬”字收敛个身心，放在模匣子里面，不走作了，然后逐事逐物看道理。[①]

敬非是块然兀坐，耳无所闻，目无所见，心无所思，而后谓之敬。只是有所畏谨，不敢放纵。如此则身心收敛，如有所畏。常常如此，气象自别。存得此心，乃可以为学。[②]

按照此类说法，所谓“收敛”便是“不放纵”“不走作”。而就其具体含义与操作方法而言，“收敛”又可进一步落实为“内无妄思，外无妄动”[③]。人在持敬时要保持醒觉的状态，不让自己所思所行陷入“放肆怠惰”的境地，由此便可“扶策得此心起”。[④]通过这些后天层面的检束工夫，人心本具之“天理”便可以免受人欲的遮蔽而“常明”，由此便可收到“吾心湛然，天理粲然”的效验。[⑤]

佐藤一斋对“敬”的理解，延续了朱熹的思路。在《言志四录》中，一斋屡屡提到“收敛精神”，如：

收敛精神时，自觉如闭聪明，然及熟后，则闇然日章。（《言志后录》，三一）[⑥]

收敛精神，以读圣贤之书；读圣贤之书，以收敛精神。（《言志后录》，一三〇）

而在一斋对“敬”之内涵的解释中，对“妄念”的去除也是一个极为重要的面向：

---

① （宋）黎靖德编：《朱子语类》卷十二，（宋）朱熹：《朱子全书》（第 14 册），上海：上海古籍出版社，合肥：安徽教育出版社，2010 年，第 369 页。

② （宋）黎靖德编：《朱子语类》卷十二，（宋）朱熹：《朱子全书》（第 14 册），上海：上海古籍出版社，合肥：安徽教育出版社，2010 年，第 372 页。

③ （宋）黎靖德编：《朱子语类》卷十二，（宋）朱熹：《朱子全书》（第 14 册），上海：上海古籍出版社，合肥：安徽教育出版社，2010 年，第 372 页。

④ （宋）黎靖德编：《朱子语类》卷十二，（宋）朱熹：《朱子全书》（第 14 册），上海：上海古籍出版社，合肥：安徽教育出版社，2010 年，第 372 页。

⑤ （宋）黎靖德编：《朱子语类》卷十二，（宋）朱熹：《朱子全书》（第 14 册），上海：上海古籍出版社，合肥：安徽教育出版社，2010 年，第 372 页。

⑥ ［日］相良亨、［日］溝口雄三、［日］福光永司校注：『日本思想大系 46 佐藤一齋・大塩中齋』，東京：岩波書店，1980 年，第 239 頁。本文所引《言志四录》皆据此书，下引仅随文标注篇名、段号。

不起妄念是敬，妄念不起是诚。(《言志录》，一五四)

敬能截断妄念。昔人云：“敬胜百邪。”百邪之来，必有妄念为之先导。(《言志录》，一五五)

这些说法显示出他对朱熹敬论中“收敛”以及“除妄”等内容的接受。在他看来，一方面，持敬要求人们定气凝神以涵养气质；另一方面，对气的涵养又必须落实为驱散妄念，否则便只是流于形式。这从他对静坐问题的辨析中可以窥见：

静坐之功，在于定气凝神，以补小学一段工夫。要须气容肃、口容止、头容直、手容恭。栖神于背，俨然持敬，就自搜出胸中多少杂念客虑、货色名利等病根伏藏以扫荡之。不然，徒尔兀坐瞑目，养成顽空，虽似定气凝神，抑竟何益！(《言志后录》，一三六)

理学将静坐工夫视为持敬之一法。基于这样的立场，一斋强调，静坐的要点在于“定气凝神”，而凝神的目的在于清除胸中隐伏的杂念与私欲。若是没有做到后者，便只是“养成顽空”，毫无益处。一旦心气收敛、妄念净尽，心也就呈现出纯粹清明的状态，因此一斋说：“敬，则心精明。”(《言志录》，一五七)

朱熹自确立中和新说之后，便将敬视为兼含动静、贯通未发已发的工夫：

“敬”字通贯动静，但未发时则浑然是敬之体，非是知其未发，方下敬底工夫也。既发则随事省察，而敬之用行焉。[①]

未发之时，人心思虑未萌，此时唯有“敬”之工夫可下；已发之时，与外物相接，人心之“敬”随事而在。持敬工夫并不要求脱离实际事务而一心求静，人只需随其所处收敛精神便是持敬。只有兼顾动与静两重面向，持敬工夫方才完整而不至有所间断。佐藤一斋亦十分重视“敬”的这一特征：

好静厌动谓之懦，好动厌静谓之躁。躁不能镇物，懦不能了事。唯敬以贯动静，不躁不懦，然后能镇物了事。(《言志后录》，一三一)

静坐中勿忘接物工夫，即是敬；接物时勿失静坐意思，亦是敬。唯敬一串动静。(《言志耋录》，九八)

动与静皆是人生在世所要面对的境遇，唯有在动静之中都保持“敬”的状态，

① 《答林择之》,《晦庵先生朱文公文集》卷四十三，(宋)朱熹:《朱子全书》(第22册)，上海：上海古籍出版社，合肥：安徽教育出版社，2010年，第1980页。

心才能得到充分的涵养，才能恰当地对外在事物作出应对。

而就内在状态而言，“敬贯动静”这一命题又与人心自身的特质相关。一斋认为，心之所以需要被涵养，是因为它是一个“活物”：“凡活物，不养则死。心则在我之一大活物，犹不可以不养。”（《言志耋录》，四七）作为养心工夫的“敬”，由此便担负起了使心保持“活”的状态而免于“死”的任务。与此相应，真正的“敬”应当是“活敬”而非“死敬”：

> 人不可无明快洒落处。若徒而畏缩趑趄，只是死敬，济得甚事！（《言志录》，一六〇）
>
> 敬，须要活敬。骑马驰突，亦敬也；弯弓贯革，亦敬也。不必作跼蹐畏缩之态。（《言志耋录》，八九）

“动”与“静”对于人心之“活”而言都是必要的。相比之下，持敬而能不失其“动”是较难做到的[①]，因此一斋更为强调“动”的一面。如果人心只具有“静”的一面而失去了“动”的能力，便可能会失去“活”的特征。常人以畏缩局促为“敬”，遗漏了“敬”所具有的“明快洒落”的面向，因而过分约束身心，只落得一个“死敬”。所谓“死敬”，不单涉及践履用功上的过分拘束，还可以指对“敬”在观念上的错置：

> 勿错认敬。做一物放在胸中，不但不生聪明，却窒聪明，即是累。譬犹肚中有块，气血为之涩滞不流，即是病。（《言志录》，一五九）

对于此条语录，近藤正则解释道：“此处是在说‘敬’是自我内在之事。所谓‘一物’，是指既存于自己之外的第三者性的东西，例如，固执于修饰威仪严格之形的世间形态就不被认作是‘敬’，而固执于将心束缚于此就是‘做一物，放在胸中’。”[②]然而从原文来看，这里的“做一物，放在胸中”，乃是将“敬”本身“错认”成“一物”，亦即将“敬”视为存在于自己心胸之中的实体性的东西，试图通过把捉这一实体来获得主敬工夫“生聪明”的效验，如朱熹所谓“将个‘敬’字做个好物事样塞放怀里”[③]。在一斋看来，此种行为无异于南辕北辙，因为过分的把捉只会造成心灵的窒碍。因

---

① 佐藤一斋认为：“有事时此心宁静，似难而易；无事时此心活泼，似易而难。”（《言志耋录》，五九）

② ［日］近藤正則:「暗夜の一灯——佐藤一斎の『持敬』と透徹の哲学」,『岐阜女子大学紀要』第 31 号，第 133 頁。

③ （宋）黎靖德编:《朱子语类》卷十二，（宋）朱熹:《朱子全书》（第 14 册），上海：上海古籍出版社，合肥：安徽教育出版社，2010 年，第 373 页。

此，此处讨论的不是对于外在修饰的固执，而是对内在境界的刻意追求。从形式上看，一斋此处的观点，与朱熹对持敬时寻觅“敬之体”[①]的做法的批评有相似之处，都是主张主敬工夫应当采取顺遂、不刻意的态度，通过现实的修养实践来自然而然地达成心灵的转化，不可探求过甚。只不过一斋在论述中更为注重心的灵活性，强调将敬“错认”为“一物”会构成对心的牵累。此种被“错认”了的敬，与前面所谓“跼蹐畏缩”的敬一样，都是将“敬”视为一种束缚，从而构成了对人心之“活”的戕害，因而都并非真正的敬。一斋正是在这一意义上区分“赝敬”与“真敬”的：

> 心存中和，则体自安舒，即敬也。故心广体胖，敬也；徽柔懿恭，敬也；申申夭夭，敬也。彼视敬若桎梏徽纆然者，是赝敬，非真敬。(《言志后录》，二二)
>
> 放松任意固不可，安排矫揉亦不可。唯不纵不束，从容以养天和，即便敬也。(《言志后录》，二四八)

“视敬若桎梏徽纆”即是所谓“死敬”，而真正的敬则存在于“心存中和，则体自安舒”以及“心广体胖”“申申夭夭”等语所体现出的和乐气象之中，具有“活”的特质。作为一种“收敛”的工夫，敬固然要求人们避免“放松任意”，但却也并非走向“安排矫揉”的另一极端。唯有“不纵不束”的“真敬”，才能保养心作为“在我之一大活物”(《言志耋录》，四七)的本然和谐状态。朱熹曾用“死敬”与“活敬”的分别来强调遇事集义的重要性[②]，一斋则将这一讨论进一步延伸到对人心作为“活物”的特质的把握之上，同时也显示出理学主敬工夫论的“和乐”[③]面向。在一斋看来，此种“活敬”的意义不限于道德层面的“修身”，它对于增进身心健康也大有助益：“敬一字，固修身工夫。养生之诀，亦归于一敬字。”(《言志耋录》，二八七)

当然，一斋论“敬”也不无谨严刚毅的一面。从主敬工夫自身来说，前文所述“去

① 《答熊梦兆》，《晦庵先生朱文公文集》卷五十五，(宋)朱熹：《朱子全书》(第23册)，上海：上海古籍出版社，合肥：安徽教育出版社，2010年，第2623页。

② “敬有死敬，有活敬。若只守着主一之敬，遇事不济之以义，辨其是非，则不活。”(宋)黎靖德编：《朱子语类》卷十二，(宋)朱熹：《朱子全书》(第14册)，上海：上海古籍出版社，合肥：安徽教育出版社，2010年，第378页。

③ 二程认为：“谓敬为和乐则不可，然敬须和乐，只是中心没事也。”可见“和乐”的精神是理学敬论中的应有之义。朱熹对学者空谈和乐多有不满，但也仍然承认和乐是持敬工夫的自然之效。参见(宋)程颢、(宋)程颐：《河南程氏遗书》卷二上，《二程集》，北京：中华书局，2004年，第31页；《答或人》，《晦庵先生朱文公文集》卷六十四，(宋)朱熹：《朱子全书》(第23册)，上海：上海古籍出版社，合肥：安徽教育出版社，2010年，第3132页。

除妄念”一类见解，无疑指向一种严格的自我要求。此外，一斋还曾以“寡过”“改过”言敬[①]，其中也体现出勤勉、进取的精神。而从工夫之效验来说，一斋认为主敬工夫所成就的乃是一种刚勇可畏的人格：

> 敬，生勇气。（《言志后录》，八八）
>
> 持敬者如火，使人可畏而亲之；不敬者如水，使人可狎而溺之。（《言志晚录》，一七四）

相良亨认为，对“敬”的刚毅面向的强调与日本的武士社会背景有关：“幕初以来，直到一斋的幕末，武士社会中的儒教持续围绕着敬来描绘这样毅然的理想式人物像。”[②]从日本儒学自身的发展来看，此说不无道理。但就思想渊源而论，一斋此类观点大都可以在朱熹那里找到对应的说法。朱熹关于去除“妄念”“妄行”的论述，已见于前文所引。而在工夫效验方面，朱熹亦注意到持敬对于养成威严的人格气象具有决定性的意义。他将《论语·学而》中“不重则不威”一语解释为“不厚重则无威严”[③]，而人之所以能“厚重”，则是出于持敬之功：“如‘不重则不威’章，敬是总脑……必敬而后能不轻。”[④]

从以上梳理中可以看出，佐藤一斋从收敛、除妄、贯通动静等方面来理解“敬”的内涵，基本上与朱熹保持一致。他对于“活敬”的论述，则在朱熹的基础上有所推进。他注意到“敬”具有和乐与刚决的双重面向，其说虽可能有另外的背景，但也仍未出朱子学敬论之范围。可见在对“敬”的理解上，佐藤一斋对于朱熹的基本思路持认同的态度，其论述也往往是以朱熹的观点为基础而展开的。

二、敬为地道

在理学传统中，“敬”的修养工夫首先由二程提出，而二程言“敬”又每每以《周易·坤·文言传》中的“敬以直内，义以方外”为直接的经典依据。由此，理学家的“敬”

---

① “过生于不敬，能敬则过自寡矣。倘或过则宜速改之，速改之亦敬也。如颜子‘不贰过’、子路‘喜闻过’，皆敬也。”（《言志后录》，二三八）

② ［日］相良亨：『近世の儒教思想』，東京：塙書房，1982 年，第 159 頁。

③ 《论语集注》，（宋）朱熹：《朱子全书》（第 6 册），上海：上海古籍出版社，合肥：安徽教育出版社，2010 年，第 70 页。

④ （宋）黎靖德编：《朱子语类》卷二十一，（宋）朱熹：《朱子全书》（第 14 册），上海：上海古籍出版社，合肥：安徽教育出版社，2010 年，第 748 页。

论自始便带上了易学的色彩。程颢尝言:“‘忠信所以进德，修辞立其诚所以居业’者，乾道也。‘敬以直内，义以方外’者，坤道也。”[①]这已经将“敬”的工夫与《周易》中的《坤》卦直接联系起来，以“坤道”标识“敬”的特征。朱熹也延续这一思路，将“敬”判为“坤道”，并详细阐述了其中的义理：

> 克己复礼，乾道也；主敬行恕，坤道也。[②]
>
> 圣人于《乾》说“忠信，所以进德也；修辞立其诚，所以居业也”，说得煞广阔。于《坤》，只说“敬以直内，义以方外”。只缘乾是纯刚健之德，坤是纯和柔之德。[③]
>
> “忠信进德”，“修辞立诚”，乾道也。是流行发用，朴实头便做将去，是健之义。“敬以直内，义以方外”，坤道也。便只简静循守，是顺之义。大率乾是做，坤是守。[④]

朱熹指出，以“坤道”言“敬”的根据在于《坤》卦之德构成了主敬的特质。“敬”的工夫主要是通过依循、持守来实现主体的自我涵养，而这与《坤》卦所表示的和柔、顺承之义是一致的。

佐藤一斋在理解“敬”时，对其中隐含的这一易学面向多有发挥。按照一斋的观点，在宇宙构成的意义上，人与万物都无法离开“地”而存在，因此可以说同属于“地”：

> 人与万物毕竟不能离地，人物皆地也。今试且游心六合外以俯瞰世界，但见世界如一弹丸黑子，而人物不可见。于是思察此中有川海、有山岳、有禽兽草木、有人类，浑然成此一弹丸。着想到此，乃知人物之为地。(《言志录》，一九七)

进一步从生成论的角度来说，鱼鳖由水气聚成，禽兽草木由山气聚成，而人则是由“地气之精英”聚成的。人不但与万物同属于地、同依于地，而且“人即地也”

① （宋）程颢、（宋）程颐:《河南程氏遗书》卷十一，《二程集》，北京：中华书局，2004 年，第 133 页。

② 《论语集注》，（宋）朱熹:《朱子全书》（第 6 册），上海：上海古籍出版社，合肥：安徽教育出版社，第 168 页。

③ （宋）黎靖德编:《朱子语类》卷四十一，（宋）朱熹:《朱子全书》（第 15 册），上海：上海古籍出版社，合肥：安徽教育出版社，2010 年，第 1474 页。

④ （宋）黎靖德编:《朱子语类》卷六十一，（宋）朱熹:《朱子全书》（第 16 册），上海：上海古籍出版社，合肥：安徽教育出版社，2010 年，第 1991 页。

（《言志录》，一九六），人之道在根本上也就是地之道，所谓地道便是"顺承天"（《周易·坤·彖传》）之道。因此，一斋认为："人须守地道，地道在敬，顺承乎天而已。"（《言志录》，九四）"人生于地而死于地，毕竟不能离于地，故人宜执地德。地德，敬也，人宜敬。地德，顺也，人宜顺。"（《言志后录》，三七）人应效法地之道而顺承天，这落实在人的修养工夫上便是持敬涵养。可见，佐藤一斋对程、朱以"敬"为"坤道"之说的接纳，借助了某种宇宙论的形式，由此将这一观点的视域扩展到天地与人的关系的维度之上。

就整体的层面而言，人即是地；若进一步加以分析的话，人又是兼备"天"与"地"的。佐藤一斋认为，人的形躯是父母所生、地气所聚，心则是由天所赋：

> 举目百物，皆有来处。躯壳出于父母，亦来处也。至于心，则来处何在？余曰：躯壳，是地气之精英，由父母而聚之，心则天也。躯壳成而天寓焉，天寓而知觉生，天离而知觉泯。心之来处，乃太虚是已。（《言志录》，九七）

类似的说法在其《言志晚录》中依然可见："人皆知仰而苍苍者为天，俯而隤然者为地。而不知吾躯皮毛骨骸之为地，吾心灵明知觉之为天。"（《言志晚录》，七）此处一斋所谓"心"，皆是指其所谓"心之灵光"，相当于"良知""本心"等概念。按照这一思路，人之身属于地，而心则相当于天。作为地道而顺承于天的"敬"，也就相应地被规定为"身"对于"心"的顺应："使地能承乎天者，天使之也；使身能顺于心者，心使之也。一也。"（《言志录》，九六）一斋将心一身与天一地相对应，从身心关系的角度揭示了"敬"的特质。

朱熹论"敬"时亦颇为关注其中身心关系的面向，常常强调身体的检束对于心灵的涵养不可或缺，而检束的意义最终又完全落在心的层面，心显然比身更为重要。[①]而一斋将心与天、身与地对应起来，除了具有心重于身这一层含义之外，还显示了"心"所具有的主动性。从"心使之也"的表述中不难看出，身对于心的"顺承"是心主动驱使的结果。在敬之工夫的开展中，心是主动的一方，身则是被动容受的一

---

① 有代表性的说法如："'持敬'之说，不必多言，但熟味'整齐严肃''严威俨恪''动容貌''整思虑''正衣冠''尊瞻视'此等数语而实加功焉，则所谓直内、所谓主一，自然不费安排而身心肃然，表里如一矣……大抵身心内外，初无间隔。所谓心者固主乎内，而凡视听言动、出处语默之见于外者，亦即此心之用而未尝离也。今于其空虚不用之处则操而存之，于其流行运用之实则弃而不省，此于心之全体虽得其半而失其半矣。"朱熹认为身体上的行为应当同时被理解为心的活动，因此对身体层面的检束在他那里也仍然是对"心"本身的涵养。见《答杨子直》，《晦庵先生朱文公文集》卷四十五，（宋）朱熹：《朱子全书》（第 22 册），上海：上海古籍出版社，合肥：安徽教育出版社，2010 年，第 2072 页。

方。将“敬”定义为身对心的“顺承”，不但为“敬”的开展指明了基本的方向，同时也显示出心的主动性。由于此处的“心”指的是心学意义上的“灵明知觉”之本心，因此这里所谓身顺承心，也就不同于一般意义上的意识对于行动的宰制即所谓“心主于身”[①]，而是指将本心良知扩充、贯注至身体从而表现出“敬”。如栗原刚所说：“心使役躯壳……并不是说作为精神的心像人操控道具或机械的方式使用作为肉体的躯壳。倒不如说是心发出的灵光或力穿透了躯壳之全体、两者融为一体而拥有自由的状态。”[②]如此，“心”不但是敬的最终归宿，更是主敬工夫的直接发起者，是“敬”的直接源头与根据。持敬工夫就心自身而言主要涉及收敛、专一，而在身心关系的角度则显示出“主宰”的意蕴。程颐曾将“敬”定义为“主一”：“所谓敬者，主一之谓敬。所谓一者，无适之谓一。且欲涵泳主一之义，一则无二三矣。”[③]其中的“一”字，如程颐所言，是指“无适”亦即专一、不走作，指的是精神的收敛与专注；至于“主”，则一般被理解为“专主于此”“以此为主”，意味着学者当在“一”上用力。[④]因此“主一”也就相当于“主于一”，如朱熹所言：“敬主于一，做这件事更不做别事。无适，是不走作。”[⑤]王阳明对以专一言“敬”的旧说颇不满意，提出“一者天理，主一是一心在天理上”，并进而认为所谓“居敬”不过是“穷理”之别名，而所谓“理”无非是人人本有之心性。[⑥]佐藤一斋的解释，则又在程、朱、王等人之外别开生面。他解释《近思录》所收程颐语“敬只是主一也。主一，则既不之东，又不之西，如是则只是中。既不之此，又不之彼，如是则只是内”[⑦]说：

> 愚案：“主一”，谓主宰、无适，非谓主于一……“既不之东，又不之西，如是则只是中”，释“主”字，以主宰在中也。“既不之此，又不之彼，如

① 《答何叔京》，《晦庵先生朱文公文集》卷四十，（宋）朱熹：《朱子全书》（第22册），上海：上海古籍出版社，合肥：安徽教育出版社，2010年，第1839页。

② ［日］栗原剛：『佐藤一斎——克己の思想』，東京：講談社，2007年，第64-65頁。

③ ［宋］程颢、［宋］程颐：《河南程氏遗书》卷十五，《二程集》，北京：中华书局，2004年，第169页。

④ 程颐又曾言：“主一者谓之敬。一者谓之诚。主则有意在。”这里是在境界层面区分“敬”与“诚”，强调若做到了“诚”则自然不待勉强。这里所谓“一者谓之诚”并非对“主一”之“一”的解释，而是强调“诚”则自然能“一”而不需着力。“主”则被视作为达到“一”的状态而努力修持，因此是“有意在”。见［宋］程颢、［宋］程颐：《河南程氏遗书》卷二十四，《二程集》，北京：中华书局，2004年，第315页。

⑤ （宋）黎靖德编：《朱子语类》卷九十六，（宋）朱熹：《朱子全书》（第17册），上海：上海古籍出版社，合肥：安徽教育出版社，2010年，第3243页。

⑥ 《传习录上》，（明）王守仁：《王阳明全集》，上海：上海古籍出版社，2011年，第38页。

⑦ （南宋）叶采集解：《近思录集解》，北京：中华书局，2017年，第148-149页；［宋］程颢、［宋］程颐：《河南程氏遗书》卷十五，《二程集》，北京：中华书局，2004年，第149页。

是则只是内"，释"一"字，以专一无他适也。[①]

在"一"字的解释上，一斋并未采信阳明新说，而是遵循程、朱旧轨以"无适"解"一"，取其"专一"之义。然而以"主宰"释"主"，以"主一"二字分指主宰、无适两事，则是一斋独出机杼。在一斋看来，仅仅"无适""专一"不足以穷尽"敬"的内涵，心的主宰作用同样是持敬工夫的要义所在。以"主宰"论"敬"的说法在程颐、朱熹那里已经出现，但那主要是就人心的"自做主宰"[②]而言，实际上指的仍是心灵自身的收敛操存工夫。而一斋所论之"主宰"，则进一步包括了心所具有的主动性以及对于身体乃至整个生命的统驭、控制作用。"心之灵"乃是"真我"（《言志晚录》，二九二），唯有"以真已克假已"而不"以身我害心我"，方才是符合"天理"的生命状态（《言志耋录》，四〇）。

可以看出，一斋的论述已经与朱熹"敬"论所指示的工夫步骤有所不同。在朱熹看来，持敬意味着整肃身心，排除气禀与人欲的干扰。这一工夫虽然最终落实为人心所具之理不受遮蔽而自然发见，但在其践履过程中，不必以"穷理"工夫的完成为基础。朱熹将"主敬行恕"判为"坤道"，正是要说明"敬"的这一特质。朱熹说："'克己复礼'，是要见得天理后，才做将去。仲弓却只是据见在持将去。"[③]可见仲弓之"主敬行恕"相比于颜渊之"克己复礼"，其特点就在于只从当前的持守入手，而不必以对天理的透彻认识为基础。对于谢良佐"先有知识，以敬涵养"的说法，朱熹则更是直斥为"似先立一物"而不予认可。[④]当然，朱熹有时也从居敬与穷理、涵养与省察相辅相成的意义上认为持敬工夫可以在某种"致知"的引导下推进[⑤]，但那主要是出于具体实践层面的考量，并非对"敬"的一般规定。而按照朱熹的思路，人心之明德本体必定对"众物"及"吾心"之理都有着全面的把握，人们只有在完成了"致知"的工夫之后才有可能达到这样的状态。既然人们不能等到恢复本心之明后再去做持敬工夫，那么"敬"也就不可能以此种"本体"意义上的"心"为前提或依据。

① ［日］佐藤一斋:《近思录栏外书》，上海：上海古籍出版社，2021年，第349页。标点有改动。

② （宋）黎靖德编:《朱子语类》卷十二,（宋）朱熹:《朱子全书》（第14册），上海：上海古籍出版社，合肥：安徽教育出版社，2010年，第371页。

③ （宋）黎靖德编:《朱子语类》卷四十二，（宋）朱熹:《朱子全书》（第15册），上海：上海古籍出版社，合肥：安徽教育出版社，2010年，第1493页。

④ （宋）黎靖德编:《朱子语类》卷一百一，（宋）朱熹:《朱子全书》（第17册），上海：上海古籍出版社，合肥：安徽教育出版社，2010年，第3370页。

⑤ 参见吴震:《朱子思想再读》，北京：生活·读书·新知三联书店，2018年，第216-218页。

若非如此,“敬”便无法居于工夫次第之首而成为“圣学所以成始而成终”[①]的入手工夫。一斋对朱子学中所谓“穷理”持保留态度,但却明确将本之于天的明觉心体视为“敬”的动力根源,显然与朱熹的工夫论构想不符。如果说一斋在从收敛、动静等方面言“敬”时的论述还基本上与朱熹保持一致的话,那么他以本心之主宰言“敬”则已非朱熹敬论所能容纳,这在他对“诚敬”的讨论之中也有所体现。

在江户儒学史上,以身心关系解析“敬”之含义者不乏其人,其中最引人瞩目者当属山崎闇斋。山崎闇斋在《敬斋箴序》中提出:“人之一身,五伦备焉,而主乎身者,心也。故心敬则一身修而五伦明矣。”[②]这是从心为身之主宰的角度出发,指出只要心能做到“敬”便可充分实现人身所具的五伦之理。而在《敬斋箴讲义》中,闇斋进一步申述此义,将“敬”规定为“心身一致之工夫”:

> 有此心,有此身之动,有身之动者即事也。此三者须臾不相离,随处而有者也。故孔子曰:“君子无不敬也,敬身为大。”朱子则之,书之于《小学》敬身一篇,皆是心身一致之工夫可见矣。身者何?口、鼻、耳、目、头、手、足也。此数多之物,譬同门户窗之有狭间,心之终日出入处也。心者,如家之主人,故亦云指心为主人公。此主人公出门交外物时,持如见大宾之心……不纷然为外物所夺者也。若当此时,倏忽为外物所夺,则至于无守家之主人公……离于尽一身全体动静表里之礼,而为法外之人。于是心上无敬,身不修也。身不修则家不齐,而五伦之间亦不明。五伦不明之至,及于如臣弑其君、子弑其父之大乱。[③]

山崎闇斋以家中之门户比喻身体,而心则是此家之主人。此心接物之时若为外物所牵引而离开门户,则身失其主而不修,五伦亦随之不明。因此,“敬”的意义即在于使心不离其身,如此便做到了“心身一致”。这里虽仍然承认“心”对于“身”的主宰地位,但却将“身”视为人心持敬所专注的对象,以“身”所具之五伦作为“敬”所要实现的目标,故而实际上高扬了“身”的地位。在闇斋这里,“敬”是成始成终的一贯工夫,而“身”则是工夫的枢纽:“教有小大之序,而一以贯之者敬也。

---

① 《大学或问》,(宋)朱熹:《朱子全书》(第6册),上海:上海古籍出版社,合肥:安徽教育出版社,2010年,第506页。

② [日]山崎闇齋:「敬齋箴序」,日本古典学會編:『新編山崎闇斎全集』(第1卷),東京:ぺりかん社,1978年,第67頁。

③ [日]西順蔵、[日]阿部隆一、[日]丸山眞男:『日本思想大系31 山崎闇斎学派』,東京:岩波書店,1980年,第82頁。原文为日文。

小学之敬身，大学之敬止，可以见焉。盖小大之教皆所以明五伦，而五伦则具于一身，是故小学以敬身为要，大学以修身为本。”[①]与闇斋相比，佐藤一斋对“敬”的论述虽同样取径于心对于身的主宰关系，但其所要突出的却是“心”的意义。从身心关系的角度审视江户儒者论“敬”之说，对于理解佐藤一斋“敬”论的独特之处不无助益。

三、诚敬不二

如前所述，一斋所理解的“敬”，是围绕心之本体展开的。在这个意义上，所谓“收敛”也可以直接理解为心自守其本体而不失：

> 周子“主静”谓心守本体，《图说》自注“无欲故静”。程伯子因此有天理人欲之说，叔子持敬工夫亦在此。朱陆以下，虽各有得力处，而毕竟不出此范围。(《言志晚录》，二四）

一斋将周敦颐的“主静”理解为心自守其本体而不失的修养原则，并认为程颐的“持敬”在根本上与此并无二致，后世朱、陆以下各家的为学工夫亦全都在这一原则的笼罩之下。而一斋关于诚、敬关系的主张，也完全可以视作对这一原则的具体说明。

理学家所使用的“诚”概念，其基本含义是“真实无妄”[②]，具体而言又可分出不同的用法。如朱熹所说：

> 曰：诚之为义，其详可得而闻乎？曰：难言也。姑以其名义言之，则真实无妄之云也。若事理之得此名，则亦随其所指之大小，而皆有取乎真实无妄之意耳。盖以自然之理言之，则天地之间，惟天理为至实而无妄，故天理得诚之名，若所谓天之道、鬼神之德是也。以德言之，则有生之类，惟圣人之心为至实而无妄，故圣人得诚之名，若所谓不勉而中、不思而得者是也。至于随事而言，则一念之实亦诚也，一行之实亦诚也，是其大小

① ［日］山崎闇齋:「蒙养启发集序」，日本古典学會編:『新編山崎闇斎全集』（第 1 卷），東京：ぺりかん社，1978 年，第 75 頁。

② 《中庸章句》，（宋）朱熹:《朱子全书》（第 6 册），上海：上海古籍出版社，合肥：安徽教育出版社，2010 年，第 41 页。

虽有不同，然其义之所归，则未始不在乎实也。①

诚之为言实也，然经传用之，各有所指，不可一概论也。如……周子所谓“诚者，圣人之本”，盖指实理而言之者也。如周子所谓“圣，诚而已矣”，即《中庸》所谓“天下至诚”者，指人之实有此理者而言也。温公所谓诚，即《大学》所谓“诚其意”者，指人之实其心而不自欺者言也。②

以上所引朱熹的两处概括略有差异，不过大体仍属一致。在朱熹看来，“诚”主要有三种用法：一是直接指“理”而言，指至诚无妄的最高本体亦即“天理”；二是就人之心性而言，指人的天命之性以及人完全“复性”而达到的至诚境界③；三是就具体的心与事而言，指人心真诚不自欺的状态。在这三种用法之中，第一种指涉形上之理，第二种则关乎理在人身上的落实，或如沟口雄三所概括的那样是“天理的自我流贯、自我实现”④。前两种用法所涉及的都是理学家所谓“本体”，是“诚”概念在理学语境中的主要关切；而第三种用法则关系到人在现实生活中的实践行为以及情感体验，属于“工夫”或“发用”的层面。

佐藤一斋也主要是在本体的意义上使用“诚”这一概念的：

理本无形，无形则无名矣。形而后有名，既有名，则理谓之气，无不可。故专指本体，则形后亦谓之理；专指运用，则形前亦谓之气，并无不可。如“浩然之气”，专指运用，其实太极之呼吸，只是一诚，谓之气原，即是理。(《言志晚录》，一九)

一斋持理气一元论立场，认为理与气在存在上并非二物，二者所表示的只是同一物的不同方面：“有条而弗紊之谓理，运焉而弗已之谓气，名殊也。夫运焉而弗已者，乃其有条而弗紊者也，物同也。”⑤这并不是要取消“理”的本体地位，而是强调理气不可相分。理气二者实是一物，“理”概念指涉此物作为本体自身的存在，“气”概

① 《大学或问》，(宋)朱熹：《朱子全书》(第6册)，上海：上海古籍出版社，合肥：安徽教育出版社，2010年，第506页。

② 《答或人》，《晦庵先生朱文公文集》卷六十四，(宋)朱熹：《朱子全书》(第23册)，上海：上海古籍出版社，合肥：安徽教育出版社，2010年，第3137页。

③ 就朱熹本人的用法而言，这一层面上的“诚”当是指人心纯一于其所本具之天理而无人欲夹杂的状态，因而主要是“以心言”而非“以性言”。不过后世朱子学者往往根据“性即理”的架构而直接以性言诚，因此“诚”在朱子学的语境中实际上也具有“性”的含义。相关的辨析参见《读四书大全说》，(清)王夫之：《船山全书》(第6册)，长沙：岳麓书社，2011年，第557页。

④ [日]沟口雄三：《中国的思维世界》，牟坚等译，北京：生活·读书·新知三联书店，2014年，第170页。

⑤ 《原理》，[日]佐藤一斋：《爱日楼文诗》(第2册)，江户和泉屋吉兵卫刊本第28页。

念则主要指此物的流行运用。如此，则所谓理、气、太极云云可以被视为异名而同实的一组概念。“诚”同样被置于这一组概念之中，而就其所指涉的面向而言则与“理”相当，如一斋解释周敦颐《通书》“诚无为”一语时所说：“‘诚无为’，即太极之无极也。”[①]可见一斋所谓“诚”，具有“理”的内涵。

在人心与天理的关系上，一斋延续了阳明学的思路，认为“此心灵昭不昧，众理具，万事出……吾心即天也”（《言志录》，一九八）。人心禀天之气而生，此心之灵全具天理，故人心之本体在一斋亦可以“诚”言之。而“敬”的工夫所围绕的中心，正是这一作为人心本体的“诚”。一斋屡屡申言，诚是先天之本体，敬是后天之工夫，诚是敬的根源：

> 先天而天不违，廓然大公，未发之中也，诚也；后天而奉天时，物来顺应，已发之和也，敬也。凡无事时当存先天本体，有事时当著后天工夫。先天后天，要其理则非二矣，学者所宜致思。（《言志后录》，六〇）
>
> 坦荡荡之容，自常惺惺之敬来；常惺惺之敬，自活泼泼之诚出。（《言志耋录》，九一）

同时，诚又是敬的目标与归宿，持敬工夫的目的无非是去除种种遮蔽而使人心复其本然之诚，故一斋又直言“诚之之谓敬”[②]。由此，诚与敬之间便呈现出双向的关系：“敬”应当由“诚”来驱动，“居敬”又以“存诚”为归宿。工夫之推行出于本体，本体之实现又要凭借工夫。两种关系相互交织，呈现了本体与工夫的圆融：

> 无为而有为之谓诚，有为而无为之谓敬。（《言志后录》，一〇〇）
>
> 有心于无心，工夫是也；无心于有心，本体是也。（《言志耋录》，五五）

先天本体与后天工夫彼此“相须”，诚与敬保持着统一的关系：“中和，一也；诚敬，一也。”（《言志后录》，一〇一）

如前所述，一斋以“敬”为地道，而“诚”正是“敬”所顺承的“天道”：“诚，乾德；敬，坤德。”[③]延续这一话语形式，诚与敬的双向关系在一斋那里也常常是用易学的语言来加以表述的。他用《周易》中的《艮》卦和《震》卦来表示这种关系，“艮其背

---

① ［日］佐藤一斋：《近思录栏外书》，上海：上海古籍出版社，2021 年，第 260 页。

② ［日］佐藤一斋：《近思录栏外书》，上海：上海古籍出版社，2021 年，第 351 页。

③ ［日］佐藤一斋：《近思录栏外书》，上海：上海古籍出版社，2021 年，第 339 页。

不获其身，行其庭不见其人”，敬以存诚也；“震惊百里，不丧匕鬯”，诚以行敬也。《震》《艮》正倒，工夫归于一（《言志晚录》，八〇）。又如：

> 震之一阳即诚，而二阴即敬也，便是处震之道也。[①]
>
> 艮背工夫，神守其室，即敬也，即仁也，起居食息，不可放过，非悬空捕影之心学。（《言志后录》，一二〇）

一斋以阳爻为诚，阴爻为敬。《震》卦一阳在内，二阴在外，表示以内心之诚推动行为之敬；《艮》卦二阴在内，一阳在外，表示用收敛身心的主敬工夫来存养本心之诚，以求达到至诚的境界。[②]在一斋看来，两卦所显示的诚与敬之间的两种关系，实际上意味着两种不同的工夫路向，即“诚以行敬”和“敬以存诚”。类似的区分在程、朱那里也曾出现。二程说：“诚然后能敬，未及诚时，却须敬而后能诚。”[③]朱熹进一步解释说：“诚而后能敬者，意诚而后心正也。敬而后能诚者，意虽未诚，而能常若有畏，则当不敢自欺而进于诚矣。”[④]又说：“只是此一‘敬’字，圣人与学者深浅自异。”[⑤]可见，程、朱是将“诚然后能敬”与“敬而后能诚”这两种路向视为两种不同的修养层次，前者是已做到“诚”而自然生发出“敬”，后者是未能做到“诚”而通过“敬”来勉力修持，前者在境界上优于后者。而在一斋那里，“诚以行敬”与“敬以存诚”并非两相分离，而是归于一致、交运不息。《震》《艮》二卦在卦象上互为覆卦，表示“诚以行敬”与“敬以存诚”两者虽有所差别，却能在具体的实践中彼此相济、共同构成工夫的整体。诚之本体开出敬之工夫，敬之工夫又继而涵养诚之本体。在这一模式之下，“敬”在发动之初有赖于“诚”的驱使，人们在持敬之时便必须已经怀有对于本心之诚的某种自觉，故一斋有时也单提工夫层面的“诚”，并将其置于“敬”的工夫之前，视之为“敬”的基础：“立诚，似柱础，是竖工夫；居敬，似栋梁，是横工夫。”（《言志耋录》，九九）这里作为栋梁之基础的所谓“立诚”工夫，其实就是体认良知本心以挺立起一个“真我”，如一斋所说：“做心工夫，宜先自认其主宰也……自省之

---

① ［日］佐藤一斋：《近思录栏外书》，上海：上海古籍出版社，2021年，第339页。

② 一斋尝言：“去假己而成真己，逐客我而存主我，是谓‘不获其身’。”（《言志后录》，八七）此句引《艮》卦卦辞，可见其所谓“艮背工夫”“敬以存诚”，即此处所言以敬去除假我之遮蔽，存养真我之灵光。

③ （宋）程颢、（宋）程颐：《河南程氏遗书》卷六，《二程集》，北京：中华书局，2004年，第92页。

④ 《答胡季随》，《晦庵先生朱文公文集》卷五十三，（宋）朱熹：《朱子全书》（第22册），上海：上海古籍出版社，合肥：安徽教育出版社，2010年，第2522页。

⑤ （宋）黎靖德编：《朱子语类》卷九十七，（宋）朱熹：《朱子全书》（第17册），上海：上海古籍出版社，合肥：安徽教育出版社，2010年，第3269页。

极，乃见灵光之为真我。"（《言志耋录》，五〇）"居敬"工夫建立在"立诚"工夫的基础之上，并最终通向"诚"的本体与境界。由此，诚与敬的统一便不仅仅是理论层面上本体与工夫的相即不离，而是同时贯穿于修养实践之中。

在理学史上，对"诚"的关注可追溯至周敦颐，而"诚""敬"并提则始于程颢。在此意义上，佐藤一斋将关于"诚"的考量纳入对"敬"的论述之中，并非于既有的理学传统之外另作发明，而恰恰是回到了宋代理学的原有话语之中。然而若以朱熹的思路为判准的话，一斋于"居敬"之前设一"立诚"工夫，与朱熹所反对的"先察识后涵养"颇有相通之处，与心学传统中"先立乎其大者"的思维方式也较为接近。可见，一斋对朱熹的"敬"论并非全盘接受，而是依据理学内部的其他思想资源做了调整。不过，这样的调整虽然在形式上的确是将"诚"的观念树立为"敬"的核心关切，却并非如相良亨所认为的那样具有从以"敬"为中心到以"诚"为中心的过渡的意义。相良亨所谓的"以诚为中心"并非以一般意义上理学所讲的"诚"观念为思想体系的中心，而是一种"以实现不能抑制的、从内心而发的为他人着想的情感为基础……的思考方式"[①]。在他看来，"以良知为中心"的阳明学并不属于这种"以诚为中心"的儒学，因为良知虽然也具有情感的面向，却终究是"对善恶是非下判断的先天式的内在的知的能力"[②]。通过前文对佐藤一斋"诚"观念的考察，不难发现，其所谓"诚"主要是指心之本体，而在工夫的语境中使用时则又涉及人对于心之本体的自我觉知。至于"不忍之心"的情感含义，则没有出现在他的论述之中。一斋的"诚敬"之论所体现的不是从"敬"到"诚"的思想史转折，而是他本人对理学传统中不同脉络兼收并取的倾向。

同样值得注意的是，结合"诚"概念来理解"敬"的思路，在东亚儒学史上也并非佐藤一斋或幕末儒者的独创。宋儒"诚敬"之论，前文已有述及。日本近世儒学之祖藤原惺窝亦曾表现出兼重"诚意"与"敬止"两种工夫的态度[③]，这或许对佐藤一斋有所影响[④]。而朝鲜儒者栗谷李珥关于"诚敬"的论述，更是与前述一斋的见解有诸多相似之处。栗谷依朱熹之说视"敬"为"圣学之始终"，置于"穷理"之前

① 见［日］相良亨:『誠実と日本人』，東京：ぺりかん社，1998年，180頁。

② 见［日］相良亨:『誠実と日本人』，東京：ぺりかん社，1998年，180頁。

③ ［日］相良亨:『近世の儒教思想』，東京：塙書房，1982年，第16-19頁。

④ 佐藤一斋曾将自身的学术渊源追溯至藤原惺窝，并对惺窝兼取朱陆的学术态度极为激赏："余谓我邦首唱濂洛之学者为藤公，而早已并取朱陆如此，罗山亦出于其门。余曾祖周轩受学于后藤松轩，而松轩之学，亦出自藤公。余钦慕藤公，渊源所自，则有乎尔。"（《言志晚录》，二八）据此，一斋关于诚敬的论述，或许不无"出自藤公"之处。

以补小学工夫。[①]但在具体阐述“敬”之功用时，栗谷又将作为本体、本心的“诚”视为“敬”的目的或归宿：

> 诚者，天之实理，心之本体。人不能复其本心者，由有私邪为之蔽也。以敬为主，尽去私邪，则本体乃全。敬是用功之要，诚是收功之地，由敬而至于诚矣。[②]

> 敬也者，学者之所以成始成终者也；诚也者，教者之所以成己成物者也……诚者，敬之原也；敬者，反乎诚之功也……敬以复礼，以全天理，则此非至诚之道乎？[③]

栗谷认为，“诚”是“敬”的“收功之地”，主敬工夫的目标是去除私邪以复归本心之诚。诚与敬的关系在此处被表述为“由敬而至于诚”，而这和一斋所说的“敬以存诚”堪称同调。与此同时，既然“诚”是人的心性本体，那么它对于包括“敬”在内的一切工夫而言也就具有本原的意义，所以栗谷又将“诚”视为“敬之原”，置于比“敬”更为重要的地位之上。论者每每以“主诚”来概括栗谷的修养论，就此而言的确有其根据。[④]不过，栗谷并未如一斋那样将“诚”视为“敬”之工夫发动的直接源头[⑤]，或在“主敬”与“格物致知”之先另立一种“诚”的工夫[⑥]，这与一斋“诚以行敬”、以“立诚”为“居敬”之基的思路终究有所不同。不过应当承认的是，栗谷与一斋都是从“诚”本体出发来解释“敬”工夫的，二人的“敬”论都围绕着“诚”这一概念而展开。这一相似性也进一步表明,“敬”论中“诚的抬头”[⑦]并非独属于日本幕末时代儒学的特殊现象，而是东亚儒学中广泛存在的理论建构方式。

---

① 《圣学辑要》，[朝鲜]李珥：《栗谷全书》，上海：华东师范大学出版社，2017年，第799页。

② 《圣学辑要》，[朝鲜]李珥：《栗谷全书》，上海：华东师范大学出版社，2017年，第891页。

③ 《四子立言不同疑二首》，[朝鲜]李珥：《栗谷全书》，上海：华东师范大学出版社，2017年，第2073-2074页。

④ 邢丽菊：《韩国儒学思想史》，北京：人民出版社，2015年，第186页。

⑤ 前引“诚者，敬之原也”一语，似乎流露出将本体之诚视为敬之根源的意识。洪军曾针对此句中的诚敬关系解释道：“诚自体上看即是指此天理，故此时二者之间又是诚体敬用的关系。”不过从修养实践的角度来看，栗谷未曾主张行为之敬由本心之诚发动，故“诚者，敬之原”亦不同于一斋所谓“诚以行敬”。参见洪军：《朱熹与栗谷哲学比较研究》，北京：中国社会科学出版社，2003年，第223页。

⑥ 根据杨祖汉的分析，栗谷的“诚意”工夫是“通过心的审虑计较而求能合理，明显地将诚意工夫偏重在认知义上说，而落实下工夫处，则是致知格物，诚意是致知格物之后的结果。”可见，栗谷之“诚意”并非一种独立的工夫，那么其与一斋所谓“立诚”更是绝不相同。参见杨祖汉：《从当代儒学观点看韩国儒学的重要论争》，上海：华东师范大学出版社，2008年，第346页。

⑦ [日]相良亨：『近世の儒教思想』，東京：塙書房，1982年，第165頁。

四、余论：佐藤一斋的学派归属

在理学史上，“敬”是程朱一系工夫论的核心，而心学一派则对“敬”关注较少。陆九渊明确提出“‘持敬’字乃后来杜撰”，认为一味持敬而不务明见本心乃是“主客倒置”。[①]王阳明曾认为，《大学》工夫当以“诚意”为主而去“格物致知”，朱熹讲“敬”不过是因错会《大学》之意而不得不画蛇添足：“若以诚意为主，去用格物致知的工夫，即工夫始有下落，即为善去恶无非是诚意的事。如新本先去穷格事物之理，即茫茫荡荡，都无着落处，须用添个敬字方才牵扯得向身心上来。然终是没根源……今说这里补个敬字，那里补个诚字，未免画蛇添足。”[②]至于阳明后学，虽亦有如邹守益一般重视“戒惧”一类工夫从而在实质上对朱子学“敬”论有所吸取之人[③]，但总体而言对“敬”的问题不甚重视。在这一背景下，佐藤一斋对“敬”的全方位关注，应当是来自朱子学而非阳明学的。而在对“敬”的具体论述之中，一斋表现出兼取朱王的倾向：他从“收敛”和“去除妄念”的角度理解“敬”的基本内涵，这与朱熹是一致的；至于他对本心在主敬工夫中核心地位的强调，又带有阳明学的色彩。

一直以来，佐藤一斋思想的学派归属是研究者们关注的焦点。目前为止，学者们已经给出了三种不同的答案，即朱子学派、朱王调和派以及阳明学派。[④]持第一种论点者所根据的是一斋本人的从学经历和社会身份[⑤]，持第二种、第三种论点者则主要以一斋著作中流露出的思想倾向为判断的标准。在《言志四录》及诸种《栏外书》

---

① 《与曾宅之》，（南宋）陆九渊：《陆九渊集》，北京：中华书局，1980年，第3-4页。

② 《传习录上》，王守仁：《王阳明全集》，第44页。关于阳明学对朱子学“敬”论的否定，另参见［日］荒木見悟：『陽明学の位相』，東京：研文出版，1992年，第302-311頁。

③ 邹守益对“戒惧”的重视与其早年所受朱子学“敬”论的深刻影响有关，而其中年以后的戒惧说主要是一种“本体戒惧”，这与朱子学涵养形下之气的主敬工夫存在方向上的不同。参见张卫红：《邹守益戒惧以致良知的工夫实践历程》，《中国哲学史》2017年第4期。

④ 有些学者认为，一斋的思想超出了朱、王两家的对峙，因此判定其是朱子学者还是阳明学者似乎并无必要。如田中佩刀说：“广义的宋学范畴之中也包含了阳明学，一斋在超出朱子学、阳明学之处构筑了自己的学问……对于一斋自身来说，是朱子学者还是阳明学者都可以。就立场而言，也许朱子学者的叫法比较方便，或者也许比起阳明学的学说而言，他感受到的是王阳明人物的魅力。”此种观点无非是认为佐藤一斋以更为广阔的视野吸纳了朱子学与阳明学，因而仍可并入“朱王调和论”之中。见［日］田中佩刀：「論語欄外書の考察」，『明治大学教養論集』第41号，第98頁。

⑤ 山崎道夫认为，“一斋是圣堂的儒者，并且从其祖父周轩以来，其家学就是朱子学，即便一斋如何崇尚阳明学，也不可能被列入‘阳明学派’当中。”转引自［日］永富青地：《佐藤一斋是一位朱子学者吗？——就〈栏外书〉的记载而谈》，《历史文献研究》第37辑，第138页。

等著作中，一斋明确地表达了对阳明学的肯定态度，并且大量运用了阳明学中的概念与义理。然而，研究者所选用文本依据的不同往往直接影响到最终所得出的结论。持“朱王调和”之说的学者们一般以《言志四录》为主要立论基础①，而认为一斋当归于阳明学派的学者们则较为倚重《栏外书》②。可以看出，针对佐藤一斋的学派归属问题，既有研究虽然已经穷尽了所有可能的答案，但学者们的立论依据仍或多或少存在问题。事实上，朱子学与阳明学两者之间的分界往往并不清晰，若要从义理的角度判断一斋的学派归属，就必须深入到其中的细微之处。而当前学者们对于佐藤一斋思想的把握偏重于其整体倾向以及历史影响，在细致的辨析工作上尚有未尽。③基于这一现实，本文对于佐藤一斋“敬”论的辨析，或可为围绕一斋学派立场的讨论提供一个新的视角。从“敬”的问题来看，一斋一方面继承了朱子学的理论架构和问题意识，另一方面又在思维方式上向阳明学靠拢。一斋“敬”论的构造，可以被理解为对理学传统中包括朱、王在内的各种思想资源的整合，在这个意义上“朱王调和论者”比起单纯的“阳明学者”而言应当是更为恰当的概括。或许阳明学的确构成了一斋思想中较具特色的部分，但朱子学对于一斋的影响也绝不限于社会身份等外部层面，一斋思想中的朱学因素仍然是值得重视的。

---

① 永富青地认为：“大多数学者都称其（佐藤一斋）为朱王折中者……之所以会导致这种情况，原因在于人们进行评价时所能依据的资料，只能是刊刻本以及书简等公开问世的资料，犹如相良亨在进行评价时那样，他所依据的就是当时公开发表的随笔集——《言志四录》。”［日］永富青地：《佐藤一斋是一位朱子学者吗？——就〈栏外书〉的记载而谈》，《历史文献研究》第 37 辑，第 144 页。

② 如井上哲次郎说：“虽然在《言志录》中往往可见王学的旨意，但他未能树立鲜明的旗帜，这也因为此书是在其生前就已公开的缘故。至于《栏外书》之类，王学的本色就十分明显。这些书没有在其在世期间公开，大概是因为担忧显露出王学学者本色吧。”此外，一斋对王阳明遗墨的搜集以及一斋后学的王学倾向也常常被视为论据。另外，也有学者认为，《言志四录》折中朱王的倾向已足以说明一斋乃是一位阳明学者。如申绪璐认为：“佐藤一斋虽然提倡兼取朱陆、不可作门户之见，但是一斋对于陆王心学的偏爱是非常明显的……在朱子学被定位官方正统思想的社会，提倡朱陆兼取本身就反映了思想家的心学倾向。”见［日］井上哲次郎：《日本阳明学派之哲学》，付慧琴、贾思京等译，北京：中国社会科学出版社，2021 年，第 255 页；申绪璐：《佐藤一斋及其心学思想》，《孔学堂》2021 年第 2 期，第 95 页。

③ 陈威瑨曾撰文详细讨论了《言志四录》中“天”的观念，指出在一斋那里同样存在“普遍而客观的‘天’之规范”。此项研究在一定程度上彰显了一斋思想中与朱熹相一致的成分。见陈威瑨：《佐藤一斋〈言志四录〉的“天”思想及其意义》，《中国学术年刊》第 33 期（秋季号），第 88-94 页。

松宫观山的方法论
——江户时代中期的尊皇思想与神儒佛三教思想[*]

○ 宋　琦　日本综合研究大学院大学

[摘要] 江户时代的日本，天皇与将军并存。幕府统治之下，政治与财政出现诸多问题。在思想方面，朱子学逐渐渗透日本社会，随着忠君意识的深化，如何“尊皇”成为话题。幕府对尊皇思想持有警惕，制造了镇压尊皇论者的宝历事件与明和事件。思想家松宫观山与明和事件的中心人物山县大贰有多次书信交流，松宫观山反对大贰的变革思想。此外观山也反对徂徕学的“圣人之道”，他追求日本原有的独特之道，提出了以神道为中心的神儒佛三教思想，并用这种形式来彰显尊皇思想。

[关键词] 松宫观山；山县大贰；神儒佛；三教思想；尊皇思想

一、天皇与将军二元权力构造下的镇压尊皇事件

德国医生、博物学家恩格尔伯特·坎贝尔（Engelbert Kaempfer，1651—1716）于1690年至1692年在日本出岛的荷兰商馆担任医师。他在日本进行资料收集，写成《日本志》一书，此书第一次将日本较成体系地展现于西方世界。在第二卷[①]中，

* 本文的撰写得到“上广伦理财团”与“公益信託川嶋章司記念スカラーシップ基金”的资助，特此感谢。

① 第二卷标题为“日本の政治事情・日本歴史の初めから西暦一六九二年まで、日本の年代記からの抜粋”，参考エンゲルベルト・ケンペル（Kaempfer，Engelbert）著，今井正編訳:『改訂增補日本誌：日本の歴史と紀行』上巻，東京：霞ヶ関出版，1989年。

有关于当时政治情况的记录，坎贝尔用“宗教的世袭皇帝”与“世俗的皇帝”来代指天皇与将军，坎贝尔在把握日本政治情况时十分注意天皇与将军的二重权力构造。在同书第三卷[①]有关宗教的内容中，坎贝尔强调了神道在日本宗教世界中具有重要地位，这是“他者”眼光所审视的日本宗教情况。在世俗生活中，将军把握实际权力，是“世俗的皇帝”。将军对内进行统治，对外进行外交，当时外国使节的觐见对象是将军而非天皇，坎贝尔在日本期间就曾两次觐见五代将军德川纲吉（1680—1709在职）。

坎贝尔所看到的十七世纪的日本，处在一个没有战乱发生的相对平和期。在这样的和平时期，实现社会的安定需要规范不同身份的人的行为准则，保持社会秩序。江户时代初期的《禁中并公家诸法度》（1615）规定了天皇以及公家的行为规范，他们并不参与实际的政治活动。而藤原惺窝（1561—1619）、林罗山（1583—1657）、山崎闇斋（1618—1682）等思想家将神道与儒教的关系进行梳理，将朱子学导入神道，创设各类儒家神道，儒教的王道思想被运用在神道之中。随着儒学的发展和深化，忠君思想也逐渐传播开来。然而，在日本的武家政治之下，天皇不同于中国的皇帝，正如坎贝尔所言，这是有两个皇帝的国度。在王道思想之下，需要尽忠于万世一系的天皇，但是天皇并没有实际的权力。天皇在某种程度上受到制约，在政治上不是纯粹的王者。因此在这一时期，在天皇与将军的二元权力构造之中，贯彻儒教的王道思想、绝对尽忠于天皇并不是一件容易的事情。

江户时代中期的宝历事件与明和事件集中体现了这种矛盾。山崎闇斋的孙弟子竹内式部[②]（1712—1768）在京都设立私塾，向年轻的公家讲授垂加神道。这些年轻的公家对当时幕府政务存有不满，而垂加神道重视大义名分的思想，令他们反对幕府的情绪愈发高涨，有些公家开始构想倒幕计划。关白一条道香（1722—1769）担心朝幕关系恶化，从而对这些公家实行惩罚，1759年竹内式部也被驱逐出京都。八年后的1767年，又发生了一起弹压尊王论者的事件，事件的中心人物是山县大贰（1725—1767）。山县大贰的学脉也可以追溯到山崎闇斋，他师从五味釜川学习医学与儒学，五味釜川是山崎闇斋的孙弟子。同时，他的思想还受到了荻生徂徕的古文

① 第三卷标题为“宗教、宗派および聖哲の道”，参考エンゲルベルト・ケンペル（Kaempfer，Engelbert）著，今井正編訳:『改訂増補日本誌: 日本の歴史と紀行』上卷，東京: 霞ヶ関出版，1989年。

② 竹内敬持，通称竹内式部。号正庵、羞斋等。宝历事件之后被驱逐出京都，明和事件中再次被捕，获罪流亡八丈岛，途中病死于三宅岛。

辞学的影响。山县大贰的代表作《柳子新论》基于朱子学的大义名分之说，对当时官僚的政治、幕府的腐败展开了批判。1766 年，山县大贰的门徒藤井右门[①]（1720—1767）被怀疑有谋反思想，他也受到牵连，在第二年与门徒一起被判处死刑。

宝历事件和明和事件都具有幕府镇压尊王论者的性质，人物之间亦有关联，因此时常被合称为“宝历明和事件”。此时正值江户时代中期，距离黑船来航（1854）还有百年左右，西方思想尚未全面影响到日本。然而虽然此时被称为“锁国”时期，但由于有长崎这一窗口，特别是与中国、荷兰保持着较为密切的交往，所以此时的日本不可说是完全封闭的社会空间。尊王思想就孕育在这样的社会背景之中。明和事件中山县大贰等人被判以死刑，可知这些倡导者对尊皇思想的深刻追求与幕府对尊皇思想的高度提防。

二、松宫观山与明和事件

宝历明和事件的影响远不止于几位中心人物。宝历明和事件之后，在政治压力之下，人们对尊皇思想的态度也更为谨慎。江户时代后期至幕末时期，水户藩等地还出现了“尊皇敬幕”“尊皇佐幕”等思想来协调对天皇与将军的态度。

在江户时代中期，尊皇思想的兴起，一方面基于批判幕府的政治统治，另一方面是由于明清交替的时间节点中，日本的民族情绪高涨。面对这样的时局，出现了竹内式部与山县大贰为代表的思想家，他们的批判精神与变革精神，成为幕末时期倒幕运动的先锋，也促进了日本近代思想萌芽的产生。[②]但是由于江户时代中期的尊皇思想在实质上并没有实现广泛的社会影响力，所以人们对其关注度并不高。但是我们还是有必要重视和重审这一时期的尊皇思想，因为它作为一股暗流浸润着江户时代后期的思想界。

因宝历明和事件而受牵连的人物之中，有一位思想家历来没有受到足够的重视，即北条兵学家松宫观山（1686—1780）。日本学界对松宫观山研究甚少，日本之外的研究则几乎不见。松宫观山与山县大贰进行了多次的书信交流，而他本身也有强烈的尊皇思想，所以连坐于明和事件。虽没有被判死刑，但被驱逐出江户。他与山县

---

① 藤井直明，初名吉太郎，通称藤井右门。他与竹内式部在京都相识，共同宣扬尊王思想。竹内式部被抓之后，他逃往江户，容身于山县大贰之家。

② 刘岳兵：《十八世纪日本的变革思想和批判精神》，《日本研究》2010 年第 1 期，第 45-48 页。

大贰的交流中，论调为劝诫与忠告，这源于他善于审时度势的性格。透过他的思想可以从另一角度一窥江户时代中期的尊皇思想的具体情况。

松宫观山是北条兵学家北条氏如（1666—1727）的弟子，氏如多次担任奉行职务，观山则以幕府官吏的身份，跟随氏如参与政治活动。他曾前往虾夷[①]、下田、佐渡等多地进行巡检。北条氏如辞官之后，松宫观山在长崎奉行所供职数年。他在长崎学习了唐音[②]，还记录了当时长崎中日交流实况[③]。他对日本国内外的情势较为关心，晚年回到江户之后，依旧笔耕不辍，撰写了多部著作。

在观山近一百年的人生中，明和事件无疑是一件重大的事情，这件事情不仅影响到他晚年生活的基调，对其思想的持续影响也不可忽视。被驱逐出江户之后，他写作的主要作品为《和学论》（1769）、《异说辩解》（1775）、《国学正义》（1776）等。比较来看，明和事件之前他的著作以评论当时的儒学界为主，特别是他站在反古文辞学的立场，强调朱子学的重要性。明和事件之后，他逐渐将政治与学问相结合，特别是在90岁高龄时写下的《国学正义》中，提到了神道、儒教与佛教三者的关系，明确日本的"国学"与神道的密切关联。关于神儒佛三教思想，他在较早时期写成的《三教要论》（1760）与《继三教要论》（1762）中已有讨论。观山的思想中蕴含了将尊皇思想与神儒佛三教思想相结合的特质，因此需要在三教思想的语境中审视。

松宫观山十分重视神胤皇权，他的思想具有较为明显的朱子学特征，在《三教要论》中有如下内容：

> 崇敬神胤皇统、相承血统。上下之分、君臣之礼，为最高之大纲领，如人性在壮年之盛。以此，尊神器授受之玺之志如金石一般。帝王武将手握大宝，照临国家。时至今日千世如一日。宗庙飨之，子孙保之[④]。此为我神道于宇宙独步之原因。[⑤]

从上述内容可知，松宫观山肯定天皇的权威，是神道的拥护者。同时，他借用"君

① 松宫观山撰写了《虾夷谈笔记》以及《虾夷寿那子》来记录虾夷地区的风土人文等情况。

② 松宫观山曾校对冈岛冠山编写的《唐音雅俗语类》。

③ 松宫观山将在长崎的见闻记录汇编为《和汉奇文》。

④ 出自《中庸·第十八章》。

⑤ 笔者译。原文："神胤皇統、相承血統を崇ひ、上下の分、君臣の礼定るを以、最上第一の大綱領とし、人性壮年の盛なるか如し。是を以、神器授受の璽を尊ふ志金石の如く、帝王武将大宝を握つて、国家に照臨し給ふこと、今日に至つて千世一日のことし。宗廟饗之、子孫保之。此我神道の宇宙に独歩するゆへむなり。"［日］松宮観山：「三教要論」，『松宮観山集』第一卷，日本国民精神文化研究所，1935年，第37頁。

臣之礼”，来肯定帝王与武将的关系。在他看来，在天皇与将军的二元构造之中，实际上是有“上下之分”与“君臣之礼”来支持的，所以这种秩序合乎情理。他的方法是将神道作为基础，运用儒学，特别是朱子学作为理论依据。这样的思想比较接近后来出现的“尊皇敬幕”，实际上他的思想本身对幕府的政治是没有威胁的。此书是松宫观山 74 岁时的著作，7 年后他被卷入了明和事件。为何他对幕府持有尊敬的态度，却受到牵连呢？在《国学正义》中观山这样回忆了自己的经历：

> 愚也向連坐于学友多言之罪。而屏居乎郊外八年於此。乗間著和学論三篇。粗述所見。蔵筐笥以俟其人。而今不図得聞斯新議論。驚偟交至。而未知其人也。①

观山认为自己连坐的原因是“学友多言”，《国学正义》是观山于 1776 年写成的书籍，在那之前的 8 年，他居住在江户郊外的下谷。他将自己的想法写成书，但是苦于政治环境的原因，并不敢将其公开，也就没有读者。对于这样的情况，他心中深有不安。通过这种不安，我们可以从侧面了解到，他实际上十分期待将自己的学说广泛地宣扬。如前文所提及的《三教要论》，在跋文与序文之中就体现出他有宣扬自己的思想的意图，而《国学正义》中所体现的则是他的谨慎与隐忍。

三、松宫观山与山县大贰的交流

虽说松宫观山晚年十分慎言，但是在明和事件之前，他也不是一个轻易发表意见的思想家。他总是以时机和情势为依据，在与山县大贰的第一封书信中，有如下内容：

> 偶读斯书，深谋远图几近相似。但惜至两都向背之论，则大不为然。盖未投著圣贤之肺腑，未察有俗风有时势，而不可悬一定之权衡以推数万之事，此为汉学儒风偏见之所祟。依我之见，方今天朝之尊，高居于九重云之上，掌人臣官僚制权，不管阻水财货之利。世世圣主贤臣有德，逆贼枭帅则断去朵颐神器与舔糠大宝之念。宝祚愈长，犹天壤般无穷，如泰山

---

① 此处引用了原汉文。[日]松宫観山:「国学正義」,『松宫観山集』第二卷，日本国民精神文化研究所，1936年，第224頁。

> 之安稳。天下有道之士，俱诚欢诚喜，无人不颂贺。至于其所论处，不自揣而将粗愚之评加于其上，将之秘藏筐底，以待有识者断定。①

此信落款为“宝历十三年癸未初秋中斡 下毛野 松宫主铃菅原俊仍”，此时为1763年，距明和事件还有4年。在前一年的1762年，观山写成了《继三教要论》。此书信内容多与其论述三教关系之内容类似。强调神圣皇统地位不可动摇这一中心贯通于松宫观山的思想之中。在这封书信中，观山将大贰的问题较为明确地指了出来，山县大贰认为天皇与将军的并存并不合理（两都向背之论），而观山指出这是不理解圣贤思想、不能审察风俗与时势、固守一定的权衡标准而不知变通的产物，而且这是“汉学儒风”之偏见。观山认为只要“圣主贤臣有德”，那么维持秩序的稳定便不成问题。实际上，这非常符合朱子学的君臣之说。

在肯定了君臣关系的重要性之后，观山却又说大贰的思想是受到了“汉学儒风之偏见”的影响，其原因又何在呢？类似的论断也出现在《三教要论》之中，内容如下：

> 儒者其见狭小，悬以一定权衡来推世界万国。（他们看来）各国之治，均与尧舜之道不同。他们不问国风，一律将其视为异端。②

观山在这里提到的儒者，主要指的是以荻生徂徕（1666—1728）为代表的古文辞学派的思想家。不问日本的国风，而追求中国古代的尧舜之道、圣人之道，这被观山视为徂徕学派的弊端之所在。在观山看来，日本的“国风”是“神胤皇统、相成血统”。如果皇权稳定，那么整个社会的运转就不会出现问题，所以没有必要去追求中国的圣人之道。山县大贰在给观山的回信中进一步提出了自己的意见，他认为：

---

① 笔者译。原文：“適斯の書を讀むに、深謀遠図殆ど似たり。但惜むらくは、両都向背の論に至りては、大に然らざるもの有り。蓋し未だ聖賢の肺腑に投著せず、俗風有り時勢有るを察せず、而して一定の権衡に懸けて以て萬万を推す可からざる漢学儒風の偏見の祟を為すのみ。恭しく惟るに、方今天朝の尊、高く九重の雲上に坐して、人臣官階の権を掌り、而も租税財貨の利を管せず。世々聖主賢臣を獲たまふの徳有りて、逆賊梟帥神器を朶頤し大宝を舐糠するの念を断てり。宝祚の愈長へなること、益天壌と窮無く、猶お泰山の安きがごとし。天下の有道の士、俱に誠歓誠喜して、誰か頌賀を為さざらむや。乃ち其の論ずる所に、自ら揣らず粗愚評を其の上に加へ、之を筐底に秘して、以て識者の断定を俟つと云ふ。”［日］山縣大弐:「柳子新論（抄録）」,『武士道全書』第五巻，東京：時代社，1942年，第168-169頁；［日］飯塚重威:『山縣大弐正伝——柳子新論十三篇新釋』，東京：東京三井出版商会刊，1943年，第411頁。

② 笔者译。原文：“しかるに儒たる者、其見狭小にして、一定の権衡を懸て、世界万国を推んと欲す。故に各国の治、堯舜の道と全同じからざるを観るときは、国風を不問して、一味異端とす。”［日］松宮観山:「三教要論」,『松宮観山集』第一巻，日本国民精神文化研究所，1935年，第35頁。

> 我唯欲以公道而论，不按私意而言。如两都向背之论，足下谓有风俗，有时势，不可用一定的权衡来推至万物。我不以为然。……古曰“移风易俗”[①]，又曰“旧染污俗，咸与惟新”[②]，唯时势则难以实现。圣人亦因此以行教，姑且权衡处境，渐变以至道。[③]

山县大贰不认同观山的想法，他认为单纯以时势来判断世间万物是不合理的。移风、易俗、维新这样的用语，都显示出他对幕府政治的不满。他更进一步说，圣人也具有革新精神，他们权衡处境，渐渐实现理想。在大贰看来，根据时势来渐渐调整，具有随机应变的姿态才是正确的。要贯彻以大义名分为基础的尊王思想，必须进行革新。

在此封书信之后，观山又回信给山县大贰。他认为当时的政治时局之下，大贰的革新方式不可行，他特意提及竹内式部因失言而获罪一事（宝历事件）。观山这一年已经78岁高龄，如此谨慎的态度不仅取决于他的人生经历、他对天皇与将军之关系的基本态度，也是当时学者们对待此问题的通识。山县大贰较为彻底的革新精神最终使得他成为明和事件的中心人物，并获重刑。由于幕末时期有更为强大的尊王势力的兴起，当他的思想被追溯起来的时候就显得格外珍贵。

观山与大贰的尊皇思想都较为热忱，但二者思想的原点并不相同。大贰居于现实主义的立场，具有强烈的政治革新的目的；而观山重视的则是现实社会之下的意识形态。在观山的主观意识中，他赏识大贰的魄力与胆识，但是他也深深意识到与幕府进行抗争、彻底实行尊皇思想的时代还没有到来。

四、松宫观山对徂徕学的批判

前文提到，松宫观山认为山县大贰受到了徂徕学的影响，他在给大贰的书信中

---

① 出自《荀子·乐论》。

② 出自《尚书·夏书·胤征》。

③ 笔者译。原文：“僕唯公道ヲ以テ論ゼンコトヲ欲スルナリ。私意ヲ以テスルヲ欲セズ。両都向背ノ論如キ、足下謂ウ俗風アリ、時勢アリ、一定ノ権衡ヲ縣ケ以テ万ヲ推スベカラズト。僕則チ以テ然ラズトナス。……古曰ク風ヲ移シ俗ヲ易フト。又曰ク舊汚染俗咸與ニ惟新タナリト。唯時勢ハ則チコレヲ如何トモスベカラズ。然レドモ聖人亦此ニ因リテ以テ教ヲ其中ニナシ、而シテ姑ラクコレニ處スルニ権ヲ以テシ、漸クコレヲ変ジテ以テ道ニ至ラシム。”［日］飯塚重威:『山縣大弐正伝——柳子新論十三篇新釋』，東京：東京三井出版商会刊，1943年，第412頁。

将徂徕学称为“汉儒之偏见”。在有关松宫观山的先行研究中，他具有“反徂徕学者”的特质。如前田勉以兵学与儒学为主轴，来考察观山的反徂徕思想[①]，小岛康敬则以观山对徂徕的“心神”否定论为中心展开讨论[②]。理解观山为何对徂徕学持否定态度，是理解他的思想的一把钥匙。

荻生徂徕批判朱子学的古典解释方法，提倡阅读中国古典原籍以理解圣人之道。在观山看来，徂徕学者追求中国古代的先王之道，忽视本国之古道，蔑视国神，并不值得提倡。在1763年的《学脉辩解》中，观山批判徂徕学的内容如下：

> 二家（仁斋学与徂徕学，笔者注）遂以竪赤幟於東方。一世靡然従其指揮。仰之如神明。至於其徒断云孔子之道伝於我徂徠翁也。仍（观山字俊仍，笔者注）按其所主張、本非二先生之創説、其始荀子唱之、明儒和之……物子何人也、輒帰過於思孟。自担当大事、幸佩負大名。殆将僾坐聖位。恣握南面王之權。其徒或有輒軽視古人。妄論陰陽五行。立異談怪。驚時俗者焉。後進小子従而慕之。[③]

仁斋学与徂徕学风靡一时，很多学徒认为荻生徂徕的思想继承了孔子之道。但是观山认为，批判性理学并非仁斋与徂徕的独创，而是始于荀子。而后被明代儒者，即以李攀龙（1514—1570）与王世贞（1526—1590）为代表的文学复古派所继承。荻生徂徕的思想确实受到了荀子思想的影响，《读荀子》是徂徕精读荀子著作的记录，而在文艺理论方面，特别是诗文论上，他受到了明代复古文学派的影响。[④]徂徕学的基本方法论是对中国古代的文献进行考证，提倡汉文直读法，通过文辞学的方法来理解中国古代的圣人之道。观山看来，徂徕一味地追求圣人之道，反对子思与孟子，构建了自己的一套体系，很有影响力；但是其弟子中多有无德之徒，他们轻视古人，妄言阴阳五行，立怪谈以惊世人，又有“后进小子”仰慕追随。

---

① ［日］前田勉:「反徂徠学者松宮観山」,『日本思想史研究 17 号』, 1985 年；同『近世日本の儒学と兵学』, 東京：ぺりかん社，1996 年。

② ［日］小島康敬:「徂徠学の一波紋——『心法』論否定の問題と松宮観山」,『思想』第 766 号，東京：岩波書店，1988 年，第 132-147 頁。

③ 此处引用原汉文。［日］松宮観山:「学脈辯解」,『松宮観山集』第二卷，日本国民文化精神研究所，1936 年，第 146 頁。

④ ［日］藍弘岳:「徳川前期における明代古文辞派の受容と荻生徂徠の『古文辞学』——李・王関係著作の将来と荻生徂徠の詩文論の展開」,『日本漢文学研究』三，2008 年；同『漢文圏における荻生徂徠：医学・兵学・儒学』, 東京：東京大学出版会，2017 年。

观山批判徂徕的反朱子学思想、反理学思想，他将反徂徕学的论述上溯到对荀子的批判。他在《学脉辩解》中论及荀子的思想，并批判其正统性。荀子说“乱天下者，子思、孟轲也”，而在观山看来，孔子的学脉，到子思为止都是面授口传。子思的著作，特别是《中庸》中，其实也蕴含着其师曾子的思想，子思在学统上具有正统性。而荀子是其他派别，没有像子思那样接受过面授口传，观山认为他不能被视为孔子的继承者，也很难说他继承了正统之学。对于孟子思想，观山也持肯定的态度。他认为孟子“求放心”[①]之“心”指的是“仁义之良心”，这个仁义的良心不存在个体差别，而是仁与礼通过人心而表现出来的一种普遍性的存在。朱子学继承此“心”，进而提倡性理。[②]观山通过赞赏子思与孟子来反对荀子，更深一步则也是反对徂徕的思想。

在理论上，观山还抨击了徂徕学的核心“圣人之道”。他在《学脉辩解》中写道：

> 物子云聖人造道。皆未見聖人奉天理裁成輔相之也。若其本全無。則何言裁成輔相耶。斯道邪正之所判、在于循性命之理與反之。但理也無形影。故作此礼文。画出一個天理與人。看教有規矩可以憑據。礼之為理，謹履不可離，朱説著明如此。豈言之求理與礼於己心，而外乎聖人耶。[③]

“圣人之道”为徂徕学之核心，而观山认为，圣人并没有奉天理而有所作为。若无“道”，则何言“裁成辅相”。道之正在于遵循性命之理，但是理本身也是无形的。看不到的是天之“理”，看得见的是人之“礼”，二者密不可分。贯彻人“礼”可视为追求天“理”，在观山看来，朱子重“礼”，追求“理”，实际上不外乎圣人之道。

观山认为朱子所追求的理与圣人之道并不相悖，因此积极汲取、运用朱子学。虽然他肯定朱子学的价值，但他对待儒学的整体态度称不上友好。这是两个不同层面的内容：在理论方面，他不排斥朱子学，运用朱子学来诠释尊王思想的正当与合理；但儒学作为中国的思想，应区别于日本的神道，在日本不应该被大力提倡。他所提到的“汉儒之偏见”，也并非是对中国儒者的偏见，而是对追求中国“圣人之道”的日本儒者的讽刺。

---

① 出自《荀子·告子》。

② ［日］松宮観山：「学脈辯解」,『松宮観山集』第二卷，日本国民文化精神研究所，1936年，第147頁。

③ 此处引用原汉文。［日］松宮観山：「学脈辯解」,『松宮観山集』第二卷，日本国民文化精神研究所，1936年，第152頁。

五、作为方法的神儒佛三教思想

前文论述了松宫观山不赞同山县大贰的变革思想，反对徂徕的“圣人之道”，那么他自身的立场如何？提倡什么思想呢？可以较为简洁地概括为，他在理论方面吸收中日两国的思想，所提倡的具体内容是以神道为中心的神儒佛三教思想。在《三教要论》的序文中，有如下记载：

> 三教之行于世一也久矣。顧本邦有人焉。儒仏二教之盛。不減于支竺。眼高於一世。気呑乎八紘。巍然体制。煥乎文章。殆將自我壓彼矣。獨怪国学不振。教授顓門家。率局情小量。深秘以為法。獨知以為栄也。其於下日神照徹於六合之光。天柱極立乎四海之道上也。霄壌不啻矣。是以為家所蔑視。亦可一嘆也哉。我観山先生潜憂之……乃著三教要論一小冊。①

此段内容为松山藩出身的酒井衷躬所作，他师从松宫观山。当时，德川幕府一方面以儒学为中心施行文治政策，一方面利用佛教来管理民众。儒教与佛教成为德川幕府文化统治与政治统治的重要手段。对于这样的现象，神道在文化方面与政治方面都不具备优势。观山看到儒教与佛教兴盛于世，而“国学”不振，产生了很大的忧患感。所以他要通过《三教要论》以及两年之后出版的《继三教要论》来向民众宣传神道的重要性。

观山在《三教要论》的开头说“教为何，修道也”，此句典出《中庸》的“天命之谓性，率性之谓道，修道之谓教”。在较为简短的叙述中，他提出了教、道、性之关系的命题。在他看来，“教”的作用在于“修道”，那么反向推论的话，要修理想的“道”，也要进行与之相辅相成的“教”。日本之“道”在于神，积极实行与之相应的“教”才是合理的。与此相关的论说不仅在《三教要论》《继三教要论》中有所体现，在其晚年的著作《国学正义》中也有涉及。

> 伝国御璽。有三種神宝焉。是国学之権輿也。照徹於六合之日徳。覆臨乎八紘之天威。創業垂統。風教正直。体制寛大。無為治也久矣。而史所載其間尚有素徳之悪行。皇天之武備。詰問誓約等事焉。近日世儒妄謂国初民風鹵莽。官裁不訖者。未慮凡含血者皆瞻気自負。無教誡抑揚。而

① 此处引用原汉文。[日]松宫観山:「三教要論」,『松宫観山集』第一巻，日本国民文化精神研究所，1935年，第33頁。

和順歓密。不可自得也。迨海路已開。皇孫善體乎前代成規、不畫以海岸、而萬国都為吾宇下。見外人猶臣妾。異域物色如我有焉。故儒経釈典。尽諸説精選。①

经历了明和事件之后，观山对政治的戒心更为深刻。尊皇思想本身并没有危险，禁忌在于触犯幕府的政治统治。观山深知此理，他强调日本的神国特质，从“传国玉玺”“三种神宝”讲起，他的文章里面洋溢着浓厚的神道色彩。天照大神之孙琼琼杵尊手持三件神器，与众神一起从高天原降临，统治地上，这个“前代成规”一直延续下来。“万国皆为吾宇”则体现了日本神超越国境的至高无上的地位，在这样的前提下，相对于外来的儒教与佛教，神道的地位就被凸显出来了。由此可见，观山批判徂徕的“圣人之道”，取而代之的是推崇日本的传统之道，因此他的意图是上溯至日本的先王，而非中国的先王。提到日本的先王，就要追溯到神代。

观山没有在天皇与将军的二元对立关系中突出天皇的地位，以显示神道的地位。他选择把有关神儒佛三教的论述作为宣扬神道的平台。善于审时度势的观山，意识到推倒幕府的时机还没有到来，而印度的佛教与中国的儒教在日本的兴盛已越演越烈，需要有意识地去遏止这种情况的进一步发展。他用神道统合儒佛的理论来构建神儒佛三教的关系，在他的理论之中，外来的儒教与佛教作为“异域物色”，即使再精彩纷呈也无法达到神道在日本的高度与地位。

六、结　语

江户时代中期以后的日本，虽然没有战乱纷争，但是政治经济等各种问题一直存在。幕府试图通过“享保改革”“宽政改革”“天保改革”等措施解决社会问题。与此同时，海外世界风云变幻，欧洲一些近代国家开始崛起，亚洲的旧式帝国呈现出弱势。这时候的部分思想家们开始放眼国内外，探究各种新课题。

松宫观山正生活在这样的时代，但是他的世界视野尚不波及欧洲，而是传统的三国世界观，主要为日本、中国与印度。他力图修正并缓和山县大贰操之过急的变革思想，也批判荻生徂徕向往圣人之道的不合理情结。看似十分保守，而实际上，

① 此处引用原汉文。［日］松宫観山:「国学正義」,『松宮観山集』第一卷，日本国民文化精神研究所，1935年，第221頁。

他探索的是另一条新的思想之路。他在理论吸收方面不拘泥于国界，积极运用朱子学；而在思想史实践上，则极力推崇神道的中心地位，构建日本的主体性特征。观山尚不能如后来的日本国学家们那样彻底且明确地反对儒与佛，而是采取了三教兼容并包的手法，他的这种思想也可以视为徂徕学到国学之间的过渡。松宫观山的神儒佛三教思想的目的在于突出神道的地位，于他而言，提出神儒佛三教思想，是为了营造一种更为安全的语境来宣扬尊皇思想。

中井履轩人性论思想探析
——以《论语逢原》《孟子逢原》为中心 *

〇 项依然　中国人民大学

[**摘要**] 中井履轩是日本德川时期“怀德堂学派”的重要代表人物，其人性论思想在《论语逢原》和《孟子逢原》这两部注释书中得到了较为集中的阐发。学界虽对履轩的人性论思想已有研究，也承认履轩“性善论”这一基本立场，但是对于其“性善”是何种意义上的“善”，以及履轩论“性善”之指归在何处等问题尚未阐明。本文从履轩针对朱子的“二元人性论”所提出的反论（“气质非性”论）开始，考察了履轩对于人性的基本定位、对于恶之来源的认识，并在此基础上探讨了履轩所使用的“固有之善”一语的意味。履轩认为宋儒“主张性太过”，他的人性论并未聚焦于对性概念本身的探讨，而是强调通过“扩充”“养性”，将“固有之善”所指向的善之“种子”发展成为作为“完全的善”的“德”。

[**关键词**] 中井履轩；人性论；固有之善

* 本论文为国家社会科学基金重大项目“日本朱子学文献编纂与研究”（项目号：17ZDA012）阶段性成果。

中井履轩[①]是日本德川时期的重要儒者，也是怀德堂学派[②]的“集大成者”，他的经学著作近年来愈来愈受到学术界的关注和重视。在作为其思想“定说”的“七经”注释书——《七经逢原》中，《论语逢原》和《孟子逢原》较为集中地表达了履轩的人性论思想。虽然《论语》中鲜有“性与天道”之论，但是履轩将孔子所说的“性相近”与孟子所说的“性善”结合起来进行探讨，从“语脉”中去寻求先秦儒家对于人性的普遍性认识，而试图挣脱宋儒“二元人性论”的桎梏。履轩对孔、孟之言的解读较为清楚地表明了其“人性善”的立场，这一立场也基本得到学术界的认可。不过，其中尚有一些问题未得到很好地解决，特别是，履轩所说的“善”是什么意义上的“善”？人性何以为善？以及“性善”在履轩人性论思想的整体结构中处于什么样的位置？为了实现对这些问题的澄明，首先需要我们从《论语逢原》的“性相近”章说起。

一、人性的定位

中井履轩一般被学界视为朱子学者，他在注释《论语》《孟子》《中庸》时往往以朱子的《四书章句集注》作为底本，在朱子注的基础上展开自己独立的思索与分析。针对《论语》中“子曰：‘性相近，习相远’”一句，朱子与履轩分别有如下注解：

> 此所谓性，兼气质而言者也。气质之性，固有美恶之不同矣。然以其初而言，则皆不甚相远也。但习于善则善，习于恶则恶，于是始相远耳。程子曰：“此言气质之性。非言性之本也。若言其本，则性即是理，理无不善，孟子之言性善是也。何相近之有哉？”[③]（朱子注）

① 中井履轩（1732—1817）终其一生致力于经学研究，著名代表作是三类“七经”注释书，具体来说，包括《七经雕题》《七经雕题略》《七经逢原》三类。在这三类经学著作中，最初完成的是《七经雕题》。其成书过程，是以宋儒对于“四书”“五经”的注释本作为底本，将其中不合原文的部分，用朱笔抹去，另添注脚，再将取舍的意见写在栏外。由于写作前后会有矛盾和重复的地方，便将其栏外书作一整理，这就成了《七经雕题略》。到了晚年，其又对《七经雕题略》进行添加和整理，最后终于汇集而成《七经逢原》。

② “怀德堂”是1724年在日本大阪由被称作“五同志”的富有町人建立起的学问所，在1726年获得了江户幕府的公认，成为“半官半民”的教育机构。怀德堂在明治初年闭校。从创立到闭校，怀德堂存续了146年之久。其间，担任学主或助教的三宅石庵、五井兰州、中井甃庵、中井竹山、中井履轩，以及他们的门人富永仲基、山片蟠桃、草间直方等作为怀德堂的活跃人物陆续登场。以这些人物为中心形成的“怀德堂学派”是日本近世儒学史上的重要一脉，又称“大阪朱子学派”，其基本学问立场是朱子学。

③ （宋）朱熹：《四书章句集注》，北京：中华书局，1983年，第175-176页。

是章，专论性也，曾不带气质。气质非性也。近犹同也，与远对，故曰近也。孔子曰“性相近”，孟子曰“性同然”。其义一也，辞有紧慢而已。譬如人面，张三与李四，鼻有高卑，目有巨细，而大略无异者，则谓之相近也。自其两目两耳、一鼻一口言之，则源五与平六，全同也。孔孟之言符合，但当寻语脉而读焉耳。①（履轩注）

朱子以程子之言为依据，认为孔子所说的“性”指的是“兼气质而言”的性，“气质之性”有着美、恶之差异，而“性即理”之性无不善，故此处言“相近”，而非“相同”。履轩的意思也很明晰，他认为孔子所说的“相近”之“性”就是孟子所说的善性，“孔孟之言符合”，因此，这一章讨论的只是“性”，而非“气质”。

那么，“性”与“气质”究竟是什么关系？朱子和履轩对于“性相近”的不同阐释指向了这一问题。朱子在解决“性即理”思想架构之下的人性本善与现实中存在的恶的矛盾时，沿袭了张载、程颐“析性为二”的做法，将“天命之性”与“气质之性”并举，这构成了朱子的“二元人性论”。当然，朱子从不否认孟子的性善论，并在“理本论”思维下将“性善”看作人之本性，但是在比较孟子、程子的性论之后，却提出“以事理考之，程子为密”②的观点，认为“天命之性”与“气质之性”不可偏废，程子之说较孟子更为全备。

在履轩这里，则有“气质非性”的论断，他在孟、程二人的性论中，选择了孟子更为纯粹的“性善论”，而反对宋儒“析性为二”的做法。履轩曾直接言明他对子思、孟子之性论的推崇，他说:“子思曰‘天命之谓性’，孟子曰‘性善’。信斯二语，足矣。夫两君子，岂欺我哉？”③看上去，履轩似乎出于对“两君子”的笃信而高举其“性”论，实际上，却是在他深入研究《中庸》《孟子》等经书之后，出于对“天命之谓性”和“性善”之论的认同，而流露出对于“两君子”的景仰之情。履轩在《孟子逢原》中说道：

性善二字，孟子始定之云耳。亦以世上有异言，故特作是语也。其意

---

① ［日］中井履軒:「論語逢原」，［日］關儀一郎編:『日本名家四書注釋全書』論語部四，東京：東洋圖書刊行會，1925年，第343頁。

② 朱子在《孟子·告子上》“天生蒸民，有物有则”一句处注曰:“程子此说才字，与孟子本文小异。盖孟子专指其发于性者言之，故以为才无不善；程子兼指其禀于气者言之，则人之才固有昏明强弱之不同矣，张子所谓气质之性者是也。二说虽殊，各有所当，然以事理考之，程子为密。”（宋）朱熹:《四书章句集注》，北京：中华书局，2011年，第308页。

③ ［日］中井履軒:「孟子逢原」，［日］關儀一郎編:『日本名家四書注釋全書』孟子部十，東京：東洋圖書刊行會，1925年，第107頁。

义，则古圣贤所言，皆如此。《管子》等书，间能言之。《论语》《中庸》诸书，皆与孟子合……性善，以为前圣未发之言，则可矣。以为未发之义，则不可。[①]

谓气质为性，是世之俗说。自《春秋传》诸书皆然。孟子乃排俗说，而立性善之言。此所以继往圣，启后学矣。焉得以不论气疚孟子哉？[②]

履轩承认孟子“性善论”的根据在于，孟子所言“性善”并非一家之独论，而是孟子之前的先贤们所普遍认同的观念，而将“气质”看作人之“性”的说法，则被履轩视为一种将不好的品质归咎于生来之“气质”的“世间俗说”。换言之，孟子提出“人性善”，正是将古圣先贤们的“已发之义”表达出来，有着“继往圣，启后学”的重要意义，不应以孟子不论“气质”而以其性论为不全备。另外，在《中庸逢原》中解释“故君子尊德性”一句时，履轩也说：“德性，犹言善性也……崇奉善性，而率由焉。合首章天命率性观之，与孟子性善之说吻合无间，孰谓孟子创立乎性善之说哉？”[③] 履轩认为，孟子的性善说与《中庸》所言“天命之谓性，率性之谓道”“尊德性”是一脉相承的。

关于“性”与“气质”的关系，履轩在“性相近”章进一步进行了阐述。他认为，“性”与“气质”是完全不同的概念。“性自性，气质自气质，判然二物。焉得有气质之性？即无气质之性，则性不待称本然。”[④] 也就是说，“性”与“气质”有着根本的区别，既然不存在“气质之性”的说法，那么“性”也就不需要加上“本然”“天命”的限制，“性”本身就意味着“善”。为什么“气质”一定不能划归到“性”的范畴呢？这就需要讨论履轩对于“气禀”一语的认识。

与朱子一样，履轩也持有“昏明强弱，究竟气质之优劣而已”的观点，认为由于人们在出生时所禀之气有优劣差异，从而产生昏明强弱的差别。不过，与朱子不同的是，履轩提出昏明强弱并非就善恶而言，他说：“气禀者，唯是昏明强弱之分矣，

① ［日］中井履軒：「孟子逢原」，［日］關儀一郎編：『日本名家四書注釋全書』孟子部十，東京：東洋圖書刊行會，1925 年，第 141-142 頁。

② ［日］中井履軒：「孟子逢原」，［日］關儀一郎編：『日本名家四書注釋全書』孟子部十，東京：東洋圖書刊行會，1925 年，第 328 頁。

③『中庸逢原』，转引自［日］池田光子：「中井履軒『中庸逢原』解説及び翻刻 附集注」，『大阪大学大学院文学研究科紀要 49』，2009 年。

④ ［日］中井履軒：「論語逢原」，［日］關儀一郎編：『日本名家四書注釋全書』論語部四，東京：東洋圖書刊行會，1925 年，第 343 頁。

未尝有善恶。人有昏弱而善，亦有昏弱而恶，有强明而善，亦有强明而恶。可见善恶与气禀无干涉。”[①] 也就是说，“气禀”所指向的是昏明强弱这种知识、才力方面的区别，而没有善恶之别，正如“昏弱”之人也可以为“善”，而“强明”之人也可以为“恶”。由此，履轩提出“性”之善恶与“气禀”之昏明强弱没有必然的关系，使得“气禀”成为与“性”完全相区别的概念。

基于这种对“气禀”的不同理解，履轩将《论语》的“上知”章（“子曰：‘唯上知与下愚不移’”）视为孔子专门针对“气禀”而发的言论，与专论“性”的“性相近”章区以别之。他说：“是章，专论气禀也，非论性。与上章论性者，不当相混。”[②] 履轩认为，此章专论人的“气禀”“气质”[③]，也就是说，造成人群中“上知”“下愚”以及“一般大众”之分化的原因是人们在知识、才力等方面的差异。履轩接着说道：

> 上知，譬犹矛之刃。下愚，譬犹矛之镦。中间长柄，众人所在。是章主意，在劝人迁善也。谓不可移之人至寡耳。非患下愚不移。盖上知与下愚，千万人中，仅各有两三人而已矣。其他皆可移之人。今向通人问之。曰汝上知与？必曰否。汝下愚与？亦必曰否。然则非可移之人而何？故论不移，曰唯上知与下愚也。言不移者，唯有是二等矣。是所重在移，不在不移。[④]

履轩提出，孔子此言虽看似在论“不移”之人，实际上却是在论“上知”与“下愚”之外的一般大众。上知之人气禀强明，不能转化为昏弱，下愚之人气禀昏弱，不能转化为强明，但是这些人，“千万人中，仅各有两三人而已矣”。履轩用矛的不同部分进行譬喻，说明了“上知”“下愚”与“众人”在数量上的悬殊差距，并且提出，孔子此言是针对作为“中间长柄”的大多数人而发，旨在说明大多数人都有着向善的可能性，“是章主意，在劝人迁善也”。不过在此处，履轩的逻辑存在漏洞：如果只是把“昏明强弱”理解为才力上的区别，而非善恶之差异，又何来“迁善”一说？

---

① ［日］中井履軒：「論語逢原」，［日］關儀一郎編：『日本名家四書注釋全書』論語部四，東京：東洋圖書刊行會，1925 年，第 344 頁。

② ［日］中井履軒：「論語逢原」，［日］關儀一郎編：『日本名家四書注釋全書』論語部四，東京：東洋圖書刊行會，1925 年，第 344 頁。

③ 履轩认为，两章的论点之所以有所不同，是因为在记载的时间上存在差异，他说，“此与上章，盖非一时之言”。而朱子认为，“上知”章是承“性相近”章而言。《论语集注》“性相近”章曰：“气质之性，固有美恶之不同。”“上知”章曰：“人之气质相近之中，又有美恶一定，而非习之所能移者。”换言之，朱子认为这两章都是就“气质之性”而言。

④ ［日］中井履軒：「論語逢原」，［日］關儀一郎編：『日本名家四書注釋全書』論語部四，東京：東洋圖書刊行會，1925 年，第 344 頁。

按照履轩对于“气禀”的理解，更为合理的说法是由“昏弱”迁为“强明”这种才力的增强，而非“迁善”。暂且不论这里论述上的瑕疵，此章注释的其他地方尚且保持着逻辑上的一致性，从履轩针对程子所论“下愚”之语的批驳中，也可以看出履轩所理解的“气禀”。

朱子所引程子对于“下愚”的解释与履轩的解释分别如下：

> 所谓下愚有二焉：自暴自弃也。人苟以善自治，则无不可移，虽昏愚之至，皆可渐磨而进也。惟自暴者拒之以不信，自弃者绝之以不为，虽圣人与居，不能化而入也，仲尼之所谓下愚也。然其质非必昏且愚也，往往强戾而才力有过人者，商辛是也。圣人以其自绝于善，谓之下愚，然考其归则诚愚也。[①]（朱子注）
>
> 愚与知对，即是不知之谓矣。故虽至愚，未可名以恶。程子以暴弃解下愚，引商辛为证，大谬。夫商辛是恶人矣，其质非昏愚，乃是习蔽之尤甚者。上章所谓习相远，是也。商辛资辩捷疾，闻见甚敏，材力过人，手格猛兽，知足以拒谏，言足以饰非，矜人臣以能，高天下以声，其质可谓强明矣。岂下愚也哉。[②]（履轩注）

其中，程子将“下愚”解释为《孟子》所提及的“自暴”“自弃”[③]之人，认为下愚者是由于自己的意志拒绝向善而沦为“下愚”，并且以商辛为例，认为商辛这类人从“质”上来说并非昏愚，而是“强戾而才力有过人者”，却因为没有向善的意志而沦为“下愚”。与程子不同，履轩将“下愚”理解为在知识、才力方面低下之人，他提出“下愚”与“上知”相对，意思是“不知”“愚钝”，而商辛“资辩捷疾，闻见甚敏，材力过人”，不能称为“下愚”。换言之，履轩专从人的知识、才力方面理解“气禀”，那么，“下愚”也就指向了愚钝之人，而与善、恶无关联。

在这一文段中，履轩不仅表达了他认为程子“引商辛为证”的做法是“谬误”的见解，还谈及他所理解的商辛沦为“恶人”的原因：“夫商辛是恶人矣，其质非昏愚，乃是习蔽之尤甚者。”履轩所提出的“习蔽”，正是在他的注释中反复出现的词语，

① （宋）朱熹:《四书章句集注》，北京：中华书局，2011 年，第 164 页。

② ［日］中井履軒:「論語逢原」，［日］關儀一郎編:『日本名家四書注釋全書』論語部四，東京：東洋圖書刊行會，1925 年，第 345 頁。

③ “自暴者，不可与有言也；自弃者，不可与有为也。言非礼义，谓之自暴也；吾身不能居仁由义，谓之自弃也。”（《孟子·离娄上》）

常被他用来代替宋儒所说的“气质”来论“恶”的来源。履轩认为，有着善性的人们之所以会形成“恶”的品质，是由于在外界环境中所受到的“习蔽”过甚。关于履轩所说的“习蔽”，其含义有待进一步探讨。

二、“习蔽”的提出

坚持“性”只能为“善”、“气质”与善恶无关联的中井履轩，在面对“恶的来源”这一问题时，提出了“习蔽”一词。虽然在履轩的注释书中未见到对“习蔽”的直接定义，但我们可以根据履轩对“习蔽”一词的使用来推测其具体含义。“习蔽”（或“习”“蔽”）主要见于以下七条：

①夫商辛是恶人矣，其质非昏愚，乃是习蔽之尤甚者。上章所谓习相远，是也。①

②暴弃一出于习蔽，非气禀之罪。②

③注所谓私意，若指生于习蔽者，则可矣。若责之气质，则不可。③

④人之不善，全因习蔽，然后生焉，犹水遭搏激也。④

⑤是章，唯习蔽可议焉。不当论气质之偏。⑤

⑥若欲知其善恶所由出，唯宜于习与蔽求之。⑥

---

① ［日］中井履軒:「論語逢原」,［日］關儀一郎編:『日本名家四書注釋全書』論語部四，東京：東洋圖書刊行會，1925年，第345頁。

② ［日］中井履軒:「論語逢原」,［日］關儀一郎編:『日本名家四書注釋全書』論語部四，東京：東洋圖書刊行會，1925年，第345頁。

③ ［日］中井履軒:「孟子逢原」,［日］關儀一郎編:『日本名家四書注釋全書』孟子部十，東京：東洋圖書刊行會，1925年，第402頁。

④ ［日］中井履軒:「孟子逢原」,［日］關儀一郎編:『日本名家四書注釋全書』孟子部十，東京：東洋圖書刊行會，1925年，第317頁。此处《孟子》原文为：“今夫水，搏而跃之，可使过颡；激而行之，可使在山。是岂水之性哉？其势则然也。人之可使为不善，其性亦犹是也。”（《孟子·告子上》）

⑤ ［日］中井履軒:「孟子逢原」,［日］關儀一郎編:『日本名家四書注釋全書』孟子部十，東京：東洋圖書刊行會，1925年，第459頁。此处《孟子》原文为：“人皆有所不忍，达之于其所忍，仁也；人皆有所不为，达之于其所为，义也。”（《孟子·尽心下》）朱子注曰：“恻隐羞恶之心，人皆有之，故莫不有所不忍不为，此仁义之端也。然以气质之偏、物欲之蔽，则于他事或有不能者，但推所能达之于所不能，则无非仁义矣。”见（宋）朱熹:《四书章句集注》，北京：中华书局，2011年，第348页。

⑥ ［日］中井履軒:「論語逢原」,［日］關儀一郎編:『日本名家四書注釋全書』論語部四，東京：東洋圖書刊行會，1925年，第344頁。

⑦ 人之不善，唯习与蔽之由。注特举蔽，而不及于习，为未备。[①]

其中，①至⑤条都是将“习蔽”作为一个独立的词语使用，而⑥⑦是将“习蔽”拆分成两个单独的字使用，这说明，“习蔽”的意思是可以从“习”与“蔽”两个字的字义上去寻求的。

根据①我们可知，“习”就是“性相近也，习相远也”中的“习”，泛指后天的要素。“蔽”字可参考⑦中“注特举蔽”一语，指的是朱子所说的“私欲之蔽”。“蔽”本身有着“遮蔽”“隐匿”的意思，在朱子这里，意指“私欲”对于人本来所有的“善”的遮蔽。[②] 履轩在上述⑦中又说“注特举蔽，而不及于习”，这是针对朱子注“人与尧、舜初无少异，但众人汩于私欲而失之，尧、舜则无私欲之蔽，而能充其性尔”一句而发，由此也可以看出，履轩在单独使用“习”“蔽”时，对二者有着明确的区分。从这句注释的语境来看，“习”字本身是中性的词汇，指人在后天与外界接触的过程中所积累的行为习惯，而“蔽”字侧重于“习于恶则恶”之后对于“善”的遮蔽。

如果“习”与“蔽”连用，则更多体现的是后天的消极因素，也就是“习于恶则恶”。在①至⑦中，履轩将“习蔽”（或“习”“蔽”）一语用作“恶”“暴弃”“私意”“不善”的原因，认为“习蔽”是导致恶劣品性的原因。②③⑤提到“气质”“气禀”。履轩将“气质”“气禀”与“恶”分离，一方面如前所述，是由于履轩对于“气质”“气禀”有着不同于宋儒的理解；另一方面也在于，履轩认为相较于出生时的禀受，人们在后天所处的不同环境、所具有的不同经历才是人们产生或善或恶之差异的根源。其中的一部分人，正是因为受到一些不良因素的影响，使得他们本有的善性被遮蔽了。

根据上文的分析，可以发现，履轩所说的“习蔽”与颜元所说的“引蔽”“习染”十分相似。颜元认为：“误始恶，不误不恶也。引蔽始误，不引蔽不误也。习染始终误，不习染不终误也。”[③] 也就是说，由于在后天环境中所引之“蔽”与长期恶蔽的“积习”，人性才会趋于“恶”，而难以明觉其本有之善。在此基础上，颜元提出“气质之性”本无恶，恶是由后天的“蔽”与“习”所致。颜元所说的“蔽”与“习”就是“引蔽”“习

---

① ［日］中井履軒：「孟子逢原」，［日］關儀一郎編：『日本名家四書注釋全書』孟子部十，東京：東洋圖書刊行會，1925 年，第 139 頁。此处《孟子》原文为：“滕文公为世子，将之楚，过宋而见孟子。孟子道性善，言必称尧舜。”（《孟子・滕文公上》）

② 参见藤居岳人的观点。藤居岳人指出，履轩所说的“习”“蔽”皆指后天的要素，而“蔽”偏重于私欲、恶蔽等不好的后天的要素，“习”与“蔽”连用，更多地倾向于消极的意义。见［日］藤居岳人：「中井履軒の性善説—『論語逢原』に見える『習』と『蔽』の語を中心に」，『懐徳』第 74 号，2006 年。

③ （清）颜元：《颜元集》，北京：中华书局，1987 年，第 30 页。

染”，而“习染”一词更强调长期“习于恶”对于人之本性的浸染作用。

不论是“习蔽”还是“习染”，都是在后天环境之中造成的，这就意味着，恶人也有“去蔽”而成善的可能。在朱子的思想中，“气质”被视为“恶”的来源，这意味着有的人是“生而为恶”的，正如朱子所说，“人之气质相近之中，又有美恶一定，而非习之所能移者”[①]。既然这些禀“浊气”而生的人生来就是“恶”的，那么，他们还能够通过后天的习学而成善吗？朱子虽言“变换气质”，但是他本人对此也并不乐观，正如他曾说：“人之为学，却是要变换气禀，然极难变化。”[②]在朱子的人性论学说中，“禀气成恶”与“变换气质”之间的矛盾似乎是难以解决的。不过，这一矛盾在履轩这里被消解了，“恶”既然不是生来所有的，那么就是可以去除的。因此，针对程子“暴弃者”不可移的观点，履轩说：“暴弃者一转面，皆可以入道矣。”[③]在另一方面，履轩也认为，言“气质之性”会使得人们将恶归咎于“气质”，无复用功于德性修养，容易陷入朱子“宿命论”的困境。

综上所述，在中井履轩的人性论思想中，“气质”往往被排除在外，而“性善”与后天之“习”都是常被论说的。“习蔽”一语的提出，更是让我们看到了“善”与“恶”在后天环境中相互转换的可能性。那么，有一个更重要的问题是，人们原本所具有的“善性”为何会受到“习蔽”的消极影响？换言之，履轩所说的“善”，究竟是什么意义上的善？

三、“固有之善”的意味

在人性本善的观点上，履轩和朱子似乎别无二致。朱子虽然坚持“二元人性论”，但是从未放弃人性本善的立场，并没有把“气质之性”与“天命之性”放在同等的层次上论说。正如朱子所提出的：“盖气质所禀虽有不善，而不害性之本善；性虽本善，而不可以无省察矫揉之功，学者所当深玩也。”[④]换言之，气禀所具有的不善并不妨害本性之善，但又不能恃性之本善而不在后天的修养上下功夫。朱子认为本性之善是

① （宋）朱熹：《四书章句集注》，北京：中华书局，2011 年，第 164 页。

② （宋）黎靖德编：《朱子语类》卷四，北京：中华书局，1986 年，第 69 页。

③ ［日］中井履軒：「論語逢原」，［日］關儀一郎編：『日本名家四書注釋全書』論語部四，東京：東洋圖書刊行會，1925 年，第 345 頁。

④ （宋）朱熹：《四书章句集注》，北京：中华书局，2011 年，第 308 页。

人先天所具备的，他也称之为“固有之善”[①]，这一性善论的根据是朱子哲学体系中的最高范畴——天理。他说：“性即天理，未有不善者也。”[②]“性即理”一说从追问万物生成缘由的本体论视角出发，为万物之性找寻到一个至善的根源。

在“性善”的阐述上，履轩也常常使用“固有之善”一语。如，在《孟子逢原》中，履轩就“人皆有不忍人之心”一句说道：“此就人性，论其固有之善也。”[③]又说：“凡孟子论性，每揭固有之善，辄继之以养之之方。”[④]然而，与朱子不同的是，他并不承认在朱子那里作为性善论之前提的“性即理”思想，并且对此有过如下严厉的批判：

> 性即理也，是语有病……水之性寒，火之性热，镜之性照，刀之性割，狗之性守，鼠之性窃，人之性善，虎之性害，各性其性也。性岂得用理一字作解哉？[⑤]
>
> 不知性之为理，非所以难告子也。虽孟子，亦不之知耳。孟子唯知性之为性而已矣。[⑥]

其中，“是语有病”与“孟子唯知性之为性而已矣”的说法都体现出履轩对“性即理”思想的强烈排斥。特别是在第一段中，履轩提出“性即理”是一种对万物之性不作区分、一概而论的思想，并举水性寒凉、火性燥热等例，说明性不能以“理”之一字作解。

奈地田哲夫曾提出，对于履轩来说，在自然哲学中设置基础的性善（普遍性的善）这个命题，作为对照经书自身得不到任何言语上的证实的命题，而被排除在视野之外。[⑦]“普遍性的善”这一命题实际上指向的正是朱子以“天理”作为根据的性善论。

---

① “怀德，谓存其固有之善。”（宋）朱熹：《四书章句集注》，北京：中华书局，2011 年，第 70 页。

② （宋）朱熹：《四书章句集注》，北京：中华书局，2011 年，第 305 页。

③ ［日］中井履軒：「孟子逢原」，［日］關儀一郎編：『日本名家四書注釋全書』孟子部十，東京：東洋圖書刊行會，1925 年，第 102 頁。

④ ［日］中井履軒：「孟子逢原」，［日］關儀一郎編：『日本名家四書注釋全書』孟子部十，東京：東洋圖書刊行會，1925 年，第 84 頁。

⑤ ［日］中井履軒：「孟子逢原」，［日］關儀一郎編：『日本名家四書注釋全書』孟子部十，東京：東洋圖書刊行會，1925 年，第 139-140 頁。

⑥ ［日］中井履軒：「孟子逢原」，［日］關儀一郎編：『日本名家四書注釋全書』孟子部十，東京：東洋圖書刊行會，1925 年，第 319 頁。

⑦ ［日］奈地田哲夫：『懐徳堂・18 世纪日本德の諸相』，［日］子安宣邦译，東京：岩波書店，1992 年，第 318 頁。

可以说，在履轩的认识中，这种“普遍性的善”是不存在的，为此，履轩对人之性与物之性进行了严格区分，认为孟子所说的“性善”仅仅就人性而言。[①] 朱子在阐述“性即理”思想时，常提的说法是“性者，人物所得以生之理也”[②]，按照朱子的逻辑，“性即理”对于人和物都是适用的。对此，履轩指出，“性即理”是对人性与物性进行混淆作说。履轩说：“性专论人性而已，不当挟物性作说。”[③]“孟子道性善，专论人性，岂并论物性乎哉？凡注，性并举人物者，皆非。”[④]

既然履轩从根本上否认了朱子“性即理”这一性论的思想前提，那么，“固有之善”的来源问题如何解决？值得深味的是，这个可能被儒家学者看作人性论中最为基本的问题，到了履轩这里，却成为一个未受到关注的问题。我们再回到《孟子》“人皆有不忍人之心”一句，来看朱子和履轩的注解：

> 天地以生物为心，而所生之物因各得夫天地生物之心以为心，所以人皆有不忍人之心也。[⑤]（朱子注）
>
> 此就人性，论其固有之善也。非讨固有之出处。注，天地生物之心，不必言。[⑥]（履轩注）

履轩虽未表达对朱子“天地生物之心”这一观点的肯否，但认为其不应当出现在此句的注释中，“固有之出处”的问题在履轩看来是不必讨论的。而在第一节中提到的“夫两君子，岂欺我哉”一句之后，履轩也有类似的说法：“若夫性所以善之理，则至难言，亦不必言。”[⑦]“所以善之理”无疑是难言的，但履轩并非因为“难言”而“不

① 在朱子看来，人与物虽同得天理，但人可以“全其性（理）”，将“性（理）”展开使尽，而物却不能，这也是朱子对于人、物“几希”之差异的认识。然而，这一说法也被履轩否定。履轩提出：“物未尝有仁义之性，何全偏之论？”“人有仁义之性，而物皆无之，是其所以异也。仁义之性，即天地之理矣。物岂能同得焉哉？”履轩认为，仁义之性只有人才具备，而物丝毫未得，换言之，性（理）没有“全”“偏”之分，只存在有、无之分。

② （宋）朱熹：《四书章句集注》，北京：中华书局，2011 年，第 277 页。

③ ［日］中井履軒：「孟子逢原」，［日］關儀一郎編：『日本名家四書注釋全書』孟子部十，東京：東洋圖書刊行會，1925 年，第 252 頁。

④ ［日］中井履軒：「孟子逢原」，［日］關儀一郎編：『日本名家四書注釋全書』孟子部十，東京：東洋圖書刊行會，1925 年，第 255 頁。

⑤ （宋）朱熹：《四书章句集注》，北京：中华书局，2011 年，第 220 页。

⑥ ［日］中井履軒：「孟子逢原」，［日］關儀一郎編：『日本名家四書注釋全書』孟子部十，東京：東洋圖書刊行會，1925 年，第 102 頁。

⑦ ［日］中井履軒：「孟子逢原」，［日］關儀一郎編：『日本名家四書注釋全書』孟子部十，東京：東洋圖書刊行會，1925 年，第 107 頁。

言”，而是因为“不必言”。那么，履轩认为不必讨论“性之所以善”的原因是什么呢？笔者认为，原因在于履轩将“固有之善”视为一个可以自明的概念，这也是履轩所言“固有之善”的第一层意涵。

（一）“固有之善”是一个自明性概念

正如在第一部分所阐述的，中井履轩认为“性善”非孟子一家之说，而是古圣先贤皆认同的观念，在此基础上，履轩又提出：“性善之义，非特圣贤知之，古之人，凡庸皆能知之矣。”[①]“凡庸皆能知之”说明“性善”是可以自明的，是不待讲求的，因此也就没有必要再为其寻找一个存在的根据。另外，在《孟子》“今人乍见孺子将入于井”处，履轩注曰：“此节，孟子提通人初学之耳，使其自认性之善而已矣。”[②]换言之，孟子言说“恻隐之心”只是为了让初学之人明了其性本善。此注表明了“性善”是极容易为人所认识的，也可以说，“固有之善”是一个具有自明性的概念。

“固有之善”为什么被履轩视为一个自明性概念？其实，将这个问题放在怀德堂学派的背景中就可以很好地理解。怀德堂最初的建立是基于一般町人们[③]对于道德教育的需要，因此，如中村春作所指出的那样，怀德堂儒者所面向的对象是“拥有良知的一般大众”，他们常常考虑的是可以实践的道德，而“生有、迁善”也被当作人们无条件具备的特质。[④]履轩作为一名怀德堂儒者，他在思考人性的相关问题时，运用的也是这种思维，正因为如此，“上知”与“下愚”这种极端例外的情况也都被排除在他的视野之外。对于履轩而言，抛开对于一般大众的道德教育，来进行关于“性善”的理论构筑，并不是一件必要的事情，“固有之善”也不需要一个终极的根源和形而上的基础。那么，在搁置了“来源”问题之后，履轩又是怎样论述“固有之善”中“善”的意味的？这就有必要探讨其第二层意涵。

---

① ［日］中井履軒:「孟子逢原」,［日］關儀一郎編:『日本名家四書注釋全書』孟子部十，東京：東洋圖書刊行會，1925 年，第 142 頁。

② ［日］中井履軒:「孟子逢原」,［日］關儀一郎編:『日本名家四書注釋全書』孟子部十，東京：東洋圖書刊行會，1925 年，第 103 頁。

③ “町人”是在日本近世伴随着商业、手工业的发展而出现的新兴阶层。他们在德川幕府的“士农工商”身份制度下虽然是最低的两级，但是部分町人却依靠商业买卖以及独有的工作技能，有着比武士阶层的大名还高的财力。当时的大阪与江户是町人最为密集和活跃的地方。

④ ［日］中村春作:『江戸儒教と近代の「知」』，東京：ぺりかん社，2002 年，第 157-158 頁。

（二）“固有之善”是一种向善的能力、倾向

对于程朱提出的人之本性是“纯善”“至善”的观点，履轩持否定的立场。《孟子集注》中朱子说道：“性者，人所禀于天以生之理也，浑然至善，未尝有恶。”又引程子之言曰：“性即理也。天下之理，原其所自，未有不善。喜、怒、哀、乐未发，何尝不善。发而中节，即无往而不善；发不中节，然后为不善。”[①] 朱子“浑然至善”、程子“未有不善”“无往而不善”的论说表明了他们坚持人之本性是绝对的善（理）这一观点。对此，履轩批判道：“浑然至善，初无少异，语并太深……若果至善矣，亦何须扩充。”[②] 履轩指出，“浑然至善”的说法过深，不应该放在这里讨论，并且，如果确如程朱所言“至善”，那么孟子所说的“扩充”也就失去其必要性了。在不以“天理”作为根据的人性论前提下，履轩所说的善并不具有“完全”“至善”的意味。

去除了“至善”意味的“性善”，应当如何理解？宫川康子曾指出，在履轩的“性”论中，作为自然界中的生生不已之物，人之性虽然是由天赋予的，却是在不断生存下去的基础上，判断、实践“何为善”的能力，换言之，就是不偏离人之道的掌舵的能力。[③] 宫川康子将履轩所说的“善”理解为一种实现善的先天能力，这种能力虽然是先天具备的，但只有在现实的生存境遇中才能发挥作用。这一观点已经指出了，履轩所论之“善”，实际上是一种“向善”的能力。当然，如果结合履轩的文本进行分析，我们可以发现，履轩所说的“善”还是一种向善的自然倾向和趋势。

正如前文所提及的那样，履轩认为“固有之善”是就“不忍人之心”而言的，并且他也曾就孟子“性善”论说道：“人皆有恻隐羞恶之心，因讨其所以然之故，谓性善，是孟子之正论矣。”[④] 也就是说，孟子在回答人们为何自然地拥有“恻隐之心”“羞恶之心”这个问题时，不得不提出“性善”，换言之，“性善”是就“心”来说的。这意味着，履轩所理解的“固有之善”皆是就“恻隐之心”“羞恶之心”而言，“固有之善”虽非“至善”“全备的善”，但是却在“四心”的作用下指引着人们向善、趋善。

---

① （宋）朱熹：《四书章句集注》，北京：中华书局，2011 年，第 234 页。

② ［日］中井履軒：「孟子逢原」，［日］關儀一郎編：『日本名家四書注釋全書』孟子部十，東京：東洋圖書刊行會，1925 年，第 139 頁。

③ ［日］宫川康子：『自由学問都市大阪：懐徳堂と日本的理性の誕生』，東京：講談社，2002 年，第 174 頁。

④ ［日］中井履軒：「孟子逢原」，［日］關儀一郎編：『日本名家四書注釋全書』孟子部十，東京：東洋圖書刊行會，1925 年，第 253 頁。

概言之，履轩在人性观点的表达上虽然使用了“固有之善”一语，却并不重视去寻找这种“善”的来源，因为他认为“人性善”本身就是自明的，“固有之善”也并不是朱子那里的“至善”“完全的善”，而是一种向善的能力和倾向。“习蔽”之所以会对人性产生影响，也是因为它是人们在自然“向善”过程中的破坏性力量，会影响到善性的发挥。因此，履轩在性与习的关系上，虽然不似荻生徂徕论“习与性成”，但是也充分承认后天的习行对于善之可能性的发挥所具有的重要作用。

履轩对于“固有之善”的理解也意味着，“性善”对于一个人成德成圣的道路来说只是作为“基石”而存在，与达到“完全的善”有着云泥之别。那么，“完全的善”又指向了什么概念？在履轩的思想体系，“德”才是“完全的善”。因此，履轩对“性”“德”概念进行了明确的区分，他说，“固有之善，所以论性矣，未可以解德字”。“固有之善”被视为一种自然禀赋，而“德”却与此分离。对于“怀德”一语，履轩也并未如朱子那样将其解释为“存其固有之善”，而是如是说道：“怀德，谓思念常在德行上，如愿无伐善，乐节礼乐之类。若固有之善，于此文为阔。”[①] 在这里，“德”指向的是现实中的“德行”，与“固有之善”这种属于自然禀赋的“性”之间有着明晰的界限。关于为何说履轩将“德”视为“完全的善”，还需要进一步论述。

四、由“性”到“德”的转向

根据上文的阐述，履轩将“固有之善”这一指向“性”的概念与“德”进行了明确的区分，那么，在履轩看来，“性”与“德”之间究竟是什么关系？我们首先来分析履轩曾提出的“性具四德”说。

性具四德，这看似是一种朱子学式的命题，然而履轩的阐述方式却与朱子完全不同。朱子在论“性”与“四德”的关系时提出：“性是太极浑然之体，本不可以名字言，但其中含具万理，而纲领之大者有四，故命之曰仁、义、礼、智。”[②] 朱子认为，“四德”是性所含具的万理之中的“纲领之大者”，也就是说，作为“性”“理”的“四德”，必然是处于“性”中的，所以朱子又说：“仁义礼智，性之四德也。”然而，履轩关于“性具四德”则有如下论述：

---

① ［日］中井履軒：「論語逢原」，［日］關儀一郎编：『日本名家四書注釋全書』論語部四，東京：東洋圖書刊行會，1925 年，第 73 頁。

② （宋）朱熹：《朱子全书》第 23 册，上海：上海古籍出版社，合肥：安徽教育出版社，2010 年，第 2778 页。

性者水源也，四德者江河也。而四端是水源发动之处。苟理导无壅塞，必能成江河也。水源虽微也，江河之理存焉。故或谓性具四德，亦可。乃谓水源即江河矣，不须理导，吾不之知。①

在这里，履轩将“性”比作“水源”，将“四端（四心）”比作“水源发动之处”，将四德比作“江河”。性、四端、四德的关系为：性是德的源头，四端是德的最初动力，德是性的发展趋势；如果这种发展没有受到阻碍，便能达到成德的最终结果。履轩认为，性作为“源头”，包含了发展为德的潜在因素，而四端提供了潜在因素发展以至成德的“动力”。

关于性中如何具有四德，履轩还作了另一生动譬喻。他说：“性者具是德之种子而已。”②“性”作为成长为德的“种子”，意味着其中隐藏着成长为德的可能性。“德之种子”这种说法比较特殊，既表明了性与德的直接关联，又说明了性所具有的不是“德”本身，而是发展为德的可能性。那么，“性具四德”的“四德”，指的也就是发展为“四德”的可能性，当这种可能性充分展开使尽，也就意味着“德之成”。

在“性具四德”说中，履轩往往也兼“心”而论。他说：

仁义礼智，德名也。四德之源，在心性中。而四德自心胸中涌出，故曰根于心也。根与本不同，本在土外，根在土中，取其生气渐次发出为譬也。故唯根为能当也。若本不能当之，不可以本解根。四德之根，在于心中。而英华发出于外者，睟然盎背，是也。则四德正当其树身枝叶耳。③

在这里，履轩提出对朱子以“本”解“根”的反对，他强调“根”的意味在于可以“生发”。也就是说，“四德”之“根”（而非“本”）在于心、性之中，“四德”是切切实实由心、性生发、长养而来的。根据以上分析，我们可以认识到履轩论“性具四德”与朱子论“性之四德”的差异：履轩所说的“性具四德”，并非朱子所认为的四德即性（理），而是指德最初的发端在性之中，就如“种子”的“根”在土中一样。

作为善之“种子”，“性”有着发展成为“德”的自然倾向，但并不意味着“性”就是“德”，也不意味着“性”不会在成德的过程中受到“戕害”而无法继续发展。

① ［日］中井履軒：「孟子逢原」，［日］關儀一郎編：『日本名家四書注釋全書』孟子部十，東京：東洋圖書刊行會，1925年，第106頁。

② 履轩也有“不忍之心，是仁之种子矣”的说法。

③ ［日］中井履軒：「孟子逢原」，［日］關儀一郎編：『日本名家四書注釋全書』孟子部十，東京：東洋圖書刊行會，1925年，第408頁。

履轩说："四端章，四心，举人人所有者，而警醒之，使其知四德之本存于我而已矣，非以四心为大美也。"[①] 这里提到，"四心"是"四德之本"，但并不意味着"大美"，言外之意是，只有"四德"才是"大美"，是一种完全意义上的"善"。从这一句论述中，我们也可以感受到，相较于人人所有之"善性""四心"，履轩更为重视"德"能否实现。因此，在言及心、性时，履轩也不忘强调"德"的重要性，并明确区分"德"与"心""性"。他说："盖心唯宜论性，未可称德。"[②]

那么，"固有之善"、善之"种子"如何发展成为"完全的善"？对此，履轩常提的方法是"扩充""养性"。他在《孟子逢原》之"解题"中指出：

> 凡孟子论性，每揭固有之善，辄继之以养之之方。若曰：人皆可以为尧舜，谓有可为尧舜之种子存焉，非赤子之心全与尧舜之德同也。宋诸贤主张固有之善大过，诸善众德皆归之复初，是故克治之功勤而扩充之旨微矣。虽未倍于大道，而亦与孟子异矣。及其理气之说，与孟子不相符者，皆坐于此。[③]

履轩认为，宋儒在谈及"固有之善"时并提"复初"，因此功夫都用在"克治"上，而孟子在揭示"固有之善"后所论的是"养之之方""扩充之旨"。为此，履轩主张宋儒所说的"固有之善"为"大过"。"扩充"在履轩看来，就是针对"可为尧舜之种子"而"养之长之，以极其大也"[④]，这与宋儒所论之"复初"有着根本上的区别。履轩说："复性之本，殊非孔孟之旨。若孟子，唯有扩充而已矣。扩充者，进往也。复初者，还家也。其道犹阴阳矣。反复初诸说，并不得采入七篇解中。"[⑤] 履轩认为，孟子主张的是"进往"之路径，而宋儒主张的是"还家"之路径，因此，他不提倡以宋儒之说来解孟子之"性善论"。

关于"性"与"扩充""养性"的关系，履轩也曾如是说道：

---

① ［日］中井履軒:「孟子逢原」,［日］關儀一郎編:『日本名家四書注釋全書』孟子部十，東京：東洋圖書刊行會，1925 年，第 125 頁。

② ［日］中井履軒:「論語逢原」,［日］關儀一郎編:『日本名家四書注釋全書』論語部四，東京：東洋圖書刊行會，1925 年，第 13-14 頁。

③ ［日］中井履軒:「孟子逢原」,［日］關儀一郎編:『日本名家四書注釋全書』孟子部十，東京：東洋圖書刊行會，1925 年，第 2 頁。

④ ［日］中井履軒:「孟子逢原」,［日］關儀一郎編:『日本名家四書注釋全書』孟子部十，東京：東洋圖書刊行會，1925 年，第 106 頁。

⑤ ［日］中井履軒:「孟子逢原」,［日］關儀一郎編:『日本名家四書注釋全書』孟子部十，東京：東洋圖書刊行會，1925 年，第 327 頁。

人之于性，犹铁之于利也。用铁为刀，利自存焉。人生而呱呱，性自存焉。然锻炼之功，正在于铁离山之后，扩充养性之功，亦在于人生呱呱之后。后儒主张性太过，譬如视锻成之刀，所以唯有磨砺之工夫，而无锻炼之术。其与孟子不吻合者，皆坐于此。①

履轩认为，“主张性太过”是宋儒所存在的问题，这会导致人们对于后天的“锻炼之功”的忽视。就如“铁”本身有着成为刀的锋利特质一样，人性也本就有着向善的可能与倾向，但是，唯有通过后天的锻炼之功，才能真正成德成善。

根据以上分析，履轩人性论所关注的重点并不在于“性”本身，他甚至以孔子“罕言性”而称：“盖以不识性，亦无大害故也。”② 并且，履轩虽然承认人性为善，但他的性善论却指向了作为“完全的善”的“德”，强调通过“扩充”“养性”将善的可能性完全展开，实现“德之成”。在履轩看来，“德只在人行上”，“盖行而合乎则，乃称为德已”③，他从“德行”这一道德实践的范畴来理解“德”，将“完全的善”视为“能在现实生活中自觉地完成道德践履”。宇野田尚哉指出，中井履轩专从“行”上来把握“仁”“德”等概念，“一方面，只是从孝弟、忠恕、恭敬忠这些简明浅显的人伦的德行的实现上来论仁，一方面，又把这些简明浅显的人伦的德行作为立身之根本”④。履轩所言的“德”的概念正如宇野田尚哉所言，指向的是“孝弟”“忠恕”“恭敬忠”等“简明浅显的人伦的德行”，而孔子在论这些德目时也皆是就“行”上论，从这一意义上说，履轩不甚关注“性与天道”的问题，而专注于从“行”上论“德”，体现出了一种排斥朱子而向孔子回溯的倾向。

五、结　　语

中井履轩在对人性论问题进行追本溯源的过程中，确立了性是“天命之性”以及“性善”的人性论立场，也通过将“性”与“气质”断联的方式来解构宋儒所建

① ［日］中井履軒:「孟子逢原」,［日］關儀一郎編:『日本名家四書注釋全書』孟子部十，東京：東洋圖書刊行會，1925 年，第 387 頁。

② ［日］中井履軒:「孟子逢原」,［日］關儀一郎編:『日本名家四書注釋全書』孟子部十，東京：東洋圖書刊行會，1925 年，第 4 頁。

③ ［日］中井履軒:「孟子逢原」,［日］關儀一郎編:『日本名家四書注釋全書』孟子部十，東京：東洋圖書刊行會，1925 年，第 326 頁。

④ ［日］宇野田尚哉:「中井履軒『論語逢原』の位置」,『懐徳』第 62 号，1994 年。

立起的“二元人性论”。“气质”既然与善恶无关，履轩在“恶”的由来问题上也就指向了后天之“习蔽”，客观上消解了朱子那里“禀气成恶”与“变换气质”之间的矛盾，也突出了后天之“习”对于人性所起的重要作用。就本性而言，履轩虽然也使用了朱子的“固有之善”一语，但是在拒斥宋儒“性即理”的前提下，他并不关注善的来源，而将性善本身看成是可以自明的，并且，他认为“固有之善”是人自然所具有的“向善”的能力与倾向，而非“完全的善”。“完全的善”对应的是履轩思想体系中的“德”，履轩对“性”“德”之分殊与关联的阐述表明，他的人性论所关注的重点并不在于对“性”如何为“善”这一基础性问题的探讨，而在于能否通过“扩充”“养性”将“固有之善”所体现的尚不全备的善之“种子”发展成为作为“完全的善”的“德（行）”，在生活的实践中自觉进行道德践履。

正如中村春作所说，“在脱离了围绕‘性’讨论本身的地方，他（履轩）的人性论已经非常明晰了”[①]。履轩并未对“性”概念本身进行理论上的建构，但是却以一种平易、浅近且明晰的方式表明了自己对于人性的理解，并且，这一做法本身就是对他所认为的宋儒“主张性太过”之弊病的痛斥。履轩的人性论也反映出，他虽然有着朱子学者这一身份，却常常偏离朱子的思想理路，而与德川日本古学派的伊藤仁斋、荻生徂徕保持着思想上的紧密联系。伊藤仁斋以“趋于善”解“性善”，力排朱子的“复初”说，提倡“扩充”四心以成“仁义礼智之德”，可能就是履轩“性”“德”关系论的理论原型[②]；徂徕认为“孔子之意，不在性而在习”，强调“习与性成”，这与履轩言“习蔽”“习则駸駸入乎行”，强调人应在“习行”中养善成德的观点有相类似之处。履轩虽然以朱子学作为自己的主要理论阵地，却也在吸收其他学派思想养分的基础上来批判朱子学。可以说，怀德堂建立之初的“折中”学风被履轩所继承，而履轩本人也在“不立门户”的前提下专心著书，将怀德堂的经学研究推向了全盛期，以至于内藤湖南给予了履轩以极高的评价，他说：“在日本人中，只要对中国经学的研究香火不断，履轩先生学问的影响就必定绵延不绝，传至后世。”[③]

---

① ［日］中村春作：『江戸儒教と近代の「知」』，東京：ぺりかん社，2002 年，第 156 頁。

② 关于伊藤仁斋与中井履轩性论之间的关联，可以参考藤居岳人的相关论文。［日］藤居岳人：「中井履軒の性論における仁斎学の影響：『拡充』の語をめぐって」，『中国研究集刊 44』，2007 年。

③ ［日］内藤湖南：《日本历史与日本文化》，刘克申译，北京：商务印书馆，2012 年，第 391 页。

中井履轩的《论语逢原》与“仁”的思想

○ 刘晓婷　北京第二外国语学院

[**摘要**] 中井履轩是怀德堂经学的集大成者，其经学著作《四书逢原》代表了怀德堂经学的最高水平，是中井履轩解释、评价朱熹《四书章句集注》的著作。本文以其中《论语逢原》为中心，从“仁”的内涵出发，在“偏言”与“专言”、“仁”与“知”的关系等方面考察了中井履轩与朱熹于“仁”的思想上的对立。整体而言，中井履轩对朱熹“仁”的思想持批判态度，但是其思想并没有脱离朱子学的框架，他对“仁”的阐发在一定程度上反映了其江户时代町人阶层的立场。

[**关键词**] 中井履轩；朱熹；仁；《论语逢原》；对立

中井履轩（1732—1816）是江户时代中后期的儒学者，怀德堂第五代学主，名积德，号履轩；其父中井甃庵为怀德堂第二代学主，其兄中井竹山为怀德堂的第四代学主，其兄任学主时，怀德堂迎来了全盛期。关于中井竹山和中井履轩，西村天囚认为竹山长于文章，而履轩长于经学。[①] 中井履轩一生研究经学，曾创设“水哉馆”讲经学，可以说中井履轩代表了怀德堂经学的顶峰。在经学上，履轩著有《七经雕题》《七经雕题略》，又作《七经逢原》。《七经逢原》是履轩经学的集大成之作。在天文学方面，履轩有著作《天教或问雕题》，在天文学以外的自然科学方面还留下了《左九罗帖》《越俎弄笔》《显微镜记》等著作。正是这些著作确立了怀德堂的近代合理主义学风。朱谦之将中井履轩的思想概括为人本主义、实用主义、合理主义、尊王

① [日] 西村天囚:『懐徳堂考』，大阪：懐徳堂記念会，1925 年，第 56 頁。

贱霸[①]；刘金才在探讨町人伦理思想与日本近代化动因新论时，分析了中井履轩的义利观；但鲜有研究论及中井履轩“仁”的思想。因此，本文通过分别梳理朱熹与中井履轩所阐发的“仁”的思想，进而分析二者于“仁”的思想上的对立。怀德堂门人在当时町人伦理的建立以及商业理念的确立中起到了极其重要的作用。

一、朱熹与“仁”的思想

“仁”是儒学的核心思想。在不同的时代，“仁”的概念也并不相同。孔孟之后，朱熹将儒学思想推向了又一个高峰，成为宋代儒学的集大成者，朱熹的“仁”的思想的重要性不言自明。

在《论语》中，孔子多次就“仁”进行讨论，但并没有准确地为其下定义，而是根据具体的情况对“仁”作出界定。《颜渊》篇“司马牛问仁”章中，子曰“仁者其言也讱也”。这是孔子因司马牛“多言而躁”[②]，故以此告之，使司马牛谨于言。在《雍也》篇“樊迟问知”章中，子曰：“仁者先难而后获，可谓仁矣。”朱熹对此句的诠释为：“先其事之所难，而后其效之所得，仁者之心也。此必因樊迟之失而告之。”[③]同样，这一章中孔子对于“仁”的界定也是根据实际情况而作出的。在《卫灵公》篇中，“子贡问为仁。子曰：‘工欲善其事，必先利其器。居是邦也，事其大夫之贤者，友其士之仁者。’”，子贡“悦不若己者”[④]，所以孔子以此告之。在《论语》中，孔子对于“仁”的诠释因不同的人、不同的情况而定，没有一个明确的定义。而在《论语集注》中，朱熹则对“仁”作出了“仁者，爱之理，心之德”[⑤]的明确诠释。

早期儒家的“仁”以“爱”为主要内涵。他们将“仁”与“爱”联系起来，但并没有很好地明确两者之间的关系。而朱熹则将“仁”明确为“爱之理”。朱熹在《论语或问》“学而时习之”章对“仁”进行了如下阐释：

> 仁何以为爱之理也？曰人秉五行之秀以生，故其为心也，未发则具仁义礼智信之性，以为之体，已发则有恻隐羞恶恭敬是非诚实之情，以为之

① 朱谦之：《日本的朱子学》，北京：人民出版社，2000年，第348页。
② （宋）朱熹：《四书章句集注》，北京：中华书局，2012年，第126页。
③ （宋）朱熹：《四书章句集注》，北京：中华书局，2012年，第87页。
④ （宋）朱熹：《四书章句集注》，北京：中华书局，2012年，第153页。
⑤ （宋）朱熹：《四书章句集注》，北京：中华书局，2012年，第50页。

用。盖木神曰仁，则爱之理也，而其发为恻隐。火神曰礼，则敬之理也，而其发为恭敬。金神曰义，则宜之理也，而发为羞恶。水神曰智，则别之理也，而其发为是非。土神曰信，则实之理也，而其发为忠信。是皆天理之固然，人心之所以为妙也，人之所以为爱之理，于此其可推矣。[①]

朱熹用体用、性情、已发未发来论述“仁”与“爱”的关系。他利用“心”将两者联系起来。心统体用、性情、已发未发。仁、义、礼、智、信为体，为性，为未发。恻隐、羞恶、恭敬、是非、诚实为用，为情，为已发。朱熹在《论语集注》中提到“仁者，天下之正理”[②]，他将“仁”上升到天理的高度。“爱”属于“恻隐”，即“爱”是“仁之用”，“仁”为“爱之理”。朱熹认为仁、义、礼、智、信都是天理的自然流露，因而仁是爱之理，义是宜之理，礼是敬之理，智是别之理，信是实之理。

朱熹通过提出“仁”为“爱之理”，既区分开“仁”与“爱”，也肯定了“爱”对于为“仁”的重要性。

而“爱”是有顺序的。朱熹在《论语集注》中说：“然仁主于爱，爱莫大于爱亲，故曰孝弟也者，其为仁之本与！”[③]“孝第行于家，而后仁爱及于物，所谓亲亲而仁民也。”[④]朱熹认为“爱”首先应该爱亲，爱自己的父母和兄长，然后将自己的爱及于物。

同时，朱熹认为“仁”为“心之德”。朱熹所说的“心之德”是包括仁、义、礼、智这四德的。在《论语集注》中，朱熹注曰：“仁者，心之德。心不违仁者，无私欲而有其德也。”[⑤]“仁，则私欲尽去而心德之全也。”[⑥]“仁者，心之德，非在外也。”[⑦]“仁，则心德之全而人道之备也。”[⑧]“仁，人心之全德，而必欲以身体而力行之，可谓重矣。”[⑨]“仁者，心无私累，见义必为。”[⑩]“心之德”强调只有具备全德的人才能称作“仁”。

而为了达到“仁”的境界，就需要“克己”，朱熹在《颜渊》篇“颜渊问仁”章下，

---

① （宋）朱熹：《四书或问》，上海：上海古籍出版社，合肥：安徽教育出版社，2001年，第612页。
② （宋）朱熹：《四书章句集注》，北京：中华书局，2012年，第62页。
③ （宋）朱熹：《四书章句集注》，北京：中华书局，2012年，第50页。
④ （宋）朱熹：《四书章句集注》，北京：中华书局，2012年，第50页。
⑤ （宋）朱熹：《四书章句集注》，北京：中华书局，2012年，第84页。
⑥ （宋）朱熹：《四书章句集注》，北京：中华书局，2012年，第91页。
⑦ （宋）朱熹：《四书章句集注》，北京：中华书局，2012年，第96页。
⑧ （宋）朱熹：《四书章句集注》，北京：中华书局，2012年，第97页。
⑨ （宋）朱熹：《四书章句集注》，北京：中华书局，2012年，第100页。
⑩ （宋）朱熹：《四书章句集注》，北京：中华书局，2012年，第141页。

注：“盖心之全德，莫非天理，而亦不能不坏于人欲。故为仁者必有以胜私欲而复于礼，则事皆天理，而本心之德复全于我矣。”[①] 要实现“仁”，就需要克服自己的私欲，只有做到私意全无，遵循“礼”，才能使得“心之德”全面体现，才能到达“仁”的境界。

朱熹在总结吸收前人思想的基础上，将“仁”融入理学体系，并将其定义为“爱之理，心之德”；丰富了“仁”的内涵，并将其推到了全新的高度。

朱熹“仁”的思想还继承了程颐所说的“四德之元，犹五常之仁，偏言则一事，专言则包四者”中所涉及的“仁”的“偏言”与“专言”的话题。他在《朱子语类》中提到：

> 又曰：“天之生物，便有春夏秋冬，阴阳刚柔，元亨利贞。以气言，则春夏秋冬；以德言，则元亨利贞。在人则为仁义礼智，是个坯朴里便有这底。天下未尝有性外之物。仁则为慈爱之类；义则为刚断之类；礼则为谦逊；智则为明辨；信便是真个有仁义礼智，不是假，谓之信。”问：“如何不道‘鲜矣义礼智’，只道‘鲜矣仁’？”曰：“程先生《易传》说：‘四德之元，犹五常之仁，专言则包四者，偏言之则主一事。’如‘仁者必有勇’，便义也在里面；‘知觉谓之仁’，便智也在里面。如‘孝弟为仁之本’，便只是主一事，主爱而言。如‘巧言令色，鲜矣仁’，‘泛爱众，而亲仁’，皆偏言也。如‘克己复礼为仁’，却是专言。才有私欲，则义礼智都是私，爱也是私爱。”[②]

春夏秋冬、元亨利贞、仁义礼智都是天之生物。人皆有性，随着生发，自然具备慈爱、刚断、谦逊、明辨等品行。而四德之元、五常之仁皆有“专言”“偏言”之说，“专言”包含四者，而“偏言”则专说“元”或“仁”。如“孝弟为仁之本”“巧言令色，鲜矣仁”总体上讨论“爱人”，所以朱熹将其归为“偏言”。“克己复礼为仁”要求人摒弃私欲，这就需要“仁”以外的义、礼、智，只有这四者综合作用，才能克服私欲，因而朱熹将其归为“专言”。

朱熹在讨论“仁”的“专言”“偏言”之时常常将两者与“爱之理”“心之德”联系起来讨论。又曰：“此言‘心之德’，如程先生‘专言则包四者’是也；‘爱之理’，

---

① （宋）朱熹：《四书章句集注》，北京：中华书局，2012 年，第 125 页。

② （宋）黎靖德编：《朱子语类》卷二十，武汉：崇文书局，2018 年，第 476 页。

如所谓‘偏言则一事’者也。”[①]朱熹认为“心之德”是“专言”，“爱之理”是“偏言”。

在朱熹这里，“专言”和“偏言”并不是割裂开来的，而是可以过渡的。向世陵在《仁的“偏言”与“专言”——程朱仁说的专门话题》中举到孝悌一例。孝悌的践行需要内在的仁性，而外在表现为对父母兄弟的亲爱之情。在践行的过程中，义、礼、智也有相应的外在表现。在这一层次上的仁、义、礼、智都可归于“偏言”。但是四德被统一于践行孝悌的过程中，再由孝悌，即“亲亲”，推广到“及物”，最后实现“仁”。

朱熹的仁学体系里“仁”只有一个，“专言”“偏言”只不过是一个问题的两个方面而已，两者是相互包容的。“说着偏言底，专言底便在里面；说专言底，则偏言底便在里面。”[②]

除了对于“仁”的诠释外，朱熹还在《论语集注》中就“仁”与“知”的关系进行了讨论。《论语》中有很多关于“仁”“知”的讨论，如“仁者安仁，知者利仁”（《里仁》），“知者不惑，仁者不忧，勇者不惧”（《子罕》）。《论语》中大都是将两者类比而谈的。朱熹则认为“仁”与“知”可以是并列关系，同时也可以是先后关系。为并列关系时两者有优劣之分，为先后关系时，“知”先“仁”后，“知”为到达“仁”的一个途径或者条件。

二、中井履轩与“仁”的思想

如前文所述，《四书逢原》是中井履轩解释、评价朱熹《四书章句集注》的著作。那么在《四书逢原》的《论语逢原》中，中井履轩的“仁”的思想究竟是怎样表现的？本部分将梳理中井履轩在《论语逢原》中所阐发的“仁”的思想。

儒家虽然以“仁”为其核心思想，但“孝”被推崇到了很高的地位。中井履轩认为孝悌是仁之本。在《学而》篇“孝弟也者其为仁之本与”章下，中井履轩注曰：“惟孝友于兄弟，施于有政，是孝弟本。而施政之仁为末也。家齐而国治，亦然，或亦无不可。但读法宜从程子耳。若或说，元宜不用为字。此句，试削一为字。惟言

① （宋）黎靖德编：《朱子语类》卷二十，武汉：崇文书局，2018年，第466页。

② （宋）黎靖德编：《朱子语类》卷二十，武汉：崇文书局，2018年，第463页。

其仁之本与，而义同也，不必生葛藤，可也。”[①] 他认为“为字元非必不可少”[②]，即“孝弟也者其仁之本与”。中井履轩认为孝悌是仁之本，这与朱熹孝悌是为仁之本的观点相对立。

中井履轩也继承了朱熹关于“偏言”与“专言”的话题，中井履轩在《论语逢原》中提到：“仁偏以行而言，是偏言之仁。宽厚爱利之类，是也。存心于爱物，亦类也。”[③] 如上文所述，中井履轩认为此处的“仁”偏于“行”，而这样的“行”是“宽厚爱利”之类，是“存心于爱物”之类，是简单的“行”，这样的“行”就是“偏言之仁”。

而中井履轩对于“专言之仁”的界定是“合于道理而德全。无复遗憾者”。中井履轩所言的“偏言之仁”与“专言之仁”都为“行”，“偏言之仁”只是强调单纯的行动，而“专言之仁”则是强调这一“行”符合道理，具备德行，是理想之“行”。由此可见，中井履轩所言的“专言之仁”与“偏言之仁”是本与末的关系，“偏言之仁”是本，“专言之仁”为末，是理想目标。

在“仁”与“知”的关系方面，在《论语逢原》中，中井履轩将两者放在了并列的位置上。在《里仁》篇“不仁者不可以久处约”章下，中井履轩注：“凡仁者知者并举者，大抵以人品风概而言，不当大重泥说。”[④] 中井履轩认为仁者、知者在“人品风概”[⑤] 上不同，“仁者之志，不必在仁之功效”[⑥]，而“知者见仁之有益于己而期其功效”[⑦]。仁者、知者在品行上有优劣之分，但是中井履轩反对大肆对“仁”与“知”加以讨论，更否定两者有先后关系这一说。

中井履轩还肯定私欲存在的合理性。在《论语集注》中，朱熹曰：“仁者，心之德。心不违仁者，无私欲而有其德也。”[⑧] 朱熹认为实现“仁”需要克服私欲，有丝毫私欲便不能称“仁”。诚然，《论语》中有“克己复礼为仁”之说，但是克己到何种程度，书中并未提及。而从朱熹“存天理，灭人欲”的主张中，也可以知道他所谓的“克己”等同于“灭人欲”。但中井履轩与朱熹不同，他肯定私欲存在的合理性。这与其代表町人阶层的立场不无关系。

---

① ［日］關儀一郎編：『日本名家四書注釋全書・論語逢原』，東京：東洋圖書刊行會，1990 年，第 11 頁。
② ［日］關儀一郎編：『日本名家四書注釋全書・論語逢原』，東京：東洋圖書刊行會，1990 年，第 12 頁。
③ ［日］關儀一郎編：『日本名家四書注釋全書・論語逢原』，東京：東洋圖書刊行會，1990 年，第 128 頁。
④ ［日］關儀一郎編：『日本名家四書注釋全書・論語逢原』，東京：東洋圖書刊行會，1990 年，第 67 頁。
⑤ ［日］關儀一郎編：『日本名家四書注釋全書・論語逢原』，東京：東洋圖書刊行會，1990 年，第 68 頁。
⑥ ［日］關儀一郎編：『日本名家四書注釋全書・論語逢原』，東京：東洋圖書刊行會，1990 年，第 68 頁。
⑦ ［日］關儀一郎編：『日本名家四書注釋全書・論語逢原』，東京：東洋圖書刊行會，1990 年，第 68 頁。
⑧ （宋）朱熹：《四书章句集注》，北京：中华书局，2012 年，第 84 页。

三、中井履轩与朱熹思想中“仁”内涵的对立

如前文所述，中井履轩没有脱离朱子学的范畴谈“仁”，但是他与朱熹的“仁”的思想是对立的。

朱熹与中井履轩都在“仁”的“偏言”和“专言”方面作出了阐释，朱熹认为“心之德”是“专言”，它包含仁、义、礼、智四德，而“爱之理”是“偏言”，专说“仁”。中井履轩虽然继承了朱熹的这一话题，但其内涵完全不同。

在《微子》篇“微子去之”章下，朱熹注曰：“三人之行不同，而同出于至诚恻怛之意，故不咈乎爱之理，而有以其心之德也。”① 故朱熹认为此三人的“仁”归“偏言”。而中井履轩则注曰：“此专言之仁矣。谓其所为。合于道理而德全，无复遗憾者。是通同仁义为言者，与偏言之仁不同。注乃以偏言之仁做解，至诚恻怛。心之德，爱之理，非偏言而何？”② 在这里，中井履轩将“心之德”“爱之理”都归于“偏言”；这与朱熹将“爱之理”归于“偏言”、“心之德”归于“专言”的解释不同。

在《述而》篇“志于道”章下，朱熹注“依者，不违之谓。仁，则私欲尽去而心德之全”③。朱熹将这里的“仁”归于“专言”。而中井履轩则注曰：“仁偏以行而言，是偏言之仁。宽厚爱利之类，是也。存心于爱物，亦类也。”④ 中井履轩认为此处的“仁”偏于“行”，而这样的“行”是“宽厚爱利”之类，是“存心于爱物”之类，是简单的“行”，这样的“行”就是“偏言之仁”。

与先前中井履轩对于“专言之仁”的界定“合于道理而德全。无復遗憾者”对照，则可以知晓中井履轩判断“偏言之仁”与“专言之仁”的标准。佐藤秀俊在其论文(『中井履軒「論語逢原」における「専言之仁」「偏言之仁」』)中提到“偏言之仁”与“专言之仁”都为“行”，“偏言之仁”只是强调单纯的行动，而“专言之仁”则是强调这一“行”符合道理，具备德行，是理想之“行”。所以中井履轩的“专言之仁”“偏言之仁”与朱熹的“仁”的“专言”“偏言”不同。首先，中井履轩所讲的“仁”强调行动，并不是朱熹所言的“性”。两者之间的关系并不是“小小底仁”与“大大底仁”这样广义与狭义的关系。中井履轩所言的“专言之仁”与“偏言之仁”强调本末，“偏

---

①（宋）朱熹:《四书章句集注》，北京：中华书局，2012 年，第 170 页。

②［日］關儀一郎編:『日本名家四書注釋全書・論語逢原』，東京：東洋圖書刊行會，1990 年，第 364 頁。

③（宋）朱熹:《四书章句集注》，北京：中华书局，2012 年，第 91 页。

④［日］關儀一郎編:『日本名家四書注釋全書・論語逢原』，東京：東洋圖書刊行會，1990 年，第 128 頁。

言之仁”是本，“专言之仁”为末，是“偏言之仁”的理想和目标。

其次，在“仁”是否毫无私欲方面，朱熹与履轩观点相左。朱熹在《颜渊》篇“颜渊问仁”章下注：“盖心之全德，莫非天理，而亦不能不坏于人欲。故为仁者必有以胜私欲而复于礼，则事皆天理，而本心之德复全于我矣。”[①] 朱熹认为仁者应该是毫无私欲的，“少有私欲，便为不仁”。但中井履轩却肯定了私欲的合理性。

在《雍也》篇“回也其心三月不违仁”章下，朱熹注曰：“不违仁，只是无纤毫私欲。少有私欲，便是不仁。”[②] 中井履轩在《论语逢原》中注：“少有私欲，便是不仁。大迫失理。凡事，有不足以为仁。亦非不仁者，亦多亦。冉闵诸子，除日月至之外，岂皆不仁可恶之行也哉？”[③] 中井履轩在“仁”的问题上，并没有非黑即白，即并不认为无私欲为“仁”，有私欲为“不仁”。他看到“仁”与“不仁”之间是有中间地带的，且认识到能达到“仁”的要求的人或事物是极其稀少的，所以在这里他间接地肯定了私欲存在的合理性。

在《子罕》篇“知者不惑”章下，朱熹注曰：“明足以烛理，故不惑；理足以胜私，故不忧；气足以配道义，故不惧。此学之序也。”[④] 而中井履轩却说：“若理胜私，有不足言者。且理胜私，是程子以后之言矣。孔子之时，未有是说也。不当据解孔子之书。”[⑤] 朱熹认为，对于仁者来说天理足以战胜私欲，所以“仁者不忧”。而中井履轩则反对朱熹的这一说法，且认为这是程子以后的说法，将其用于解孔子之时的言论未免有穿凿附会之嫌。从履轩的这一注解可以看出中井履轩肯定私欲的存在。

在《颜渊》篇“司马牛问仁”章下，朱熹注曰：“仁者心存而不放，故其言若有所忍而不易发，盖其德之一端也。”[⑥] 中井履轩则注曰：“若其不然者，不必奉此教，可也。苟尊奉圣言，而无自择焉。素谨默者，或卒至于不言，其将何益？恐更生病而。”[⑦] 朱熹认为谨默是仁者的德之一，但中井履轩则认为不必强求，可以“自择”。在履轩看来，人有表达的欲望，如果将其打压，会“卒至于不言”“生病而”，并没有益处。

朱熹在定义“仁”时，强调的是“天理”的正当性、“仁”的绝对性，而忽视

① （宋）朱熹：《四书章句集注》，北京：中华书局，2012 年，第 125 页。
② （宋）朱熹：《四书章句集注》，北京：中华书局，2012 年，第 84 页。
③ ［日］關儀一郎編：『日本名家四書注釋全書・論語逢原』，東京：東洋圖書刊行會，1990 年，第 105 頁。
④ （宋）朱熹：《四书章句集注》，北京：中华书局，2012 年，第 110 页。
⑤ ［日］關儀一郎編：『日本名家四書注釋全書・論語逢原』，東京：東洋圖書刊行會，1990 年，第 179 頁。
⑥ （宋）朱熹：《四书章句集注》，北京：中华书局，2012 年，第 126 页。
⑦ ［日］關儀一郎編：『日本名家四書注釋全書・論語逢原』，東京：東洋圖書刊行會，1990 年，第 233 頁。

人的诉求，因此在朱熹这里人的欲望是被压抑的。与此相反，履轩则更加注重实际，注重人的诉求。

再次，在“仁”与“知”的关系方面，两人对二者是否存在先后关系见解不一。朱熹认为二者有两种关系，有时为并列关系，有时则是先后关系。朱熹在《里仁》篇“不仁者不可以久处约”章下注：“惟仁者则安其仁而无适不然，知者则利于仁而不易所守，盖虽深浅之不同，然皆非外物所能夺矣。”① 又注：“谢氏曰：‘仁者心无内外远近精粗之间，非有所存而不自亡，非有所理而自不乱，如目视而耳听，手持而足行也。知者谓之有所见则可，谓之有所得则未可。有所存斯不亡，有所理斯不乱，未能无意也。安仁则一，利仁则二。’”② 这里“仁”与“知”是处在并列的位置上的，没有谁先谁后之分。朱熹认为，“仁者”与“知者”都可为仁，但“知者”为仁是为了求所得，所以不易守于“仁”，故二者有优劣之分。

除并列关系以外，朱熹认为“知”是到达“仁”的一个途径或者条件，即“知”与“仁”是先后关系。朱熹在《颜渊》篇“樊迟问仁”章下注：“曾氏曰：‘迟之意，盖以爱欲其周，而知有所择，故疑二者之相悖尔。’”③ 又曰：“举直错枉者，知也。使枉者直，则仁矣。如此，则二者不惟不相悖而反相为用矣。”④ 朱熹认为“仁”和“知”并不相悖，反而能够相互促进，“知”对“仁”的形成有所帮助。在《子罕》篇“知者不惑”章下，朱熹注曰：“明足以烛理，故不惑；理足以胜私，故不忧；气足以配道义，故不惧。此学之序也。”⑤ 朱熹认为“知”“仁”“勇”为“学之序”，要到达“仁”，必先经“知”，所以二者是有先后关系的，“知”先“仁”后，到达“仁”必先经“知”。

中井履轩在《论语逢原》中并没有提及二者有先后关系，只是将二者放在了并列关系中，在《子罕》篇“知者不惑”章中，中井履轩注曰：“是章，三与三平。是现成人物，指定三人而评之也。不当作全德之一人。”⑥ 朱熹认为这三者是“学之序”，即在一人身上有先后，而履轩认为这章是“指定三人而评”。本章中履轩将“仁”与“知”类比来讲，而不分先后。

在《颜渊》篇“樊迟问仁”章下，朱熹认为“仁”与“知”不仅不相悖，反相为用，

---

① （宋）朱熹：《四书章句集注》，北京：中华书局，2012年，第68页。
② （宋）朱熹：《四书章句集注》，北京：中华书局，2012年，第68页。
③ （宋）朱熹：《四书章句集注》，北京：中华书局，2012年，第131页。
④ （宋）朱熹：《四书章句集注》，北京：中华书局，2012年，第132页。
⑤ （宋）朱熹：《四书章句集注》，北京：中华书局，2012年，第110页。
⑥ ［日］關儀一郎編：『日本名家四書注釋全書・論語逢原』，東京：東洋圖書刊行會，1990年，第179頁。

即“知”对“仁”的形成有一定作用。中井履轩在此章注曰:“能使枉者直,是智之功效。亦非兼仁智而言。”① 在履轩看来,此处的“使枉者直”是“知”的功效,并不是“仁”,更无“两者不相悖相为用”之说。

由此可知,中井履轩并不赞同朱熹将“仁”与“知”归为先后关系。

最后,在“孝弟”是“仁”之本还是为“仁”之本方面,朱熹认为孝悌是为仁之本,而中井履轩则认为孝悌是仁之本。

中井履轩认为《学而》篇中的“孝弟也者其为仁之本与”句中的“为”字“元非必不可少”。② 他认为句中的“为”字应从程子,宜删去,即“孝弟也者其仁之本与”。

在《集注》中,朱熹就此句进行了细致地解释,朱熹说:“谓行仁自孝弟始,孝弟是行仁之一事。谓之行仁之本则可,谓是仁之本则不可。盖仁是性也,孝弟是用也,性中只有个仁、义、礼、智四者而已,曷尝有孝弟来。”③ 朱熹在此处大费周章解释“仁之本”与“为仁之本”的区别,就是为了说明仁、义、礼、智为性,孝悌为用。孝悌由性生发,所以论性,以仁为孝悌本,而在实践中则需要“亲亲而仁民”,故孝悌乃为仁之本。

中井履轩否认了朱熹的“仁为性,孝悌为用”的观点。他认为:“性者善矣。仁是德之名,而其道则善中之大纲,孝弟亦善中之一事。论性而举仁,则孝弟囿乎仁中,不别出头也。仁既存乎性中,孝弟岂得独逃出哉?”④ 中井履轩利用“善”将仁和孝悌都归于性。但在此处他认为孝悌和仁都是“行”。他提到“行有远近,固有本末之说”⑤,而在讨论“性”时,则认为孝悌与仁只有纲目之差而已,没有本末之说。

另外,他说:“又曰,论性,则以仁为孝弟之本。夫有子未尝论性,此何劳扰?无他,元来玩味之卮言,而无不可者。援入于注解,便见其病。”⑥ 中井履轩认为孔子在《论语》中未曾论“性”,将“性”注于《论语》中,未免有牵强附会之嫌。

可以看出,中井履轩对朱熹的仁学体系是持批判态度的,朱熹将仁学纳入理学系统中,将“仁”归于天理,归为“性”,归为“体”,将“孝弟”归为用,认为二者有不同的性质。而中井履轩在根本上反对朱熹将“性”的概念引入《论语》中,

---

① [日]關儀一郎編:『日本名家四書注釋全書·論語逢原』,東京:東洋圖書刊行會,1990年,第247頁。
② [日]關儀一郎編:『日本名家四書注釋全書·論語逢原』,東京:東洋圖書刊行會,1990年,第12頁。
③ (宋)朱熹:《四书章句集注》,北京:中华书局,2012年,第50页。
④ [日]關儀一郎編:『日本名家四書注釋全書·論語逢原』,東京:東洋圖書刊行會,1990年,第12頁。
⑤ [日]關儀一郎編:『日本名家四書注釋全書·論語逢原』,東京:東洋圖書刊行會,1990年,第12頁。
⑥ [日]關儀一郎編:『日本名家四書注釋全書·論語逢原』,東京:東洋圖書刊行會,1990年,第12頁。

首先，履轩认为“性”与《论语》是没有关系的，故与“仁”也是没有关系的；其次，他认为“仁”与“孝弟”是同类，没有体用之分，都为“性”，或者都为“行”。都为“性”时，两者为纲目之差；都为“行”时，有本末之分。由此可见，中井履轩是完全反对朱熹“体用论”的。履轩认为应该简单直接地去解《论语》，而朱熹的理气心性之说多为后世荒谬之说，《论语》中本没有提到。履轩对于“仁”的理解是偏于实践的，这反映了他实用主义的倾向。

四、结　语

本文以《论语逢原》为中心，运用文本分析的方法，从“仁”的“偏言”与“专言”、“仁”是否毫无私欲、“仁”与“知”的关系等方面分析了中井履轩与朱熹于“仁”的思想上的对立。中井履轩总体上对朱熹持批判的态度。这是由于中井履轩主张简单直接地对《论语》原文进行考察，反对后人烦琐地解释《论语》。但同时也可以看到，中井履轩的思想没有脱离朱子学的范畴，在一定程度上，他也吸收了朱熹的思想。这体现了大阪怀德堂学派折中主义的学风，与完全站在宋学对立面的荻生徂徕形成了对比。

中井履轩关于“仁”的思想也反映了他的思想倾向，例如认同私欲的正当性反映了他人本主义的倾向，将“仁”解释为“行”反映了他实用主义的倾向。这在一定程度上可以反映出履轩所处的町人阶级的立场。

本文谈论了朱熹与中井履轩的“仁”的思想，以及他们在思想上的对立。事实上，还可以在很多方面对比他们的思想。中井履轩处于德川幕府后期，当时政治安定，经济繁荣，文化昌盛，到处是一派欣欣向荣的景象，作为新兴阶层的商人也登上了历史的舞台。而怀德堂则是以商业资本为背景的，所以作为怀德堂门人的中井履轩不可避免地受商业思想的影响，且是为当时的商人阶层服务的。作为官学的朱子学以《四书》等为教科书，强调要维持封建等级秩序，强调人的德，其中重义轻利的主张势必与商人的理念相冲突。作为儒学者同时作为商人的“代言人”，中井履轩在他的经学著作《七经逢原》中是怎样解释与商业思想冲突的道德的？这是值得研究的问题。研究此问题有利于理解朱子学在日本的传播状况、江户时期的思想状况以及商人思想的形成。今后笔者将就此展开讨论。

尊德性而道问学
——探析伊藤仁斋对宋儒之批判及其性教观

○ 贾　晰　中国人民大学

［**摘要**］伊藤仁斋是日本著名的古义学家、反朱子学家，其以经典为依据，对以朱子为代表的宋儒多有批判。其中，在对宋儒“性教观”进行批判时，伊藤仁斋先言其“只知尽己之性，而不知尽人物之性”为“教”之部分，从而批判宋儒“知性而不知教”；又以其“徒知道问学”，而不知应以德性为本，从而批判宋儒“知教而不知性”。由此，伊藤仁斋陷入前后矛盾之困境。本文从伊藤仁斋对宋儒的批判出发，分析其批判之内容、依据与缘由所在，并进入宋儒自身之性教观，由以辨析伊藤仁斋前后之批判是否真正构成矛盾，及其各处之批判是否成立，最后对其所建构之“性教观”的内容、次序、地位进行探究。

［**关键词**］伊藤仁斋；性教观；反朱子学

伊藤仁斋[①]（1627—1705，宽永四年至宝永二年）是日本著名的古义学家，日本复古之风的先驱者，江户时代朱子学与反朱子学的正式抗争正是由他而始[②]。仁斋虽然对朱子学有诸多批判，其早年却是十分严肃的朱子学者。按其《读予旧稿》：

> 予自十六七岁深好宋儒之学……自以为无赧于宋诸老先生。其后

① 以下皆称之为“仁斋”。

② ［日］土田健次郎：《日本朱子学与反朱子学之关系———伊藤仁斋及其周边》，许家晟译，吴震校，《杭州师范大学学报（社会科学版）》2016 年 5 月第 3 期。

三十七八岁，始觉明镜止水之旨非是……而及读语孟二书，明白端的，殆若逢旧相识矣。[①]

可知仁斋前后对于宋儒的态度，经历了从推崇到产生疑惑，再到反之而“悉废语录、注脚，直求之于语孟二书”（《同志会笔记》）的过程，“前后异见，殆天渊矣”[②]。由此，仁斋对宋儒之批判，是以二十余年之沉浸为基础、进入其思想内部之后的反思，甚是严谨深刻；且其批判往往追溯到《论语》《孟子》，以此二书为最直接、最根本之依据来面对诸问题，其根基亦甚深厚。然而，在其对宋儒之性教观的批判中，仁斋却出现了表述龃龉之处。

“性教观”是仁斋研究的核心问题，包含仁斋对人之性以及圣人之教的理解，其言“盖圣门之事，性与教而已矣”[③]，以性与教总括全部圣门之事，可见仁斋对性与教之重视。而对“性”的探究本是儒家经久不衰的主题，“教”“学”亦是重要的进学之方，因此对性与教的研究，是儒学研究中必不可少的环节。故而应当进入仁斋对宋儒性教观的批判之中，深入探析其所言不一致之处。

其于《仁斋日札》（下简称《日札》）第40则中写道：

盖宋儒之学，以性为学问之全体，故名圣人之学为性学。……“尊德性而道问学。”问学即教也。[④]

仁斋认为，圣门之学包含“性”与“教”，即“尊德性”与“道问学”两部分，宋儒却只取一偏，以性为学问全体，“知性而不知教，则陷乎虚静”[⑤]。然而，其于《日札》第21则中却写道：

世俗徒知道问学，而不知本德性之比。[⑥]

---

① ［日］伊藤仁斎:「読予旧稿」,［日］三宅正彦編:『近世儒家文集集成・第一巻古学先生詩文集』巻之五，東京：ぺりかん社，1985年，第125頁。

② ［日］伊藤仁斎:「読予旧稿」,［日］三宅正彦編:『近世儒家文集集成・第一巻古学先生詩文集』巻之五，東京：ぺりかん社，1985年，第125頁。

③ ［日］伊藤仁斎:「仁斎日札」,［日］井上哲次郎、［日］蟹江義丸編:『日本倫理彙編・巻之五古學派の部中』，東京：育成會，1903年，第176頁。

④ ［日］伊藤仁斎:「仁斎日札」,［日］井上哲次郎、［日］蟹江義丸編:『日本倫理彙編・巻之五古學派の部中』，東京：育成會，1903年，第176頁。

⑤ ［日］伊藤仁斎:「仁斎日札」,［日］井上哲次郎、［日］蟹江義丸編:『日本倫理彙編・巻之五古學派の部中』，東京：育成會，1903年，第176頁。

⑥ ［日］伊藤仁斎:「仁斎日札」,［日］井上哲次郎、［日］蟹江義丸編:『日本倫理彙編・巻之五古學派の部中』，東京：育成會，1903年，第171頁。

按后文所言“至于象山”[①]，可见此处“世俗”指的便是宋儒，其徒知“道问学”，却不知“德性”方为“道问学”之本。“问学即教也”，因而此处仁斋批判宋儒“知教而不知性”，与第40则批判宋儒“知性而不知教”恰好相反。于此需要思考以下三个问题：

第一，仁斋是如何对宋儒性教观进行批判的？其前后究竟是否矛盾？

第二，宋儒之性教观是怎样的？其究竟徒知“尊德性”还是徒知“道问学”，抑或兼知之？

第三，仁斋之性教观是怎样的？性与教之间是何等关系？

本文将围绕以上三个问题，分析仁斋对宋儒批判的合理性与不足之处，并对宋儒以及仁斋之性教观进行探析。

一、仁斋对宋儒性教观的批判

相良亨于《伊藤仁斋》中提到，“「日札」における宋学批判にはきびしいものがある”[②]，其认为仁斋在《日札》中对宋学的批判十分严苛，而本文所涉及的两处相反之批判皆出于其中，此两处批判分别为宋儒之“知性而不知教”与“知教而不知性”。

（一）知性而不知教

《日札》第44则中写到“宋儒高谈性命，玩心虚静”[③]，“高谈性命”与“玩心虚静”正是仁斋批判宋儒“知性而不知教”的核心所在，前者表现为只知尽己之性，后者表现为与佛老相似的虚静之学。

1. 尽己性与尽人、物之性

前文已提及，仁斋认为圣门之学有性与教二者，宋儒却只取其一，专以性为学问之全体，则陷于一偏。其言：

---

① ［日］伊藤仁斎:「仁斎日札」,［日］井上哲次郎、［日］蟹江義丸編:『日本倫理彙編·巻之五古學派の部中』，東京：育成會，1903年，第171頁。

② ［日］相良亨:『伊藤仁斎』，東京：ぺりかん社，1998年，第46頁。

③ ［日］伊藤仁斎:「仁斎日札」,［日］井上哲次郎、［日］蟹江義丸編:『日本倫理彙編·巻之五古學派の部中』，東京：育成會，1903年，第177頁。

> 宋儒见尽性二字，便以为尽性之外，别无学问。则殊不知尽己之性，固无出己之性外。及乎尽人之性，尽物之性，而赞天地之化育焉，则不可谓之尽己之性。性非学问之功何？《论语》专言教，而不言性，其旨岂不明乎？①

仁斋首先点出宋儒之只见尽性，而无尽性外之学问。“学问”在此指的便是“教”。接着，仁斋基于《中庸》所言“尽其性”与“尽人、物之性”，批判宋儒之尽性只是“尽己之性”，而尽人、物之性，赞天地之化育，皆为学问之功，即皆属于“教”的范围。最后又举《论语》以证圣人之重教。

于此有以下四点需要格外关注：

其一，仁斋批判宋儒只知“尽性”，而其据《中庸》所给出的理由中，却由“尽性”转为了“尽己之性”，这是一个明显的转变。然而按照《中庸》文本，“尽己之性”对应的是“尽其性”，而非“尽性”，单言“尽性”似乎可以同时包含“尽己之性”与“尽人之性”“尽物之性”。因此，仁斋于此对宋儒的批判，体现出其对“尽性”的特殊理解，即只为“尽己之性”，由此亦体现出其认为尽己性与尽人、物之性存在着一定分别。

其二，应当思考尽己之性与尽人、物之性之间的关系究竟如何。仁斋将自己与他人、万物截然分开，前者与后者之尽性被划分到了不同的工夫之中，即性与教之中。于《中庸发挥》中，仁斋对此进行了更为详细的论述：“人物之生，莫不各遂其性，岂用物物而尽之乎？自能尽人之性以下，就教之功之所至而言，非但尽己之性而已。”②“各遂其性”意味着，不能用尽己之性的方式去尽他人之性。人、物之性不需、也无法由他人来一一尽性，他们可以、也只能各遂其性，而他人于人、物之尽性所能做的只有“教”之，即教之各遂其性。由此，尽性与尽人、物之性在仁斋这里相分为二。

回到《中庸》原文，“惟天下至诚，为能尽其性；能尽其性，则能尽人之性；能尽人之性，则能尽物之性；能尽物之性，则可以赞天地之化育”，“能……则能……”的结构，暗含前者为后者之前提，即若不能尽己之性，则不能尽人、物之性，遑论赞天地之化育。然而此前提虽使得后者的实现具备了可能性，却为必要不充分条件，

---

① ［日］伊藤仁斎:「仁斎日札」,［日］井上哲次郎、［日］蟹江義丸編:『日本倫理彙編・巻之五古學派の部中』，東京：育成會，1903年，第176頁。

② ［日］伊藤仁斎:「中庸發揮」,［日］關儀一郎編:『日本名家注釋全書』學庸部一，東京：東洋圖書刊行會，1923年，第36頁。

即能尽己之性并非一定就能尽人、物之性。

由此，尽己之性与尽人、物之性之间的关系便明了起来。仁斋对宋儒的批判是基于“不充分条件”这一点，而认为教是多出的、不同于尽己之性的工夫；却忽略了前者为后者之“必要条件”，即宋儒所谓之尽性，实则是可以推出尽人、物之性的，且其所需的更多的工夫仍然本于“尽性”。此处仁斋之批判可以转化为：宋儒对尽性的理解较为笼统，而未明确指出“尽人、物之性”实则正是“圣人之教”。

其三，“性非学问之功何？”一句为反问句，表明性即学问之功。然而学问之功是学问之功效或言工夫，性却既非一种功效，亦非一种工夫，而难以与之对应。按其前后文皆言“尽性”，此句可理解为“尽性非学问之功何？”，而表明性之尽为学问之功效，或言“尽性”是学问之工夫；但如此又与前文批判宋儒“便以为尽性之外，别无学问”相悖。在此需要梳理尽性与学问之间的关系，具体有以下三种。

第一，尽性即学问，且为全部之学问。在此种关系下，仁斋对宋儒“便以为尽性之外，别无学问”的批判则为悖论。

第二，尽性与学问分别为两种工夫，即尽性不是学问，如此却与“性非学问之功何？”相悖。

第三，尽性是学问的一部分。如若按仁斋的理解，此处所言之“尽性”，应当为“及乎尽人之性，尽物之性，而赞天地之化育焉”之省略，即尽人、物之性亦为学问，但此学问有别于宋儒之“尽己之性”的学问，而属于“教”。

由此，仁斋所言之性与学问，其关系属于第三种。然而，若取第三种理解，而将尽己性与尽人、物之性看作学问的两个不同的部分，则宋儒之“尽己性”也是一种学问；而仁斋又将学问与教对等，故宋儒之“知尽性”亦是一种“知教”，则与“知性而不知教”之批判相悖。因此不论取何种对尽性与学问关系的理解，仁斋此句“性非学问之功何？”皆有失严谨。

其四，仁斋举出《论语》以进行佐证——“《论语》专言教，而不言性”。此句显示出《论语》中处处皆言对人之教导，于“性”之说却是“不可得而闻也”[①]；而仁斋此处“不言性”一句似乎是对性之价值的否认。然而，其于《日札》第41则中又有：“《论语》专言教，而性在其中矣。”则言《论语》虽不言性，而其言教之中却实则蕴含了性，而“性在其中”之言又体现出了对“性”之意义的肯认。此二处间似乎又存有张力。

① （宋）朱熹：《四书章句集注》，北京：中华书局，2011年，第79页。

仁斋这两处对《论语》中性与教的看法，其实处于不同的语境之中。第40则中所提到的“《论语》专言教，而不言性”，是在批判宋儒只知性而不知教的语境中，其所凸显的是教之地位与重要性。而在第41则中提到的“《论语》专言教，而性在其中矣”，是在圣门之学唯性与教的语境中，即强调经典中对教与性的同时看重。例如其所举《中庸》之“尊德性而道问学”“问学即教也”，性与教皆在其中；举《孟子》之似乎专言性，然其“扩充存养之功即教也”，则亦是性与教之并举。因此，与之并列的“《论语》专言教，而性在其中矣”亦是此义。可见仁斋同时看重性与教二者，其对宋儒之批判并非由于其之尽已性，而是以其“徒知”尽已性。

纵观仁斋对宋儒“知性而不知教”的批判，可见其中出现许多困难与转言。首先，仁斋认为宋儒只知“尽性”，并将宋儒之“尽性”特指为“尽已之性”；对此，后文将回到宋儒本身，观其所言之“尽性”是否单单面向自己，而不能推扩到人、物中。其次，仁斋将“尽已之性”与“尽人、物之性”分为两节，前者为性，后者为教，其虽忽略了《中庸》中“能……则能……”的连续性、由尽已之性推出尽人、物之性的可能性以及前者之基础性，却有对尽性更加明确清晰的认识，而点出了“教”之重要性。再次，性与学问之间的关系阐述得不甚明确，而其批判于三种关系下皆难以成立。最后，仁斋举出《论语》之重教以及性之在其中，却无法由此直接对宋儒进行批判，关键之处仍在于探究宋儒思想本身，观其是否不重教。

虽然仁斋至此所言之批判有所疏漏，但于此可以初步整理其性教观的特点，即性与教皆为圣门之学，应当并重，而不可偏于一隅；并且，在宋儒对性的推崇之上，仁斋于其批判中将教的地位与重要性凸显了出来，具有一定意义。

2. 虚学与实学

仁斋对于宋儒性教观之批判，除其只知“尽已之性”外，还有将其看作“虚静”的观点。按相良亨《伊藤仁斋》所参照的文本，仁斋于《日札》第41则写道：“知性而不知教，则陷乎虚静，宋儒之学是也。”① 然而《日本伦理汇编五・古学派部中》中记载的却是：“知性而不知教，则陷乎虚静，佛老之道是也。”② 此处“宋儒之学”与“佛老之道”的不同，以其皆为甘雨亭义书本，故非版本不同所致。猜测其原因，或许是由于相良亨在写作中加入了对仁斋思想的理解。仁斋确实经常将宋儒之学与佛

① ［日］相良亨：《伊藤仁斎》，東京：ぺりかん社，1998年，第48頁。

② ［日］伊藤仁斎：「仁斎日札」，［日］井上哲次郎、［日］蟹江義丸編：『日本倫理彙編・巻之五古學派の部中』，東京：育成會，1903年，第176頁。

老之道相对应，并对此二者皆有“陷于虚静”之批判，例如：

宋儒动引佛老之语，以明圣人之学。吾深识其非也。①

《日札》此则指出宋儒与佛老关系密切，其经常以佛老之语解圣人之学，十分欠妥当。与之相应，《童子问》中也有类似表达：

其善以佛老之语解圣人之书者，是其学本自禅庄之理来，故善之。②

这则在批判宋儒借佛老式语言的基础之上，进一步提出宋儒之思想学问也来自于禅庄，这正是将此二者等同化的体现。另外还有：

佛老空虚之说，宋儒无声无臭之论，皆捕风捉影，终不济事。③

在此出现了“空虚”的用法，其虽指佛老，但是宋儒之“无声无臭”实则亦是一种“空虚”，此二者皆无济于事。需要注意此处“不济事”的出现，这意味着在仁斋心中，有可以“济于事”之学。

盖宋儒高谈性命，玩心虚静，而不知尧舜孔子之道，全在平生日用之间，皆不出于人伦之外。④

此则札记直接展现了仁斋批判宋儒之学为“虚静”，并点出圣人之道，不在这些虚远之言，而在人伦日用之中。若将“虚静”的宋儒之学称为“虚学”，那么真正的圣人之学则为切近人伦之“实学”。然而，朱子有言，“释氏虚，吾儒实”⑤，若使朱子与仁斋对话，则恰好可用此句对仁斋进行反驳，因为宋儒也同样批判了佛家之虚，而认为自家儒学为实。其言：

释、老称其有见，只是见得个空虚寂灭。真是虚，真是寂无处，不知他所谓见者见个甚底？莫亲于父子，却弃了父子；莫重于君臣，却绝了君

① ［日］伊藤仁斎:「仁斎日札」,［日］井上哲次郎、［日］蟹江義丸編:『日本倫理彙編・卷之五古學派の部中』, 東京: 育成會, 1903 年, 第 168 頁。

② ［日］伊藤仁斎:「童子問・巻之下」第四十四章,『日本古典文學大系・近世思想家文集』, 東京: 岩波書店, 1966 年, 第 255 頁。

③ ［日］伊藤仁斎:「仁斎日札」,［日］井上哲次郎、［日］蟹江義丸編:『日本倫理彙編・卷之五古學派の部中』, 東京: 育成會, 1903 年, 第 179 頁。

④ ［日］伊藤仁斎:「仁斎日札」,［日］井上哲次郎、［日］蟹江義丸編:『日本倫理彙編・卷之五古學派の部中』, 東京: 育成會, 1903 年, 第 177 頁。

⑤ 黎靖德编，王星贤点校:《朱子语类》卷一百二十六，北京: 中华书局，1986 年，第 3015 页。

臣；以至民生彝伦之间不可阙者，它一皆去之。所谓见者见个甚物？（《朱子语类》）

朱子同样批判佛老，并且也同样将其落在了“空虚”二字之上。朱子认为佛老只见得空，却弃绝父子之亲、君臣之重，去除一切民生彝伦之不可或缺者，而这正体现了朱子对父子、君臣、民生彝伦之重视，与仁斋所言之人伦日用恰好相合。由此，仁斋对于宋儒“虚无”的批判便无立足之地了。然而不可否认的是，宋儒确实多出入佛老，与佛老之思想有诸多纠缠。其于引用佛老之言时，是否已然被佛老“空虚”之学所同化，抑或是需要得意忘言？这需要进一步对宋儒与佛老的关系进行探析。

（二）知教而不知性

前文呈现了仁斋批判宋儒“知性而不知教”的过程，以其只知尽己之性，且与佛老一同陷于虚静。其中，在批判宋儒只知尽性而不知其他学问这一点中，仁斋引用过“尊德性而道问学”一言，又以“问学”为“教”，因此“知性而不知教”可换言为：宋儒只知“尊德性”，而不知“道问学”。然而，于《日札》另一处却有着截然相反的言论——批判宋儒“徒知道问学，而不知本德性比”[①]。

1. 徒知“道问学”

《日札》第21则写道：

> 《中庸》曰“君子尊德性而道问学”，言虽知道问学，然不尊德性，则问学不得其为问学。而于道之实，不得真知之。故曰：“苟不至德，至道不凝焉。”故君子先以尊德性为本，而以道问学为功。此圣门真正之学问，而非世俗徒知道问学，而不知本德性比。此指所以先戾乎晦翁之意。[②]

《中庸》虽并言尊德性和道问学，然此二者实则有着轻重次序，“不尊德性，则问学不得为问学”，故尊德性为先、为本，道问学为后、为末；若不尊德性，问学便失去其根，故当先之、重之。然而以晦翁为代表的宋儒，却只知道问学，而不返于

① ［日］伊藤仁斎：「仁斎日札」，［日］井上哲次郎、［日］蟹江義丸編：『日本倫理彙編・卷之五古學派の部中』，東京：育成會，1903年，第171頁。

② ［日］伊藤仁斎：「仁斎日札」，［日］井上哲次郎、［日］蟹江義丸編：『日本倫理彙編・卷之五古學派の部中』，東京：育成會，1903年，第171頁。

其本，即尊德性之中。由此，仁斋批判宋儒只知道问学，与前文批判其只知尊德性恰好相反。

这两处相反之言，皆出于《日札》，故而并非由于仁斋早、晚年之思想发生了变化。若要究其缘由，或许因为宋儒与仁斋虽同样言性与教，其内涵却并不相同。观其于《中庸》“尊德性而道问学”一句之注解，可见其差别之所在。

仁斋于《中庸发挥》中写道：“尊者，恭敬奉持之意。德性者，德之性，谓性善也。道，由也。”①其“尊”“道”之解与朱子的注解相同，不同的是对“德性”的理解。朱子解之为：“德性者，吾所受于天之正理。”②在这里，仁斋言“性善”，对应的是人；而朱子言“受于天之正理”，言在人之天理，多了一层天道的层面。这其实体现了仁斋与朱子十分突出的一个区别，即仁斋重人道，而鲜言天道、形而上的层面。③这一点于后面的注解也有所体现。

朱子于《中庸章句》注曰：“尊德性，所以存心而极乎道体之大也。道问学，所以致知而尽乎道体之细也。二者修德凝道之大端也。不以一毫私意自蔽，不以一毫私欲自累，涵泳乎其所已知。”④朱子将“尊德性”对应“存心”，“道问学”对应“致知”，而此二者皆与“道体”相连，这是十分明显的形而上分析；加上后文去除私意、私欲之言，这是很具宋儒特色的“存天理、去人欲”思想。然而仁斋于《中庸发挥》中，对本段的注解并无任何言及天理、道体之语，更无灭人欲之意。

因此，仁斋之尊德性与其所批判的宋儒所尊之德性实有不同。仁斋以人之具体德性为重，而见宋儒以天理、道体为重，故言其“只知尽性”，而此“性”为与佛老相近的虚静之性；同时，仁斋言其“不知尊德性”，是批判其不知尊人伦日用之具体德性。以其前后所指并不相同，故可由此化解“只知尽性”与“不知尊性”间的张力。然而此种理解建基于宋儒确实只由天理、道体言性，而不言人伦日用之德性，故此处之判别还当回到宋儒之思想本身。

至于尊德性与道问学之间的先后关系问题，朱子注曰：“盖非存心无以致知，而存心者又不可以不致知。”⑤“非……无以……”体现出前者为本、为先，而与仁斋相同。

---

① ［日］伊藤仁斎:「中庸發揮」,［日］關儀一郎編:『日本名家注釋全書』學庸部一，東京：東洋圖書刊行會，1923 年，第 41 頁。

② （宋）朱熹:《四书章句集注》，北京：中华书局，2011 年，第 35 页。

③ 董灏智:《日本学者伊藤仁斋“反朱子学”的理论缺失》,《哲学研究》2017 年第 4 期。

④ （宋）朱熹:《四书章句集注》，北京：中华书局，2011 年，第 35-36 页。

⑤ （宋）朱熹:《四书章句集注》，北京：中华书局，2011 年，第 36 页。

故朱子亦肯认存心所对应的尊德性为本、为先，而非仁斋所言“不知本德性之比”。而“不可以不”同时体现出后者对前者之作用，故致知及其对应的道问学亦不可或缺。

由此可见，仁斋对宋儒徒知道问学而不知本之德性的批判，与前文“只知性而不知教”出现矛盾；若要化解矛盾，或许可以从仁斋与宋儒对“性”之所指有所不同的角度进行理解。且仁斋的性教观在这两处批判中是一贯的，即性、教并重；不过其前后侧重稍有不同，前文中仁斋侧重于提升教之地位，而后文中侧重于性之为本。同时，在对“性”的注解中，也体现出了仁斋对于人道之重视，以及宋儒形而上之特色。但仁斋之批判是否成立，仍需再探。

在本部分的论述之外，仁斋于《鹅湖异同辨》中，对宋儒进行了类似的批判，其主要关注点聚焦在了为学次第之陷于一偏。

2. 逆上工夫

鹅湖之会是一场极其著名的论辩盛会，在此会中，朱子与陆氏兄弟就其各自学问之异同，展开了十分集中的、精彩的论辩。其中，在教人之法上，朱子与陆九渊产生了极为激烈的争论。《象山年谱》中记载：

> 鹅湖之会，论及教人。元晦之意，欲令人泛观博览而后归之约；二陆之意，欲先发明人之本心而后使之博览。朱以陆之教人为太简，陆以朱之教人为支离，此颇不合。①

由此可见，朱子与陆氏兄弟的为学次第恰好相反。朱子的教人之法，是先广泛学习，然后归于一心之中，而陆氏兄弟的教人之法，在于先明人之本心，再用心于广泛学习之中。朱子之学被批评为支离，陆氏之学被批评为太简。仁斋对朱陆之辩有着清晰的认识，并将其二人之学问分别进行了特殊的命名与阐释。

首先，仁斋于《鹅湖异同辨》中阐释了他理解的圣门之学：

> 夫圣门之学者，知与仁而已。②

仁斋认为圣门之学只是“知”和“仁”二者。需要注意的是，这样的表达在前文中曾经出现过，即《日札》中的“圣门之事，性与教而已矣”，“性”可以对应这

---

① 《象山年谱》“淳熙二年乙未”，见（宋）陆九渊：《陆九渊集》卷三六，北京：中华书局，1980 年，第 491 页。

② ［日］伊藤仁斎：「鵞湖異同弁」，［日］三宅正彦編：『近世儒家文集集成・第一巻古学先生詩文集』巻之五，東京：ぺりかん社，1985 年，第 57 頁。

里的“仁”，“教”可以对应这里的“知”。由仁斋对性与教的多次强调与重视，可见其确实为圣门之主要工夫。

接着，仁斋提出了他心中的进学之序：

> 然以进学之序言之，则知在先，仁在后，谓之逆上工夫。若以成德之功言之，则非仁无以成其知，故知又在其后，谓之顺下工夫。盖逆上工夫，造诣之方也；顺下工夫，归宿之地也……一往一反，而后其知无遗，而其功无缺，谓之君子之道，全矣。[①]

仁斋认为以进学之序而言，知先仁后、教先性后，并给这种为学次第命名为“逆上工夫”，这也是朱子所采取的先博览而后归之于约的次序，为“造诣之方”。另一种工夫名为“顺下工夫”，即与前者相反，而仁先知后、性先教后，这是“成德之功”的次序，意为先成德，后用其功。这对应的是陆氏兄弟所重之心学，为“归宿之地”。

“知在先，仁在后”与“非仁无以成其知”的说法，与《中庸发挥》中的用语十分相似，即“先知而后行，此固学问之常法，不可易焉。然而究竟论之，则有实德而后有实智”[②]。由此可见，仁斋对于学问之法与其之所重的观点也是从一而终的，学问次第虽以知为先，然而论其根本，德、性、仁永远是最重要的。然而，需要同时对这两点进行把握，即唯有全此二功为“君子之道”，若是只取其一，就会像朱子与陆氏一样，“两家之论各陷于一偏，而不能相为用”[③]。

此处可以再次见到仁斋想要调和并达到“全之”“二者并重”的学问境界的努力。正如其言：“盖朱子之意，恐乎学者之不通于事理；陆子之意，忧乎学者之先流于泛滥，皆各有其理，而不能无其弊也。苟合两家之论而一焉，则何所不可哉？”[④]朱子与陆氏兄弟，皆为宋代大儒，其心中所盼，正为益于学者之进学，是故一方愿学者通于平常事理，一方愿学者不致无所归依而迷失于诸多学问之中，失其统领。然而他们虽然所愿皆同，方式却并不相同。而仁斋心中所愿，则在于调和朱子与陆氏之为学

---

① ［日］伊藤仁斎:「鵞湖異同弁」,［日］三宅正彦編:『近世儒家文集集成・第一巻古学先生詩文集』巻之五，東京：ぺりかん社，1985 年，第 57 頁。

② ［日］伊藤仁斎:「中庸發揮」,［日］關儀一郎編:『日本名家注釋全書』學庸部一，東京：東洋圖書刊行會，1923 年，第 41 頁。

③ ［日］伊藤仁斎:「鵞湖異同弁」,［日］三宅正彦編:『近世儒家文集集成・第一巻古学先生詩文集』巻之五，東京：ぺりかん社，1985 年，第 57 頁。

④ ［日］伊藤仁斎:「鵞湖異同弁」,［日］三宅正彦編:『近世儒家文集集成・第一巻古学先生詩文集』巻之五，東京：ぺりかん社，1985 年，第 57 頁。

方法，合而论之，逆上工夫与顺下工夫相互配合，“一往一反”，则既能心中有所统摄，又能于万事万物中格致穷理。

可以将仁斋理想的君子之学转化为性教观的语言，即性之为本，教之为先。而仁斋在对理想的君子之学进行设想时，其实也在对以朱子为代表的宋儒进行批判，其为学次第为“逆上工夫”，即知先仁后、教先性后，虽不至于“知教而不知性”，但也在重教的同时，对性之重要作用有了一定忽略。

根据上文之分析，在此重新回顾仁斋对宋儒“知性而不知教”，与“知教而不知性”“先教而后性”的批判。首先，在“知性而不知教”中，仁斋的立足点有两个：一是其只“尽己之性”，这需要回到宋儒本身，见其是否只尽己性而不重教；二是其与佛老之道相似，论述高远，流于“虚静”，这也需要回到宋儒本身，观其用佛教之语是否便代表其学也同样为虚学。其次，在“知教而不知性”中，仁斋认为宋儒只知道问学，而不知尊德性之为本；此说与前者相矛盾的原因，或许在于其所言之性的内涵不同。另外，在“先教而后性”中，仁斋认为宋儒先知后仁的逆上工夫有失偏颇，因其忽略了“非仁无以成其知”的仁的重要性，实则为弱化的“知教而不知性”。而这些批判，都需要回归到宋儒本身，才能与仁斋对话，并对其批判进行评判与回应。

二、宋儒与仁斋之性教观建构

仁斋对宋儒性教观之批判，一方面体现了仁斋对宋儒思想的理解，另一方面也体现出其自身对圣贤之道的把握，以及其自身的性教观之建构。欲观其批判与理解是否恰当，需进入宋儒之性教观以及仁斋之性教观，一探究竟。

（一）宋儒之性教观

按前文所引朱子之注，宋儒实则同时看重“尊德性”与“道问学”二者，其所言之性亦并非如仁斋所批判的那样为高谈之论、虚静之言。其言天道、道体的同时，亦有对具体之德性的把握与重视，且宋儒同样十分重视教之作用。

1. 宋儒所谓之性

若要进入宋儒之思想，可由《北溪字义》始。其书为跟随朱子二十余年的学生陈淳所作，他对理学重要概念进行了较为完善的整理归纳。其中，《北溪字义·性》之一则写道：

> 性即理也。何以不谓之理而谓之性？盖理是泛言天地间人物公共之理，性是在我之理。……性字从生从心，是人生来具是理于心，方名之曰性。其大目只是仁义礼智四者而已。文公曰："元亨利贞，天道之常；仁义礼智，人性之纲。"①

在此可以看到，宋儒之性有以下几个特点。其一，性为在我之理。这里涉及性与理之关系问题：理是公共的天理，性是天落在人身上的理。需要注意，性即理并非性中有理，而是全然皆为理，这体现了儒家根本的性善论，也体现了性之超越性。其二，性为人之"天生"所有，故其具先天性。其三，"人"生来具是理于心，是对人的类本质的描述，故其具于人而言之普遍性以及唯人所有之特殊性。其四，性之纲目为仁义礼智。回顾仁斋对宋儒的批判，其中"虚无"这一点，则无法立足于以仁义礼智为纲目之性。

此外，宋儒对性之理解与以往相比，有一处甚为特别的理解，即气质之性与天地之性的区分：

> 横渠因之又立为定论曰："形而后有气质之性。善反之，则天地之性存焉。故气质之性，君子有弗性者焉。"气质之性，是以气禀言之。天地之性，是以大本言之。②

气质之性与天地之性的区分，由张子正式提出。其中，气质之性是形而后才有的，即人具有了形体之后方具有气质，也方能有气质之性；而天地之性，是人所返回到的最本然的状态，即直接呈现天理之性。宋儒对于性的具体细分，是为了更好地解释人之相同的性善，以及人之不同的为恶之缘由。但需要注意，天地之性方为最根本的性，其于人具有形体之前便已存，即天理。对此，朱子也有所辨析：

> 气质所禀虽有不善，而不害性之本善；性虽本善，而不可以无省察矫揉之功。③

---

① （宋）陈淳著，熊国祯、高流水点校：《北溪字义》，北京：中华书局，2009 年，第 6 页。
② （宋）陈淳著，熊国祯、高流水点校：《北溪字义》，北京：中华书局，2009 年，第 9 页。
③ （宋）朱熹：《四书章句集注》，北京：中华书局，2011 年，第 329 页。

朱子提出：第一，若人有不善，是因为人有气禀的缘故；第二，这种气禀的不善，并不会妨害到性之本善；第三，不能因为性之本善，而去肆无忌惮、为所欲为、不去做工夫。此处的“省察矫揉之功”是对心性之涵养工夫，或许可以对应仁斋所言之教。

另外，《北溪字义·性》中处处可见宋儒对佛老之严厉批判，例如：

> 佛氏把作用认是性，便唤蠢动含灵皆有佛性，运水搬柴无非妙用。不过又认得个气，而不说着那理耳。①

佛教所言之性，为“作用是性”，即将知觉作用皆看作性，拉低了性之高度，即只“认得个气”，却未到达理的层面。宋儒对佛老的批判是否合理暂且不论，但就对性的理解上，宋儒与佛教自是针锋相对，宋儒之学于此并不会被佛老之道所同化。

以上为宋儒于性之理解，其为天理于人身上之落实，且具备超越性、先天性、普遍性、特殊性，纲目为仁义礼智，并有气质之性与天理之性的区分，亦强烈批判佛老之作用是性。若据此以回应仁斋前文中的批判，与佛老一同沦为“虚静”之说便不攻自破，而其所言“知教而不知性”之批判亦无法成立。然其所谓只知尽己之性，而不知尽人、物之性的批判，需要进一步探究宋儒对教或言道问学的理解。

2. 宋儒所谓之教

要探究宋儒对教、道问学的理解，应当回到最有代表性的《大学》中去。虽然仁斋有《大学非孔氏遗书辨》一文，不承认《大学》文本之地位，但不可否认的是，《大学》为宋儒倍加尊崇之书，而朱子所作《大学章句序》更是体现了宋儒的主要思想。其首段便言：

> 《大学》之书，古之大学所以教人之法也。盖自天降生民，则既莫不与之以仁义礼智之性矣。然其气质之禀或不能齐，是以不能皆有以知其性之所有而全之也。一有聪明睿智能尽其性者出于其间，则天必命之以为亿兆之君师，使之治而教之，以复其性。②

首先，《大学》一书为古代教人之法，因此要想探究古之所谓“教”，则必须回到《大学》之中。其次，教之缘由在于，人虽天生皆有仁义礼智之性，却为气禀之不同所拘束、蒙蔽，由此无法全然体现本性之善，这里可以对应前文气质之性与天地之

① （宋）陈淳著，熊国祯、高流水点校：《北溪字义》，北京：中华书局，2009年，第10页。
② （宋）朱熹：《四书章句集注》，北京：中华书局，2011年，第1页。

性的区分。最后，为改变此等现状，需得圣人之教化。圣人即聪明睿智之人，而可以尽其性。由此，天配之以君师之位，使其治理教化百姓，以复百姓原初之天地之性。

需要特别注意的是，此段中的“尽其性”正为仁斋所言“尽己之性”，而“复其性”正为仁斋所言“尽人、物之性”。而由“尽己性”向“尽人、物之性”的迈进，正体现出了性与教之间的紧密关联。在朱子看来，唯有圣人方能尽其性，并进而复他人之性；复他人之性，即尽人之性。圣人使众人或万物复归于其本性之中，也就是使得人、物各尽其性，此为圣人之教。

回应仁斋“知性而不知教”的批判，宋儒同样有将尽己之性对应尽性，而将尽人、物之性对应圣人之教的仔细划分，故其恰好与仁斋相同，而“既知性又知教”。此外，仁斋将性与教截然一分为二，宋儒却更加注重性与教间之联系，即教之所以能够成为教，皆源于性之成就。原因有二：其一，去实施教化之人，必是“尽其性”之圣人；其二，其人得圣人之教化，亦体现为“复其性”，即“尽其性”。综上所述，仁斋对宋儒“知性而不知教”的批判无法成立。

然而，仁斋既已沉浸于宋儒之学二十余年，为何会对宋儒有如此看似不恰当之批判？此或可由《北溪字义·似道之辨》之言探究一二：

> 近世儒者，乃有窃其形气之灵者以为道心，屏去“道问学”一节工夫，屹然自立一家，专使人终日默坐以求之，稍有意见则证印以为大悟，谓真有得乎群圣千古不傅之秘，意气洋洋，不复自觉其为非。①

以上为陈北溪对“近世儒者”之批判，北溪先言其无“道问学”之工夫，又非其默坐、大悟之法，此正与上文仁斋对宋儒之批判不谋而合。北溪与朱子为同一时代之人，而仁斋晚其四百余年，故除却朱陆之辨中直指朱子，仁斋对宋儒之批判或许大多与北溪一样，共同指向了当时已走向一偏之宋儒。

然而，不论对象如何，仁斋之批判皆体现出了其自身之学问底蕴，尤其在对“性教观”之重视及其建构中，可见日本德川时代的儒者之风。

（二）仁斋之性教观

于上文中，已见仁斋性教观之大概，即性与教并重，然而仁斋所强调的性与教

---

① （宋）陈淳著，熊国祯、高流水点校：《北溪字义》，北京：中华书局，2009 年，第 82 页。

究竟分别指的是什么？又该如何理解性与教之关系？这些问题可于其晚年所作《童子问》中得到解答。

1. 性、道、教之建构

首先，正如宋儒将性与道放在一起共同提出，仁斋在谈论性与教时，也将道放入其中，其言：

> 夫性道教三者，实学问之纲领。凡圣人千言万语，虽不堪其多，然莫不总括于此。《论语》专言教，而道在其中矣。《孟子》专言道，而教在其中矣。①

在此，首先可以看到仁斋对性、道、教的重视，其为学问之纲领，而总括了圣人之言语。其次，这里明确指出性与教皆属于学问的一部分，这一点可以成为印证，而与此文第二部分中的第三种"性"与"学问"的关系相对应。接着，"《论语》专言教，而道在其中矣"的表达也并不陌生，《日札》第41则中有"《论语》专言教，而性在其中矣"。同样的句式表明了"道"与"教"具有相似之地位。虽然这里仁斋主要强调的是《论语》与《孟子》中性与教的不同体现，但在谈论这个问题之前，有必要先对仁斋的性、道、教作一下区分与定义。关于这一点，有人曾经问过仁斋：

> 问：性道教之分，其详可得而闻乎？曰：道至矣大矣，固不待论，然不能使人为圣为贤。所谓非道弘人，是也。其所以使人为圣为贤，开来学而致太平者，皆教之功也。所谓人能弘道，是也。故道为上，教次之。然而使人之性，顽然无智，如鸡犬然。则虽有百圣贤，不能使其教而之善。惟其善，故其晓道受教……性亦不可不贵。此性道教之别也。②

"道"是最为极致和广大的存在，"道者，以达于天下而言"③，这正是宋儒所讲之天道，故仁斋与宋儒在这里所讲之道相同。

"教"是"人能弘道"，体现的是人的主动性，人能通过"教"而成圣成贤，开

① ［日］伊藤仁斎:「童子問・巻之上」第十二章,『日本古典文學大系・近世思想家文集』, 東京：岩波書店，1965年，第207頁。

② ［日］伊藤仁斎:「童子問・巻之上」第十四章,『日本古典文學大系・近世思想家文集』, 東京：岩波書店，1965年，第207頁。

③ ［日］伊藤仁斎:「童子問・巻之上」第十四章,『日本古典文學大系・近世思想家文集』, 東京：岩波書店，1965年，第207頁。

辟后世之学，达到天下太平之境地。在此仁斋再次强调了教之巨大作用，其功效无穷，似更甚于道。但由于道是至极至大的存在，故道与教的轻重顺序是道上教次。宋儒虽以“复性”言教，但“复性”就是使人尽其性，也就是使人成圣成贤，人人成圣成贤，自然也就达到了天下太平和乐之境地。因此，从根本上讲，仁斋与宋儒之教亦相同。

至于性，仁斋的人性论源自孔子“性相近”，而这相近之性为善性，“其所谓性善云者，本为自暴自弃者发之，亦教也”[①]。由此，仁斋理解的人性并非宋儒所讲的人性皆善，而是人性有善的部分，这个善的部分可以用来感化自暴自弃之人，故而其实属于教的范畴。“惟其善，故其晓道受教”一句正是在讲因为人有善性，所以才能够明晓道之所以，受到圣人之教化，体现了性之于教的根本性地位，也体现了仁斋对性的重视，而以之为圣人教化的可能性所在。宋儒所言之性虽然与仁斋大不相同，但其同样为教化人之前提，即因为人莫不有仁义礼智之性，故而方能去“复其性”。

因此，在性教观的框架中，仁斋与宋儒所言之道、教、性的本质相同：道最广大至极，教有使人成贤成圣之功，性善是人得以教人、受教之前提，亦能由性明晓道之广大。故而仁斋与宋儒之性教观，实则也是相似的。不过，仁斋对其性教观内部的次序有着更为细致的论述。

2. 性、道、教之次序及其地位

有人提出，《中庸》首章所言之次序为“性—道—教”，而仁斋于上文中却以“道—教—性”为序，而以此顺序之别为疑惑。仁斋认为这与《中庸》之理并不相悖，其言曰：

> 《中庸》言，圣人之道，本循人性之自然，而不相离，非若诸子百家之自私用智，而远人伦日用，以为道也。故曰：率性之谓道。夫性者，天之赋予于我，而人人所固有。若不论循性与否，则无以见道之邪正。故《中庸》先举性而为言耳，非以性为贵于道也。[②]

首先，仁斋对《中庸》中先言性作出了解释。他认为，《中庸》虽然先言性，但这并不意味着性就比道更加重要。先言性的原因在于，圣人之道本是循人之性，而

① ［日］伊藤仁斎:「童子問・巻之上」第十二章，『日本古典文學大系・近世思想家文集』，東京：岩波書店，1965 年，第 207 頁。

② ［日］伊藤仁斎:「童子問・巻之上」第十四章，『日本古典文學大系・近世思想家文集』，東京：岩波書店，1965 年，第 207 頁。

见于人伦日用。因此必须通过循性才能见道。“不相离”，体现了性与道之密切关系，即由性而见道。在这里，仁斋“天之赋予”“人人所固有”的用法，与宋儒认为性具有“先天性”“普遍性”“特殊性”可以相对应，只不过仁斋没有将“性”直接与“在人之道”相等同，但由其言“循性见道”，以及上文提及的“善性”，亦可见其性之“超越性”。

其次，是仁斋对道的解释：

> 道者何？在父子谓之亲，君臣谓之义，夫妇谓之别，昆弟谓之序，朋友谓之信，天下古今之所同然也。①

仁斋虽然于前文中用“至矣大矣”来形容道，但这里所述，显然更加符合仁斋一贯的风格，即将道落实于人伦之中来谈。父子、君臣、夫妇、昆弟、朋友这五伦，于人最为切近，正为常道，亦为至道。然而，仁斋在此却不满于朱子所注解的“道”：

> 晦庵谓“人物各循其性之自然，则日用之间，莫不各有当行之路”②，是倒说也。盖性者，以有于己而言。道者，以达于天下而言。有人则有性，无人则无性。道者，不待有人与无发到人，本来自有之物。满于天地彻于人伦，无时不然，无处不在。岂容谓待人物各循其性之自然，而后有之耶？若晦庵所说，则是性本而道末，性先而道后，岂非倒说乎。③

仁斋认为，朱子先言人之循性而后言当行之路，即道，是先性而后道。然而性是个体性的，是“己”的，有人、物才有性；道却是全体性的，是最为广大至极的，是在人、物去循性之前便一直周遍于天下的。因此，朱子对道的解释是“性本道末”“性先道后”的“倒说”。

然而朱子是就着“率性之谓道”而言的，“道”的意涵在这里有所转变，其不再指称最根本的天道，而是向下说一步，包含气质之性于其中。朱子曰：“性道虽同，而气禀或异，故不能无过不及之差，圣人因人物之所当行者而品节之，以为法于天下，

① ［日］伊藤仁斎:「童子問・卷之上」第十四章,『日本古典文學大系・近世思想家文集』, 東京：岩波書店，1965年，第207頁。

② “人物各循其性之自然，则其日用事物之间，莫不各有当行之路，是则所谓道也。”（宋）朱熹:《四书章句集注》，北京：中华书局，2011年，第17页。

③ ［日］伊藤仁斎:「童子問・卷之上」第十四章,『日本古典文學大系・近世思想家文集』, 東京：岩波書店，1965年，第207頁。

则谓之教。”[①] 在此，朱子指出有相同之性道与不同之气禀，而《中庸》第二句中的“道”，已经掺杂了气禀的影响，故人物之率性而成之“道”有可能有所偏差，并非就是“所当行”之道，由此才需要圣人去“修”之。故道于此处有着细微的转变，由天道转向了掺杂气禀之道，而宋儒先言性而后言道之“道”，正为有人之后的掺杂气禀之道，故并无过错。

仁斋于《语孟字义》中同样对天道与人道进行了划分，其以阴阳论天道，以仁义论人道，而言“不可混而一之”[②]。但其于《中庸发挥》中，却将首章三句中之“性”与“恻隐羞恶辞让是非之心”[③] 相对应，将“道”与“父子君臣夫妇昆弟朋友之伦”[④] 相对应，将“教”与“立人极、明礼义、谨孝弟”[⑤] 相对应，而将三者皆归于人道，不再言天道以及物之性与道。且其言“道者，人伦日用常行之路，非待教而后有”[⑥]，则直接以“所当行之道”而言之。“修道”亦非“品节”之义，而被仁斋训解为“治”[⑦]。由此，仁斋批判朱子之言为“倒说”，实则在于其所言之“道”并不相同，故此批判亦难以成立。

此外，亦有人询问仁斋教与性何者更为重要，或者是否有优劣之分。仁斋先就性之地位作了论述：

> 虽有善教，然而使人之性不善，若犬马之与我不同类，则与道扞格不相入。惟其善，故见善则悦，见不善则嫉，见君子则贵之，见小人则贱之。虽盗贼之至不仁，亦莫不然，是教之所以由而入也。性之善，岂可不贵耶？[⑧]

---

① （宋）朱熹:《四书章句集注》，北京：中华书局，2011 年，第 17 页。

② ［日］伊藤仁斎:「語孟字義・道 1」，［日］吉川幸次郎、［日］清水茂校注:『日本思想大系 33・伊藤仁斎　伊藤東涯』，東京：岩波書店，1971 年，第 122 頁。

③ ［日］伊藤仁斎:「中庸發揮」，［日］關儀一郎編:『日本名家注釋全書』學庸部一，東京：東洋圖書刊行會，1923 年，第 9 頁。

④ ［日］伊藤仁斎:「中庸發揮」，［日］關儀一郎編:『日本名家注釋全書』學庸部一，東京：東洋圖書刊行會，1923 年，第 9 頁。

⑤ ［日］伊藤仁斎:「中庸發揮」，［日］關儀一郎編:『日本名家注釋全書』學庸部一，東京：東洋圖書刊行會，1923 年，第 9 頁。

⑥ ［日］伊藤仁斎:「語孟字義・道 2」，［日］吉川幸次郎、［日］清水茂校注:『日本思想大系 33・伊藤仁斎　伊藤東涯』，東京：岩波書店，1971 年，第 14 頁。

⑦ ［日］伊藤仁斎:「中庸發揮」，［日］關儀一郎編:『日本名家注釋全書』學庸部一，東京：東洋圖書刊行會，1923 年，第 9 頁。

⑧ ［日］伊藤仁斎:「童子問・巻之上」第十六章，『日本古典文學大系・近世思想家文集』，東京：岩波書店，1965 年，第 208 頁。

首先，教并不贵于性，因为只有具有善性，才能善善恶恶，才有教之可能。且人皆有善性，因此连最凶残之人也能得以教之。由此言性之贵，其并不次于教，反而为“教”所以成立之根本所在。但是，这并不意味着性便贵于教。仁斋曰：

> 人皆有性，性皆善。然学以充之，则为君子矣。不能充之，则众人而已耳。性之不可恃也如此。故云：苟不充之，不足以事父母。孔子亦曰：性相近也，习相远也。盖君子小人之分，不由性而由教。人能弘道，非道弘人。①

性虽然贵，贵在人之皆有善性，但其并不贵于教；或者可以说，性并不可以代替教的作用。教就是学，就是扩充，至于教才能成圣成贤、成君子；万万不可自恃性善，而全然不作功夫，这体现教之必要性。而其作为区分君子与众人、小人之枢纽，则体现了教之重要性。“人能弘道”，体现了教之主动性、主导性、实践性。由此，教之地位不可忽略。

那么，性和道是否便不分优劣？仁斋对性与道之关系进行了如下论述：

> 性善而无为，教有为而难入。能受难入之教者，性之善也；充性之善者，教之功也。两者犹车之有两轮，相须而不可相无。然性本相近，而教之功为大矣……此《论语》之所以专以教为主，而《孟子》发扩充之说也。②

性善是人之本质，是天生如此，无须于此有所作为，而教是需要去学、习、扩充，实际去做的，因此是有为，并且亦十分艰难。善之性给予人以受教的可能性，教基于人扩充善性的能动性。由此可见，两者之关系——需要相互配合、缺一不可。但是在性与教之间，实则仍旧存在高下之别，即“教之功为大”，这个区别需要从“为”与“功”的角度来谈。因为人之性相同，于此“无为”，因此要想体现出君子之不同与高尚，就需要在教中下功夫，于此“有为”，也因此才有大之功。教之功，正在于其使人得以更好地展现其原本之善性。

至此，仁斋之性教观十分重要的一大特点得以凸显——仁斋对教之重视，大过于性。《论语》专讲教，《孟子》也以扩充之教来谈其对性的作用，正为此证。仁斋于《论语古义·总论》中也有类似说法：“道者充满宇宙贯彻古今，无处不在，无时不然，

① ［日］伊藤仁斎：「童子問・巻之上」第十七章，『日本古典文學大系・近世思想家文集』，東京：岩波書店，1965 年，第 208 頁。

② ［日］伊藤仁斎：「童子問・巻之上」第十八章，『日本古典文學大系・近世思想家文集』，東京：岩波書店，1965 年，第 208 頁。

至矣。然不能使人自能趋于善，故圣人为之明彝伦倡仁义，教之诗书礼乐以使人得为圣为贤，而能开万世太平，皆教之功也。”道不可弘人，必须人去作为；圣人去立教，而倡导人伦、教授六艺，方能使得人成为更好的人，即圣贤，社会成为更好的社会，即天下太平。教之功不可谓不大！

回顾仁斋之建构，其顺序为“道—教—性”，教居于中间地位，而上承至极广大之道，下接人人固有之善性。其中，道、教、性各自处于不同的位置：道最为至极广大，故而处于上；道不可弘人，故而需要人去弘道，即需要教之功；而人性自然之善是“教”之所以可能的基础。三者不可分割，彼此配合，而其最终之归宿便是人之成圣贤、世之开太平。

对此有学者认为，仁斋构建了“‘性道教’三者为一体的道为上、教为重、性为体的三重建构，而此三重建构的基点落实在‘教’上，而‘教’的任务就是将易知易行之‘道’落实在生之善‘性’之上”[①]。道之为上、教之为重可在仁斋之言中得以证实，然其言性之为体，却暗含了体用的观念；而仁斋在性教观中对性进行描述时，并没有过体用的用法，只是言其善、自然以及为教之基础。且作为三重建构，“上”“重”“体”并不能构成较好的并列关系。

若尝试对仁斋之性教观进行再建构，可将其解为“上—中—内”。“道”最为广大，其达于天地间，先于人之循性，至高无上，故谓之上；“教”是人于其善性之扩充、实现，以及对道之明晓，其一方面承上启下，另一方面最能体现人之能动性，而有“圣人定之以中正仁义”之义，故而为中；“性”是人天生之善性，自然无为，在人心中，故谓之内。而在这个建构中，“在上之道”不能弘人，“在内之性”自然无为，只有“在中之教”方能于扩充善性中“尽人之性”，并于人之弘道中“尽人、物之性”，故其又是连接人与万物之枢纽，人之实现自身本性、助益他人与世界之所在。

三、结　语

至此，可以回到本文第一部分所提的问题：

第一，仁斋是如何对宋儒性教观进行批判的？其前后究竟是否矛盾？

第二，宋儒之性教观是怎样的？其究竟徒知“尊德性”还是徒知“道问学”，抑

① 王茂林、刘莹：《论伊藤仁斋的复古之路》，《河北民族师范学院学报》第37卷第3期。

或兼知之？

第三，仁斋之性教观是怎样的？性与教之间是何等关系？

对于第一个问题，仁斋先就宋儒“知性而不知教”进行批判。其批判过程为，将宋儒之“知性”特指为“只尽己之性”，并且认为尽人、物之性为另外的“教”之工夫。然而按宋儒本身之意，“尽其性”者为圣人，其教之内容是使得众人、物“复其性”，即使人、物各尽其性。因此宋儒并非只知尽己之性，亦并非不言教，仁斋于此之批判难以成立。

此外，仁斋还批判宋儒流于佛老之“虚静”，这一点也在宋儒对佛老之严厉批判，以及其解性之内涵为仁义礼智中得到消解。

在前两处批判中，体现出了仁斋性教观的一些特点：性与教皆为圣门之学，应当并重，而不可偏于一隅。因其是在批判宋儒不知教中体现的，故而凸显了教的地位与重要性。

接着，仁斋就宋儒“知教而不知性”进行批判，其批判过程为，指出宋儒徒知“道问学”而不知“本之德性”，然而由于这个批判本身就与前文之批判矛盾，或许可以通过转化仁斋与宋儒所言之性的内涵，来化解这个矛盾。即仁斋之性为人之具体德性，宋儒之性却以天理、道体而言，易与佛老相同而流于虚静。然而宋儒以仁义礼智为德性之纲目，同样重视具体德性之培养，并同样地对佛老之虚静之学进行了批判，故宋儒实则既重性又重教，仁斋第二处之批判亦难以成立。但若将其批判对象看作北溪批判的“近世儒者”而非朱子，则其批判可以成立。

此外，仁斋就朱陆之辩，指出朱子之为学工夫为“逆上工夫”，和陆氏各陷于一偏，应当对朱陆进行调和汇总。但是正如仁斋自己所言，“以进学之序言之，则知在先，仁在后”，即他也认同为学次第应是知先仁后，而与朱子相同。而朱子同样也对性之地位有明确的把握，即其为知之基础。故而仁斋之批判仍然不甚成熟。

于此处的批判，也可见仁斋性教观之特点：一贯之性、教并重。但前文侧重于提升教之地位，后文中侧重于性之为本；并且，在对“性”的注解中，也体现出了仁斋对于人道之重视，以及宋儒形而上之特色。另外，性教关系有了更深入的体现，即性之为本，教之为先。

对于第二个问题，宋儒之性为天理于人身上之落实，且具备超越性、先天性、普遍性、特殊性，纲目为仁义礼智，并有气质之性与天理之性的区分。宋儒之教为圣人之教，其中，教之缘由在于：人之性受气禀之拘，无法全然体现本性之善；教之施行者为圣人；教之方式为复其性。可见宋儒与仁斋观点相同，而同时重视性与教二者，即尊德性与道问学并重。

对于第三个问题，仁斋之性教观实则暗含了“道”，而为“道—教—性”之建构。可将之解为“上—中—内”，其中“在上之道”最为广大，达于天地间，先于人之循性；“在中之教”是人于其善性之扩充、实现，以及对道之明晓，故而承上启下，最能体现人之能动性；“在内之性”是人天生之善性，自然无为。在这个建构中，教之功被凸显出来，其能于扩充善性中“尽人之性”，并于人之弘道中“尽人、物之性”。道、性、教三者不可分割，彼此配合，以期人之成圣贤、世之开太平。

虽然仁斋对宋儒之批判难以成立，但于其对朱子学的反对中，可以看到仁斋对宋儒的理解，及其想要突破宋儒框架而直面经典的努力。仁斋之性教观虽然略有瑕疵，但其性教观确实已具体系性，其对人道以及教之重视更是凸显了人的作用，极有益于学者之进学成德。

荻生徂徕"德者得也"解
——基于对朱子的批判与重释

○王　蕾　中国人民大学

[摘要] 荻生徂徕是日本江户时期的儒者、古文辞学家，其学说的特点在于回归六经之古言世界，故与对传统儒学进行承创的宋儒之说有所抵牾。在涉及"德"之理解的问题上，荻生徂徕否定朱子"德者得也"的论说，并从其以"理"言"道"、以心言德的层面展开批判。进一步以"先王之道""礼乐得诸身"的成德路径建立其批判的有效性。本文聚焦二者对"德者得也"理解之分歧，通过阐释荻生徂徕成德路径的方式，分析其对于朱子批判的基点、内容及有效性建立的依据。

[关键词] 荻生徂徕; 德者得也; 学以成德

荻生徂徕[①]（1666—1728）是日本江户时代中期的儒学家，是萱园学派（古文辞学派）的创始人。作为古学派的"集大成者"[②]，徂徕之学说使得"原有的儒学体系焕然一新"[③]。

---

① 以下皆称之为"徂徕"。

② 朱谦之谈到，古学派的产生是思想界的新力量，其意欲改造自己周围的事物，但却怯懦地求助于中国的孔子之道……他们的思想虽仍不出儒学的范围，不可能对封建秩序进行根本的批判，但由于其对国家权力保护之下的朱子学多少作了一些批判，这在一定程度上触动了当时严格的封建等级制度，就这种意义说，古学派便具有创造新局面的新气象。朱谦之对古学派的评价是基于自身的阶级立场的，因此对这种复古之道持保守的态度，但他依旧对古学派的创新之处及其对代表封建正统的朱子的批判给予了肯定的评价。就其言古学派之特点有"复古"倾向这一点来说，是毋庸置疑的。

③ [日] 子安宣邦:《徂徕学讲义》，东京: 岩波书店，2008 年，第 2 页。

徂徕之学说充盈着先秦古言的论说与对回归六经世界的向往，如其论“先王之道”“性”“德”“圣人”等传统儒家之重要概念时，必基于回归古言的方式予以探讨。在此言说的基础上，必然与承创传统儒学的宋儒之论有所矛盾，尤其呈现在“道”与“德”的分歧上。徂徕明确道属先王，德属“我”，在主体意义上便切断了“道”与“德”联结的可能。宋儒以“教人忘嗜欲而归性命之道也”[①] 联结“性”(德)与“道”。如若不按宋儒式的“复性”思路，将“道”“性”在“天理”的层面等同，常人如何与“道”产生联结的契机？徂徕不言“复性”，强调通过“成德”的方式，打通限制在主体中的“道”与“德”，此是与宋儒“性即理”的先天层面截然不同的进路。此间关涉二者对于“道”“德”之界定的分歧。

不仅如此，徂徕之“成德”进路亦包含对“德”与“性”之关系的理解，其言:“性人人殊，故德亦人人殊焉。”[②] 此种“性”“德”之理解与宋儒“仁义礼智，性之四德也”[③] 的性德观亦有所扞格，是在个性的基础上言“性”，与宋儒之共性的思路截然相反。

关于“道”“德”之关系、“性”“德”之关系，徂徕在批判朱子“德者得也”的论述中语焉甚详，其在《辨名》德六则中写道：

> 德者得也，谓人各有所得于道也。或得诸性，或得诸学，皆以性殊焉。性人人殊，故德亦人人殊焉。[④]

徂徕认为人之所得于道为“德”，且“德”因先天之“性”不同而有所殊异，这里逻辑地分梳出“德”中所含蕴的“道”之内涵、“性”之内涵以及“学”之内涵，关涉徂徕学说的一贯性。由是观之，徂徕的“德”之言说是在“性”“学”等儒家重要的概念的相互联系中展开的，在这个意义上与宋儒的言说方式具有一致性。故对“德者得也”命题的理解，可通过比较朱子与徂徕在“德”之论述上的差异。而徂徕之“德”论关涉其成德的路径，其重要性不言而喻。故厘清二者的分殊，可进一步探析徂徕学说体系间的关联。那么，徂徕是基于何种理论视角对朱子“德者得也”进行批判的？此种批判的有效性何在？徂徕又是如何在此批判的基础上展现其特

① （清）董诰等编:《全唐文》，北京：中华书局，1983 年，第 6434 页。

② ［日］荻生徂徕:《辨名》，［日］吉川幸次郎、［日］丸山真男等译著:《日本思想大系 36》，东京：岩波书店，1973 年，第 212 页。

③ （宋）朱熹:《四书章句集注》，北京：中华书局，1983 年，第 355 页。

④ ［日］荻生徂徕:《辨名》，［日］吉川幸次郎、［日］丸山真男等译著:《日本思想大系 36》，东京：岩波书店，1973 年，第 212 页。

有的“成德”观的?

本文将围绕徂徕对朱子“德者得也”的批判与重释，分析其批判的有效性与缺憾之处，并进一步探析徂徕之“成德”进路。

一、朱子“德者得也”的诠释

朱子在解释《论语》“子曰:‘志于道，据于德，依于仁，游于艺。’”[①]时，谈到对“德”的理解，认为:

> 德者，得也，得其道于心而不失之谓也。得之于心而守之不失，则终始惟一，而有日新之功矣。[②]

首先必须明确的是朱子对“德”是如何界定的。朱子解“德”可有两种解释的方向，一为“得”，二为“不失”，即从得到和保有两个面向来释“德”。朱子所言“得”之内容即“道”,“道”乃“人伦日用之间所当行者是也”[③]，是人伦社会的“所当然之则”，即“人物活动所必须遵守的理所当然的道理”[④]，这种道理即天理，故朱子将道与天理等同，认为“理也者，形而上之道也”[⑤]。道（理）的寓所是“心”，于心而不失，须作居敬涵养的功夫，由此而转向了内在的道德修养与心性涵泳。易言之，朱子之“道”本身具有形上之先验性，且以心为得道、守道之涵养寓所，如此意义上的“德”，是自天理—物理—伦理下落于个体之过程。另外，基于“性即理”的立场，朱子将“性”与“德”直接相连，认为“仁义礼智，性之四德也”[⑥]。而此四德是根植于心的存在，由此便将心、性、德在性的层面统一。又,“仁”相对于其他三者而言具有“仁包四德”的表现，则进一步具化为“仁者，仁之本体；礼者，仁之节文；义者，仁之断制；知者，仁之分别”[⑦]，义、礼、智皆为“仁”所统摄。

需注意的是，朱子在解“德”时，有思想上的转化，体现在“行道而有得于身

① （宋）朱熹:《四书章句集注》，北京：中华书局，1983年，第94页。
② （宋）朱熹:《四书章句集注》，北京：中华书局，1983年，第95页。
③ （宋）朱熹:《四书章句集注》，北京：中华书局，1983年，第95页。
④ 张立文:《中国哲学史新编》，北京：中国人民大学出版社，2007年，第279页。
⑤ （清）刘源渌撰，黄珅校点:《近思续录》，上海：华东师范大学出版社，2015年，第5页。
⑥ （宋）朱熹:《四书章句集注》，北京：中华书局，1983年，第355页。
⑦ （宋）黎靖德编，王星贤点校:《朱子语类》，北京：中华书局，1986年，第109页。

也”“道之得于身者谓之德”①改“身”为“心”，对此朱子曰：“所谓‘得’者，谓其行之熟，而心安于此也。如此去为政，自是人服。”②此处“得”的条件是“行之熟”，强调的亦是“行”的程度。对于此间涉及的“心”与“身”的关系，安卿曰：“‘得于心而不失’，可包得‘行道而有得于身’。”朱子对此评价说：“如此较牢固，真个是得而不失了。”③据此可窥见朱子在身心关系的阐发中，保持了二者的连续性和一致性，这与其所谓“在天为命，在义为理，在人为性，主于身为心，其实一也”④具有相当的契合，具体体现在身心并举的论说上。如在解释“格物”时说：“凡自家身心上，皆须体验得一个是非。”⑤此是在身心并举、身心并言的基础上来讲格物之效验。然朱子亦以身心对举，将身心分作为二，在解释“正心”“诚意”时，有意区分身心之别：“诚意、正心、修身，意是指已发处看，心是指体看。意是动，心又是该动静。身对心而言，则心正是内。能如此修身，是内外都尽。”⑥这里，将“心”作内，“身”作外，进而解释二条目：“正心是就心上说，修身是就应事接物上说。那事不自心做出来！如修身，如絜矩，都是心做出来。但正心，却是萌芽上理会。若修身与絜矩等事，都是各就地头上理会。”⑦由此产生二条目之间微妙的分际，事自心而做出，但心为身之主宰，身只对外事而言。

在朱子，心是指人的知觉活动，这一知觉活动觉于理者即是道心。此心是对万物的知觉能力，与性和理相比，心更具经验的性质，如此朱子将身心并举之意便可解为：身主外，针对事而言，而心是对事的觉知，是“灵”“气之精爽”，是故身心以“事”为桥梁，绾合相互共通的两端，方有了并言之可能；换言之，“事”为身心的中介，皆可上溯至形而上的理本体，在此意义上身心具有了可以言说的一致性。心之“知觉”“虚灵明觉”，是身所不具备的能力，故方有内外之别。通过上述分析，可知朱子以身心言德，有并言和对言两种阐发的方式，需理解其中其“心”之意义的赋予，也即对于天理的体认（得道于心），觉于理便是“得”，即“德”。

由上可知，在“德者得也”的论说中，朱子首先是在性即理的意义上言“德”，

---

①（清）刘源渌撰，黄珅校点：《近思续录》，上海：华东师范大学出版社，2015 年，第 8 页。

②（宋）黎靖德编，王星贤点校：《朱子语类》，北京：中华书局，1986 年，第 536 页。

③（宋）黎靖德编，王星贤点校：《朱子语类》，北京：中华书局，1986 年，第 536 页。

④（南宋）吕祖谦编撰，（南宋）叶采集解，程水龙校注：《近思录集解》，北京：中华书局，2017 年，第 28 页。

⑤（宋）黎靖德编，王星贤点校：《朱子语类》，北京：中华书局，1986 年，第 284 页。

⑥（宋）黎靖德编，王星贤点校：《朱子语类》，北京：中华书局，1986 年，第 306 页。

⑦（宋）黎靖德编，王星贤点校：《朱子语类》，北京：中华书局，1986 年，第 307 页。

即在“道”“理”统合的意义上言说，故性、德可在“理”或“道”的层面统贯；其次是在身心关系中展开的。具体表现为身心并言、身心对言两种言说的方式：前者以“事”为介质，“心”注重的是知觉、虚灵明觉的作用，“身”主外，可以应接“事”，构成心—事—身的关系，心觉于理便“得”（德）这是身心并言的第一层含义。第二层即天理之下落，至身心，心乃身之主宰，与性、命具有同一的天理本体，“皆一也”，就身心并言，皆是以本体而言；后者身心对言，以身无觉知而言，与心有所区别，且对“事”有内外之处理差别，这与前者第一层含义的侧重是有差分的，是以用而言。如此，朱子较为圆融的体系，在徂徕看来纰漏何在？徂徕又是如何批判朱子“德者得也”之论述的呢？

二、荻生徂徕对“德者得也”的重释：基于对朱子的批判

朱子言“德者得也”是基于理学的视角，在此意义上，“性”“理”“德”“道”“身”“心”在天理的层面一以贯之，此一体系在朱子的话语体系中业已圆融自洽。那徂徕是如何针对朱子这一圆融的体系进行批判的？首先需进入徂徕对“德者得也”的界定中进行考量：

> 德者得也，谓人各有所得于道也。或得诸性，或得诸学，皆以性殊焉。性人人殊，故德亦人人殊焉。[①]

徂徕言“德”的方式也同宋儒一般由“道”引出，但徂徕之“道”与朱子之“道”截然不同，徂徕之“道”赋予了“先王之道”的内涵，是在“先王之道”的基础上对朱子展开的批判，徂徕言：

> 朱子解曰：“德之为言得也。行道而有得于心也。”夫道者先王之道也。传曰：“苟非其人，道不虚行。则其德未成，安能行道乎。”是其意以道为当然之理，故有是解已。且德固不可离心而言。然仅以心言之，乌足以为德哉。[②]

① ［日］荻生徂徕：《辨名》，［日］吉川幸次郎、［日］丸山真男等译著：《日本思想大系36》，东京：岩波书店，1973年，第212页。

② ［日］荻生徂徕：《辨名》，［日］吉川幸次郎、［日］丸山真男等译著：《日本思想大系36》，东京：岩波书店，1973年，第212页。

首先，徂徕否认了“行道”之“道”的内涵是朱子所谓的“当行之理”，而将其界定为“先王之道”，并引《易经·系辞下》“苟非其人，道不虚行”，可知徂徕赋予了“易道”以新的内涵，即先王之道，认为“德”不成难以行道。如此，“德”至“道”的过程便是一种向度和朝向，“成德”方能趋近“先王之道”，而并非于道而行道，这里产生的分际是“道”的持有问题，徂徕言“夫道，先王之道也”①，“先王之道，先王所造也，非天地自然之道也”②，先王即“道”之持有者。此处徂徕也区分了“道”与“德”，二者有明显的层级关系，“道”是优于“德”之存在，如其所言“道者先王之道也。学先王之道以成德于己。是所谓道德也”③。而朱子认为每个人的心中本然具有天理（天命之性），常人也可做“道”之保有者，只是要作存天理、去人欲的功夫。是为徂徕所批判的“道”之理解，以之为“私意”。

其次，徂徕肯认言“德”不可离“心”，但批评朱子“仅以心言之”，由前述可知，朱子以身心言德有两种路向，一是身心并言，二是身心对言，并没有仅“以心言之”。那么，徂徕是在何种意义上对朱子展开批判的？徂徕言：

> 乡饮酒之义曰：“德也者，得于身也。”④朱子意谓不言心而言身，犹浅矣，不知古言之失耳。古无以身心对言者，凡言身者，皆谓己也，己岂外心哉。⑤

徂徕回归古言，援引《礼记·乡饮酒义》言“得于身”为德，并从朱子的立场出发，认为他会把不言“得于心”而言“得于身”当作是浅陋的，由此认为朱子不知古言，进而言古时没有身心相对而言者。一般地，若言身，皆是指自己；若言己，不可以去掉心为外而言。也就是说，“己”涵括身心，言“身”即言“己”，“心”已然包含在“己”中。子安宣邦对此解释说，“徂徕在此说道，古语中的‘身’所指的是‘己’，而非与心对言存在。所谓‘己’，是身心一体性的存在，因此‘得于身’说的是身心

---

① ［日］荻生徂徕：《辨名》，［日］吉川幸次郎、［日］丸山真男等译著：《日本思想大系36》，东京：岩波书店，1973年，第200页。

② ［日］荻生徂徕：《辨名》，［日］吉川幸次郎、［日］丸山真男等译著：《日本思想大系36》，东京：岩波书店，1973年，第201页。

③ ［日］今中宽司、［日］奈良本辰也编集：《论语徵》，《荻生徂徕全集·第二卷》，东京：河出书房新社，第610页。

④ （清）孙希旦撰，沈啸寰、王星贤点校《礼记集解》，中华书局，1989年，第1427页。

⑤ ［日］荻生徂徕：《辨名》，［日］吉川幸次郎、［日］丸山真男等译著：《日本思想大系36》，东京：岩波书店，1973年，第212页。

一体性的‘己’德之形成”[①]，“他所言之身体论式的言论是从超越身心二元论式之言论的视角（出发）而形成的”[②]。朱子将“德”理解为从精神的深层得到的东西，并注之于“心”，徂徕批判朱子的基点在于，朱子之说并未遵从古言。此是基于徂徕自己的价值判断而作出的，这是显而易见的。对徂徕而言，“德”确实离不开内在的“心”层面，但更应该在具体的“身”层面获得。由此，在对朱子和《乡饮酒义》中“德”之界定的比较中，徂徕言：

> 何其霄壤也。古书之身，皆谓我也。佛氏身心之说出，而学者嫌其浅耳。礼乐者，道艺也。道艺在外，学而德成于我。故曰得于身。古书之言。一字不可易者如此。朱子意，道者当然之理，行之而得于心。枯单哉。且德有达德，有性之德，有有德之人。岂可一训通哉。[③]

徂徕认为朱子训“德于心”偏离古言之意，有落入佛老之嫌。何以言“得于身”？因礼乐之道是相对“我”而言的外在道艺，“我”之身通过“学”可以成德。古书之言一字不可有差异，朱子以“德于心”训“德”，忽视了对具有其他内涵之“德”的关注。综上所述，徂徕批判朱子的立场有二：其一是对“道者，所当然之理”的否定，认为道为“先王之道”，于此否定了朱子之形上本体，进而自然地否定心、性、命、理“皆一”；其二，徂徕认为朱子仅以心言德，与古言相悖。但通过上述的分析，可知晓朱子之“德”并非是仅以“心”而言，亦注重对于“身”的修养，且在与“事”相连的意义上，身心具有一致性，并肯认“得于心”可包“得于身”。

至此可见，徂徕对于朱子之“德者得也”的理解在某种程度上忽视了其“身”之观点，偏重对朱子内向性言“心”之方向的批判，所以有此偏重，概与朱子学说的整体偏向即注重道德的认知与践履（德性之知）是分不开的。且徂徕以为朱子“一训通哉”，忽视了“德”的丰富性内涵赋予，但事实也非全如徂徕所言，朱子也言“有德之人”：“人之有德，发之于政，如水便是个湿底物事，火便是个热底物事。有是德，便有是政。”[④]亦以“己”“身”言德：“德者，己之所独得”，“盛德以身之所得而言”[⑤]。

---

① ［日］子安宣邦：《徂徕学讲义》，东京：岩波书店，第 69 页。
② ［日］子安宣邦：《徂徕学讲义》，东京：岩波书店，第 9 页。
③ ［日］今中宽司、［日］奈良本辰也编集：《论语徵》，《荻生徂徕全集·第二卷》，东京：河出书房新社，第 496 页。
④ （宋）黎靖德编，王星贤点校：《朱子语类》，北京：中华书局，1986 年，第 533 页。
⑤ （宋）黎靖德编，王星贤点校：《朱子语类》，北京：中华书局，1986 年，第 101 页。

由此，徂徕之批判的有效性在上述意义中有不定之处，那么，其批判的有效性何以建立呢？不妨从徂徕的“成德”路径，即“得”之路径中考索。

三、徂徕“礼乐得诸身”之成德路径

由上可知，徂徕言“德者得也”是基于其对儒家重要概念的界定，此种界定是力图回归古言世界的尝试。首先是对“道”之界定，认为“道”是“先王之道”“圣人之道”，即“天下安民之道”，相较宋儒治政之“道”的理解，此种“道”的内涵是“非礼乐刑政别有所谓道者也”，此一种“道”是外在于“我”之“道”，需要通过联结内外的媒介打通，即在“道”与“德”之中寻找联结的纽带。在徂徕处，是谓“学”。关于“学”，徂徕语焉甚详。首先，关于“学”之主体徂徕说：

> 古圣人之道，治民之道也。是以士之学焉者，必志于治民。[①]
>
> 君子，治民者之称。包大夫以上，虽在下，其德足以长民，亦谓君子也。[②]

在徂徕的言说体系中，“学”的主体集中在有位的“君子”，即古之所谓“士”，如传统儒家重视君子之德一样，徂徕对君子的界定中也有“德”，不过“德”之内涵并非是先天具有的德性，而是需要通过外在之“学”来达到的。此处界定的“君子”不再如宋儒所言般重德性，而是具有实质的治民之职，且其德足以使民“长”。这里，徂徕区分了上下，即君子在上，民在下。由此而有君子、小人之分。何谓小人？“小人，亦民之称也。民之所务，在营生。故其所志在成一己，而无安民之心。是谓之小人。其所志小故也。”[③]可知，君子、小人之分判在于有无安民之志。民虽有志，但只为自身之营生，相对君子之安天下之心志尤小。由此区分上下。

其次，关于“学”之内容，徂徕也作了区分：

> 学农圃，学射御，亦皆言学。而单言学者，学先王之道也。学先王之

---

① ［日］今中宽司、［日］奈良本辰也编集：《论语徵》，《荻生徂徕全集・第二卷》，东京：河出书房新社，第 651 页。

② ［日］今中宽司、［日］奈良本辰也编集：《论语徵》，《荻生徂徕全集・第二卷》，东京：河出书房新社，第 488-489 页。

③ ［日］荻生徂徕：《辨名》，［日］吉川幸次郎、［日］丸山真男等译著：《日本思想大系 36》，东京：岩波书店，1973 年，第 254 页。

道，自有先王之教。传曰："乐正崇四术，立四教。顺先王诗书礼乐以造士。"是也。①

学者，谓学先王之道也。先王之道，在诗书礼乐。故学之方，亦学诗书礼乐而已矣，是谓四教，又谓之四术。②

"学"之对象有所不同，若"学"与"学"之对象同时出现，则仅指向学的具体内容。若单论"学"之一字，则内涵"先王之道"的内容。那么，何谓"道"？徂徕言：

道者统名也，以有所由言之。盖古先圣王所立焉，使天下后世之人由此以行。而己亦由此以行也。辟诸人由道路以行，故谓之道。自孝悌仁义，以至于礼乐刑政，合以名之，故曰统名也。③

"道"是统合性名辞，是将诸名辞统合起来的概念。所谓道，因为是人所从由之处，所以才会被称为道。这个道就是古代圣王所制作之物，使天下后世的人们据此（道）而行，并且王自身也基于此（道）而行。因喻其依道路而行，所以被命名为道。从孝悌仁义这样的道德性名辞到礼乐刑政这样的社会性、政治性名辞，把他们统合起来，命名为道。因此道被称为统名。徂徕亦将"先王之道"作"孔子之道""安天下之道""六经"解。上言君子与小人之别，即"先王之道"是以"安天下"为目的，故"学"之主体自然限制在了"君子"，如此便有君子学先王之道、礼乐刑政之道。在此徂徕亦强调：

大氐先王之道，若迂若远，常人所不能知。故曰："民可使由之，不可使知之。"④

先王之道，是一种宏大的存在，因其迂回遥远而难以把握，所以对一般人而言是无法知晓的存在。只有圣人、先王可以知"道"。君子可以通过学先王之道的载体"六经"来体道、靠近道，而小人则是"由"先王之教。至此可以看出徂徕之"道"与

① ［日］今中宽司、［日］奈良本辰也编集：《论语徵》，《荻生徂徕全集·第二卷》，东京：河出书房新社，第488页。

② ［日］今中宽司、［日］奈良本辰也编集：《论语徵》，《荻生徂徕全集·第二卷》，东京：河出书房新社，第488页。

③ ［日］荻生徂徕：《辨名》，［日］吉川幸次郎、［日］丸山真男等译著：《日本思想大系36》，东京：岩波书店，1973年，第210页。

④ ［日］荻生徂徕：《辨名》，［日］吉川幸次郎、［日］丸山真男等译著：《日本思想大系36》，东京：岩波书店，1973年，第210页。

朱子之“道”的异同：二者之“道”皆是超越性的存在，然朱子之道可以通过复性的方式把握，人人皆可获得；徂徕则将道的所有者限制在圣人，且道是制作而来，并非是纯粹的自然之存在。明确“学”先王之道的内涵则可知徂徕“礼乐得诸身，谓之德”之义，进一步便可明晰“古之君子，皆礼乐以成其德”[①]之路径。由学以成君子之德，徂徕也提及“学”之方式：

> 先王之道，善美所会萃，天下莫尚焉。而其教法，顺阴阳之宜以将总之，假以岁月而长养之，学者优游于其中，久与之化。德日以进，辟诸时雨之化，大者大生，小者小生。[②]

先王之道中包含着先王之教，其教顺乎阴阳之时宜。学先王之道以成德需假以时日，养德以成德。强调学者优游于先王之教中，此是一种浸润的方式。如同时雨之化，皆可使物生，以达成风化俗之效。正是因为长期的浸润，故在无意识中也会达到潜移默化的效果。但徂徕更注重“久与之化”的前提：“习”。徂徕说“要在习而熟之，久与之化也”，此为“古之教法为尔”。若将“学”与“习”对举而言，学主外，习主内，是将先王之道内化成德之过程。由“学”到“习”是外在的先王之道与“我”之“德”逐渐相关的过程，是一种外内脉络的转化，可知徂徕的学说并非强调一种单纯的外在视角，而是注重由外到内的转化。此外“学”“习”先王之道，亦要知为何学，即知其所以然：

> 故学先王之道，而不知其所以然，则学不可得而成矣。故孔门之教，必依于仁。苟其心常依先王安民之德。[③]
>
> 仁者，谓长人安民之德也，是圣人之大德也。“天地大德曰生”，圣人则之，故又谓之“好生之德”。圣人者，古之君天下者也，故君之德莫尚焉。是以《传》曰：“为人君止于仁。”圣人也者，不可得而学矣。后之君子学圣人之道以成其德者，仁为至焉。故孔子曰：“君子去仁，恶乎成名？”言所以命君子者，以仁也。故孔门之教，必依于仁，谓其心不与圣人之仁相

---

① ［日］今中宽司、［日］奈良本辰也编集：《论语徵》，《荻生徂徕全集·第二卷》，东京：河出书房新社，第546页。

② ［日］今中宽司、［日］奈良本辰也编集：《论语徵》，《荻生徂徕全集·第二卷》，东京：河出书房新社，第488页。

③ ［日］荻生徂徕：《辨名》，［日］吉川幸次郎、［日］丸山真男等译著：《日本思想大系36》，东京：岩波书店，1973年，第249页。

离也。故仁者，圣人之大德，而君子之所以为德也。[①]

仁是圣人之大德，可以使君子成为人之长，可以安天下百姓。圣人效法天地生生之大德，仁由此为“好生之德”，这是君主最大的德性，也是君主之所以为君主的依据。虽然圣人不可学，但后世君子可以通过仁，学圣人之道、成自身之德，此为孔门之教，亦是孔门之教“依于仁”的原因所在。由此，君子“依于仁”以成已之德。又讲“君之使斯民学以成其德”的效用是用以“官人”，最终还是为达到安民的目的。概而言之，圣人之德无所不备，君子之德因性之不同有所殊，但辅仁安民之功用一也。此段涉及三个主体：一是圣王，二是君子，三是民。圣王之德无所不备，仁是其大德，旨归是安天下之民，但圣人也需“学”:“故虽圣人，不学不能知道。”[②]君子可学以成德，常人是作为“可使由之”之存在，是需要教化来成其德的，而依据便是人之性情，即心，即“相爱相养相辅相成之心”。由此，圣人便通过人与人之间所具有的相辅助之心（性情）以及统治者所持有的运用营为之才能，成为构建安民之道的前提。而这一过程，亦是君子、常人实现自身“德”的进程，也是圣人安民之大德的显现。综上可知，徂徕“依于仁”之义，构成了内含安民指向的学先王之道以成德的路径。那么，徂徕之成德想要达到何种理想的政治样态呢？其言：

盖人性之殊，譬诸草木区以别焉。虽圣人之善教，亦不能强之。故各随其性所近，养以成其德。德立而材成，然后官之。及其材之成也，虽圣人亦有不能及者。[③]

上述谈及由外向内的转化，基点便在于人之性。至此，又可以回到开篇所言“性人人殊”“德亦人人殊”的语境中。徂徕所理解的人性是个性的存在，如同草木之有别。虽圣人之教不能强改其性。徂徕对“性”的界定是“皆指人之性善移而言之也”[④]。首先，

---

① ［日］荻生徂徕:《辨名》,［日］吉川幸次郎、［日］丸山真男等译著:《日本思想大系 36》，东京：岩波书店，1973 年，第 213 页。

② ［日］荻生徂徕:《辨名》,［日］吉川幸次郎、［日］丸山真男等译著:《日本思想大系 36》，东京：岩波书店，1973 年，第 250 页。

③ ［日］荻生徂徕:《辨名》,［日］吉川幸次郎、［日］丸山真男等译著:《日本思想大系 36》，东京：岩波书店，1973 年，第 212 页。

④ ［日］荻生徂徕:《辨名》,［日］吉川幸次郎、［日］丸山真男等译著:《日本思想大系 36》，东京：岩波书店，1973 年，第 240 页。

徂徕之“性”不同于传统以善恶论性的二元模式，他认为“性者人之所受天”[①]，性虽各有不同，但不涉及善恶的问题。在此基础上，徂徕批判宋儒将人之性区别为天命之性（纯善无恶）和气质之性（有善有恶），并以“复性”即“变化气质”作为回复性之初的本原状态的方法，强调人生禀受之“性”是不可变的。但不可变之“性”，“皆以善移为其性”[②]，而可“移”的契机亦在于“习”。如此“习性”与“成德”绾合在一起，可解“德”可求诸“性”之言，即在于共有之“学”“习”的成德之方。关于“性”与“德”之关系，有学者将“德”理解为在各自本来人性基础上发掘潜在的能力，如此，使“德”有了些许先验的意味，或可作“或得诸性”之一解。

由上述可知，徂徕对于朱子“德者得也”的重释是以“礼乐得诸身”为内涵的。“得”以“学”为中介，学之主体指向君子，学之内容涵括先王之道、礼乐刑政之道。学之方式是渐进的功夫，需假以岁月，同时亦强调礼乐之“化”的作用，如此便可统合有意之“学”与无意之“化”，使得礼乐浸润于“身”，达到“身得”。在有意之“学”的方面需要由外向内转化，即“习”，二者相互贯通，构成了一种外“学”内“习”式的成德路径。在向内的掘发过程中，“性”之作用凸显，“性”作为内在因素人人殊异，由此与“德”相关联。“习性”与“成德”内外贯通。此外，成德需知其所以然，强调“孔门之教，依于仁”，最终实现人各随其性养其德，各因其德而有其材，用以官人，达到安民的理想政治。据此，徂徕“德者得也”之解通过“礼乐得诸身”的方式得以完成；其对朱子的批判也在此成德路径中彰显。

明确徂徕批判的有效性需先明确徂徕与朱子之言说体系的迥异之处。具体呈现在二者对传统儒家之概念的界定上。一是徂徕之“道”是充斥着具体礼乐刑政的先王之道，而朱子则是以“理”言“道”，二者在对“道”的认识上虽然都赋予其具体的内容，但在“道”的来源和持有者上产生分歧。在徂徕，“道”属先王，“德”属“我”；在朱子，“道”“德”既属圣人亦属“我”。二是对“德”（得）之内涵理解不同，徂徕回归六经世界，以“得诸礼乐”为“德”，是一种外在的获得方式，由此更强调“身得”；而朱子之德，是得天理于心，进而持敬涵养，是一种内在修养的方式。三是徂徕之成德的路径重在“学”“习”，是由外而内的成德方向，同时，其强调“学”之重要性，

① ［日］荻生徂徕：《辨名》，［日］吉川幸次郎、［日］丸山真男等译著：《日本思想大系 36》，东京：岩波书店，1973 年，第 241 页。

② ［日］荻生徂徕：《辨名》，［日］吉川幸次郎、［日］丸山真男等译著：《日本思想大系 36》，东京：岩波书店，1973 年，第 240 页。

圣人亦需“学”；朱子之成德的路径虽贯通上下，但重点还是内外相需，且最终通过“复性”的方式以成德、成人，落脚点在于内。在明确二者的学说之差异后可知，徂徕批判朱子“德者得也”的有效性实则是在其自身体系中成立的，其思想的一贯性在以“先王之道”为本的体系中圆融自洽。

四、结　语

徂徕“德者得也”之解，是基于对朱子“德者得也”的批判而展开的，故需明确二者的分辨实则是由两个不同学说体系之间具有的异质性导致的分歧。朱子以“得”与“不失”两种面向解释“德者得也”命题。“得”与“不失”的对象是“道”，即“理”，“得”与“不失”的寓所是“心”，故可理解为“心得”。心得与心德在天理的意义上具有一致性，因为在朱子的言说体系中心，性可在“理”的层面统一，以“理”一以贯之。但是，朱子在解“德”时有思想上的转化，即从“身得”转向“心得”，且肯认前者包含后者。但这并不代表朱子对“身”的摒弃，而是在身心的层面强调“心”的作用，这与其重道德涵养的思维理路是一致的。身心关系在朱子的学说中有身心对言与身心并言两种言说的方式，在身心对言中强调身相对于心的外在性，并以“事”作为分判，身心并言是在天理的层面强调一致性，即“心觉于理”。在朱子处，“德者得也”的解释在其学中得以自洽。

然徂徕对朱子“德者得也”的批判也针对上述两个维度展开。徂徕也言“道”，不过不是“天理”，是以“礼乐刑政”为内涵的“先王之道”，相对朱子之“天理”具有人为性，徂徕之“道”是先王所造。故徂徕在此意义上否认朱子之“道”，并在“道”的保有者上加以区别，认为道属先王，不属人人，如此就将道悬置于常人之上，使得“学”得以可能。在身心关系上，徂徕批判朱子“仅以心”言德，这是站在古言的立场进行批判。徂徕认为古言中的“身”包含“己”,“心”已经包含在“己”中，不可将身心分作两个，且认为朱子“一训通哉”。在朱子“德者得也”的分析中，可知徂徕的批判不具有完全的有效性，对朱子的学说构不成完全意义上的批判。由此，就需要寻找徂徕之批判依据，回到“德者得也”背后的整体思想——表现为“礼乐得诸身”的成德路径。在徂徕的成德体系中，君子为成德之主体，通过“学”“习”先王之道以成德，使得“礼乐得诸身”。此种成德的路径是由外而内“习熟”之的过程，前提是对身外之“道”的学，相较之下，朱子的成德路径是先天而后天又复归于先天的“复性”思路，是以“存天理”为特征的。二者成德路径的不同基于相异的思想体系。故可以知晓，徂徕对朱子的批判是在其自身的思想体系中进行的，对于“德者得也”的重释，也是基于“礼乐得诸身”进行理解的。故其批判的有效性是在其自身体系中成立的，其思想的一贯性在以“先王之道”为本的成德体系中得以圆融自洽。虽然站在第三方的立场，徂徕的批判有所缺憾，但在其自身的逻辑体系中，此种缺憾是可以纾解的。

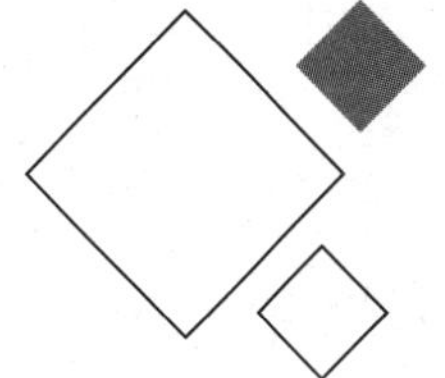

多元视角

日本“二战”后中国哲学、思想史研究中比较思想的观点
——兼论问题的提出

○ ［日］伊东贵之　日本国际日本文化研究中心

［**摘要**］中国哲学、思想史研究是日本“二战”后一个极为重要的研究课题。本文从比较思想的视角概述了日本“二战”后中国哲学与思想史研究的发展动向，同时在分析岛田虔次与沟口雄三的研究成果基础上，进一步探讨了日本“二战”后中国近世思想史的研究，对中国、日本以及韩国的儒学研究也具有积极意义。

［**关键词**］中国哲学；思想史；比较思想

一、比较思想视域下的中国哲学、思想史研究

本文首先尝试对日本“二战”后中国哲学、思想史研究中出现的比较思想观点进行概述。整体而言，在日本“二战”后的中国哲学、思想史研究领域，虽然鲜有直接性的比较思想研究，但是却强烈地显示出中国哲学、思想史研究与历史背景的连动性倾向。换句话说，它与是否能够还原相关地域性特征有关。从另一方面来说，虽然在比较哲学、比较思想的学者中以研究西方哲学、佛教的专家居多，但在比较思想这一问题上，我认为能够体现出他们对相关领域的某种普遍性意向。在对中国哲学、思想史的研究中，学者会不自觉地将其与西欧、日本等的比较作为统一的前

提；而在具体的交流史、交涉史研究中，也时常会看到比较思想的观点。下面我针对涉及比较思想的研究，按照它们的特点进行归类，并分别对其代表论著加以说明。

（一）关于与欧洲世界（特别是启蒙思想家、法国）思想交流、交涉的研究。这一研究可以追溯至“二战”前的主要成果，其中后藤末雄的《中国思想的法国西渐》[①]可以称为开山之作。[②]此外，还有和后藤末雄具有同样问题意识的堀池信夫，他的著作为《中国哲学与欧洲哲学家》上下卷（明治书院，1996年、2002年）；还有井川义次的《宋学的西迁——近代启蒙的道路》（人文书院，2009年）等。这些研究成果作为近年来重要的参考文献值得学术界关注。

（二）儒、佛、道三教交涉史的研究在日本的中国学研究领域可谓“家学”。“二战”后主要成果有荒木见悟的《佛教与儒学——中国思想的形成》（平乐寺书店，1963年；后由研文再版，1993年）和《明代思想研究——佛教与儒学的交流》（创文社，1969年）、吉川忠夫的《六朝精神史研究》（同朋舍，1984年）、福井文雅的《欧美东洋学与比较论》（隆文馆，1991年）与《汉字文化圈的思想与宗教——儒学、佛教、道教》（五曜书房，1998年）、小林正美的《六朝道教史研究》（创文社，1990年）与《六朝佛教思想研究》（创文社，1993年）、吾妻重二的《宋代思想的研究——对儒学、道教、佛教的考察》（关西大学出版部，2009年）等。然而，这其中也有像福井文雅氏一样，对缺少实际交涉、交流前提的一般性比较思想研究持否定观点的学者。

（三）比较思想的研究。这一领域最显著的特征是大量研究围绕对朱子学哲学内容的讨论展开。

在研究史上最具有代表性的观点是将朱子学的思想体系（理气论等）比作托马斯·阿奎那的静态哲学。丸山真男的《日本政治思想史研究》（东京大学出版会，1952年）作为政治学、政治思想史领域的成果，相当有名，对后来的研究也产生了非常大的影响。该书将弗兰茨·波克瑙从“自然”到“创作”的图式与黑格尔辩证法“正—反—合”的图式相结合，并以此按照“朱子学的自然—徂徕学中的创作性—宣长学作为自然包含了创作”的顺序展开论述。不过，正如后文所述，该书与早期将日本儒学分类的井上哲次郎等的图式具有潜在的相似性。而且，守本顺一郎的《东

① 《中国思想的法国西渐》，[日]矢泽利彦校订，全二卷，平凡社“东洋文库”，1974年；最早书名为《支那思想的法国西渐》，第一书阁，1933年；后改为《中国思想的法国西渐》。

② 相关研究还可以参考[法]施瓦茨的《近代法国文学中的日本与中国》，[日]北原道彦译，东京：东京大学出版会，1971年。从这部著作可以了解法国传统中的中国认识、日本观。

洋政治思想史研究》（未来社，1967年）依据马克思主义，在批判了丸山真男图式及观点的同时，也将朱子学的体系比作托马斯·阿奎那的哲学。除此之外，体现马克思主义比较思想视域、对比框架的研究还有岩间一雄的《中国政治思想史研究》（未来社，1982年）和《中国的封建性世界形象》（未来社，1982年）等。

第二种观点是通过引用亚里士多德的哲学解释朱子学思想体系（理气论等）。其中，具有开创性的著作有安田二郎的《中国近世思想研究》（弘文堂，1948年；后由筑摩书房再版，1975年）。与此同时，桑子敏雄的《关于价值的根据——亚里士多德与程伊川、朱子》（《比较思想研究》第17号，1991年）将朱子学的"物力论"（Dynamism）比作亚里士多德的哲学，批判了前文丸山真男等的观点。

在伦理学领域不少学者提出了第三种观点：朱子学的伦理学与康德的道德哲学有相似性。持有这一观点的主要学者及著作有：山本命的《宋代儒学的伦理学研究》（理想社，1973年）和《明代儒学的伦理学研究》（理想社，1974年）、高桥进的《朱熹与王阳明——物、心、理的比较思想论》（国书刊行会，1977年）、木村英一的《中国哲学的探究》（创文社，1981年）、山根三芳的《朱子伦理思想研究》（东海大学出版会，1983年）等。

第四种观点既是比较思想的视域，同时也是最重要的，即将朱子学与日本、韩国、朝鲜儒学思想进行比较、对照及交流、交涉。这是传统上的强势领域，研究成果颇丰，早在明治时期，井上哲次郎就完成了著名的三部曲《日本阳明学之哲学》（富山房，1900年）、《日本古学派之哲学》（富山房，1902年）、《日本朱子学之哲学》（富山房，1905年），他的研究对"二战"后中国学者的研究思路也产生了重大影响，如朱谦之（1899—1972）的《日本的朱子学》（生活·读书·新知三联书店，1958年）、《日本古学及阳明学》（上海人民出版社，1962年）、《日本哲学史》（生活·读书·新知三联书店，1964年）。除此之外，前文中提到的丸山真男的《日本政治思想史研究》等研究的内在前提也受到井上哲次郎的影响。而且，《日本政治思想史研究》的英译版 *Studies in the Intellectual History of Tokugawa Japan*（trans. by Mikiso Hane, University of Tokyo Press, 1989）序文中，丸山真男提到朝鲜儒学对江户儒学的巨大影响，主张予以重视；同时在对日文版进行修订时，他引证了阿部吉雄的《日本朱子学与朝鲜》（东京大学出版会，1965年）。近年来，泽井启一《作为"记号"的儒学》（光芒社，2000年）等研究也是对中国、韩国、日本儒学进行比较细致研究的著作，值得关注。

我还想介绍一下第五种观点：对中国思想特质及特征、国民性等的研究。中村元从印度哲学、佛教学的视角开辟了比较思想研究领域，同时他还是比较思想研究学会的第一任会长，他在著作《东洋人的思维方法Ⅱ——中国人的思维方法》（みすみ书房，1988年；后收录于《中村元选集》第二卷，春秋社，1988年）中，列举了汉民族的以下十一种思维特质，并进行了考察：①重视具体性的感觉；②缺乏抽象性的思维；③强调个别性；④尚古的保守性；⑤按照具体性形态产生的复杂多样性爱好；⑥形式的齐合性；⑦现实主义的倾向；⑧个人中心主义；⑨重视身份秩序；⑩尊重自然本性；⑪ 折中融合的倾向。另外，在冈田武彦的《中国思想中的理想与现实》（木耳舍，1983年；后收录于《冈田武彦全集》第十九卷，明德出版社，2010年）和《中国与中国人》（启学出版，1973年；后收录于《冈田武彦全集》第二十卷，启学出版，2010年）中，可以看到儒家的理想主义、法家的现实主义与道家的超越主义三足鼎立又互生共存的特质。除此之外，此前强调中国周边区域概念的北方欧亚史学专家冈田英弘在最近的著作《中国文明的历史》（讲谈社“现代新书”，2004年）与《何谓中国——冈田英弘著作集（第四卷）》（藤原书店，2014年）中提出某种将中国中心主义相对化的观点。

第六种观点与前文所述的第一种观点有关，但却包含了比较思想的视域，即中国思想与基督教、亚里士多德哲学间的交涉研究。除了前文所述堀池信夫的《中国哲学与欧洲哲学家》上下卷之外，关于这一观点的研究还有利玛窦的《天主实义》（柴田笃译注，平凡社“东洋文库”，2004年）、冈本Sae的《近世中国的比较思想——跨文化的邂逅》（东京大学出版会，2000年）与《耶稣会与中国知识分子》（世界史手册，山川出版社，2008年）、神崎繁的《魂的位置——十七世纪东亚对亚里士多德〈魂论〉的接受与变迁》（《中国——社会与文化》第19号，中国社会文化学会，2004年）等。[①] 实际上，这一观点范畴内的研究屈指可数。

目前，学界对于第七种观点，即中国思想与伊斯兰哲学的比较，或者说与中国穆斯林的思想交流、交涉的相关研究有了进一步发展。其中，井筒俊彦的《意识与本质——从精神层面对东洋的考察》（岩波书店，1983年；岩波文库，1991年）等作为这一领域的先驱早就相当有名。不过，近年来值得关注的有堀池信夫的《中国伊

---

① 相关研究可以参考比如［法］谢和耐的《中国与基督教——最初的对决》，［日］镰田博夫译，东京：法政大学出版局，1996年；［法］佛德力・吉海的《佩德罗・戈麦斯〈讲义要纲〉的日文翻译与日本宗教》，《东洋思想与宗教》第28号，早稻田大学东洋哲学会，2011年；等等。

斯兰哲学的形成——王岱舆研究》（人文书院，2020年）、堀池信夫所编的《中国伊斯兰思想与文化》（《亚洲游学》129号，勉诚出版，2009年）、佐藤实的《刘智的自然学——中国伊斯兰思想研究序说》（汲古书院，2008年）、中西龙也的《与中华对话的伊斯兰——17—19世纪中国穆斯林的思想活动》（京都大学学术出版会，2013年）等，他们将研究的着力点置于对思想性的交流、交涉及影响关系上。除此之外，在《中国伊斯兰思想研究》创刊号（2005年）、第2号（2006年）、第3号（2007年）中，连载了中国明代伊斯兰学者刘智（约1660—1730）的著作《天方性理》的译注。

较之于第七种观点，第八种观点则更加积极地采用比较思想的视域。其中代表性的著作中较为早期的有平冈祯吉的《〈淮南子〉中“气”的研究》（汉魏文化学会，1961年；后由理想社出版修订版，1968年），他尝试将中国古代“气”的思想与古代希腊的自然哲学进行对比和比较。在前文提到的井筒俊彦的《意识与本质——从精神层面对东洋的考察》中显示出对“东洋哲学”进行同步性构造化的志向，不仅从老庄思想的角度指出了佛教与禅宗、伊斯兰的神秘主义与苏菲派等的共通性，还对冥想的体验等进行了分析和考察。之后，佐藤贡悦在《古代中国天命思想的展开——先秦儒家思想与〈易〉的理论》（学文社，1996年）中，对荀子与霍布斯的思想进行了比较研究。同时，中岛隆博在近年来的力作《中国哲学的残响——语言与政治》（东京大学出版会，2007年）与《共生的实践——国家与宗教》（东京大学出版会，2011年）中，尝试与汉娜·阿伦特（Hannah Arendt）、列维纳斯（Emmanuel Lévinas）、雅克·德里达（Jacques Derrida）等现代思想的旗手们对话。

二、从比较思想视域看“二战”后中国近世思想史研究——以岛田虔次与沟口雄三为例①

接下来，本文想围绕“二战”后日本的比较思想研究的代表岛田虔次与沟口雄三两位学者，对笔者所从事的专业——中国近世思想史研究进行若干考察。整体而言，虽然岛田虔次与沟口雄三在程度上有些差别，但是他们的研究前提与机制都是将西欧的政治、社会思想史作为内在的参照系。除此之外，从沟口雄三的立场来看，他

① 关于这一部分的论述参考了拙稿《如何把握传统中国——从研究史上的争议看儒学的影像》，《现代思想》特集《现在为什么要谈儒学》vol.42-4，东京：青土社。

的研究明显体现出与日本进行比较的志向。

在岛田虔次的代表作《中国近代思维的挫折》（筑摩书房，1949年；改订版，1970年；后收录于井上进补注版中，平凡社“东洋文库”上下，2003年）中，他通过考察明代中叶以后阳明学历史与思想史的发展，指出中国近代思维中“天人之间的分裂”，进而从“天人关系”中提取出“个人”，并发现近代市民意识的萌芽，最终得出由于中国过早出现近代市民意识的萌芽而不得不遭遇思维挫折的结论。值得注意的是，岛田虔次的这一论述有着深刻的时代性，他在参照弗兰茨·波克瑙等的同时，与丸山真男《日本政治思想史研究》通过“自然”到“创作”的范式描绘近代性理路的视角极其相似。两者同样都在朱子学的解体过程中发现了近代思维样式的萌芽。接着，在《朱子学与阳明学》（岩波新书，1967年）中，岛田虔次一方面把阳明学发展的终点界定为“‘内’的凯歌”“圣人之道的‘内’化顶峰”，另一方面他认为徂徕学是“‘道’的彻底外化”。由此可见，岛田虔次的论述与丸山真男的观点达到了相辅相成的效果。与此同时，岛田虔次还指出，“较之于最初对中国独特性的揭示、理解，最好改为以欧洲风格的学术概念作为导入，换句话说，只能首先在中国当中阅读欧洲”（《朱子学与阳明学·后记》，第329页）。总之，岛田虔次虽然对中国儒学表现出“满腔的共感”，但是就其研究视角而言，他的确是一个“所谓的近代主义者，不，应该说是欧洲主义者”（《朱子学与阳明学·后记》，第331页）。

沟口雄三通过他的成名作《中国前近代思想的曲折与展开》（东京大学出版会，1980年）批判性地接受、继承了岛田虔次、荒木见悟、西顺藏等学者关于日本“二战”后中国思想史研究的代表性成果，研究范围上至宋代，涵盖其自身狭义上的专业领域即明清时期，下至清末、近现代的整个历史时期，他站在了广义上的中国近世，或者说是展望前近代的广阔视域，把握了贯穿这一时期思想史的本质。而且，沟口雄三还通过积极考察中国前近代思想发展连续性的侧面，以探求伴随传统思想的自生性、内在性发展而产生的革命性变迁和再生轨迹。于是，岛田虔次的观点，即认为中国近代在明末阶段遭遇了思想上的“挫折”，就成为沟口雄三批判和克服的对象；同时，也引发了沟口雄三进一步对岛田虔次研究框架本身以及将西欧价值标准外在性地运用于中国研究的批判。不过，事实上，沟口雄三的视角仍然以西欧政治、社会思想史作为内在的参照系。换句话说，沟口雄三认为明末清初在政治观、君主观、公私观以及人性观上有了很大变化，证明当时时代背景下富民阶层（地主、商人）的经济、社会力量不断壮大，因此他指出这部分富民阶层扮演了与欧洲资产阶级同等重要的历史角色。

此外，从沟口雄三的视角来看，他的比较研究在早期仍然主要以西方政治思想史、社会思想史为主，而后来一直到《中国思想的精髓Ⅰ——异同之间》（岩波书店，2011年）所收录的成果以及他与相良亨一起组织的《文学》杂志连载（1987—1988年）的研究，才强烈地显示出其对中国与日本进行对比的关注。于是，在《中国的公与私》（研文出版，1995年）等出版以后，沟口雄三重新回到以中国为中心，与日本、西方世界进行比较的研究上。而且，在早期阶段，沟口雄三当时主要是为了要对欧洲价值标准进行相对化的研究，其重点是历史时间轴上纵向文脉中的比较与对比。与此不同，我们发现在沟口雄三后来的思想中，他虽然仍以中国为中心，但对于中国、日本、西方的比较却采取了均等的相对化处理，并且以历史背景、社会构造作为研究基础，将更多的研究目光投向横向水平轴上的思想构造差异与对照。此外，值得一提的是，在东亚范围内，朝鲜、韩国恰好处于中国与日本之间，朝鲜儒学对江户儒学产生了巨大影响，现在看来，过去对朝鲜儒学等闲视之的做法已成为学界的巨大难题。

（译者：张晓明）

从宗教之"教"到礼教之"教"
——从生命论的角度看加地伸行的儒教观 *

○ 葛诗嫣　中共大连市委党校

［**摘要**］"儒教"是不是宗教的问题一直颇受争议，这与宗教及其定义的多样性有关。加地伸行认为宗教是关于死以及死后的说明者。儒教产生于对死亡的恐惧和对生命延续的渴望，在孔子之前的时代，宗教性是儒教的本质。随着孔子对儒教的继承和发展以及儒教自汉代以来成为官学，产生了儒教的礼教性，其逐渐超过宗教性而居于表面；同时，二者以孝为纽带，共同构成了儒教的内在结构。如今，人们看不到儒教底层的宗教性，认为儒教只有表面的礼教性，因此儒教成为"沉默的宗教"。在此生命论基础上以神道设教的儒教是一种贯彻生命论的教化，通过理性构建，使个人以强大的生命力来面对死亡对现世幸福的威胁，应对终极问题，彰显出人本精神。因此，儒教既是宗教，也包含礼教；是道德教育，更是圣人教化引导下的自我拯救。

［**关键词**］儒教；加地伸行；生命论；宗教；教化

"儒教"是不是宗教的问题一直饱受争议。针对这一问题，讨论的标准多集中在"宗教"的定义上，并由宗教定义延伸，逐渐关注儒教"宗教性"的呈现。对于宗教的定义，麦克斯·缪勒在《宗教学导论》中提出了比较宗教学的研究态度，认为"科

* 本论文是日本爱知大学ICCS2021年度若手研究者研究助成项目"庙学合一制的当代价值——从儒教空间的'祭政一致'特性出发"的阶段性成果之一。

学不需要宗派”[①]，并且在对不同宗教进行比较研究时认识到给宗教下定义是一件困难的事情：“各种宗教定义从其出现不久，立刻就会激起另一个断然否定它的定义。看来，世界上有多少宗教，就会有多少宗教的定义，而坚持不同宗教定义的人们之间的敌意，几乎不亚于信仰不同宗教的人们。”[②]可见，若给宗教下一个普遍性的定义，需要建立在对各种不同形态的宗教进行充分的了解和比较的基础之上，保持价值中立，考虑到每个宗教的特点和本质，而不以某一种或某一类宗教作为标准。

在比较宗教的视野中，以基督教等一神论的标准来衡量“儒教”是否是宗教，或者以神灵观念作为宗教的核心，试图在儒家经典文献中寻找相关的论述来证明其宗教性，显然是片面的。随着宗教本质相关研究的深入，将东西方各种各样的宗教进行分类并进行研究也取得了一定的成果。如日本学者岸本英夫考察了宗教定义的几种类型（以神观念为中心、以宗教经验为中心、以人类生活为中心），将宗教理解为解决人类终极问题的文化现象[③]；吕大吉结合宗教定义的综述，用“四要素”的方法来定义宗教[④]，将宗教视为一个社会文化体系。在这种综合各种宗教、各种宗教定义类型并试图概括、抽离宗教本质的倾向之下，宗教中“神”的要素逐渐弱化，宗教意识、宗教观念等概念取而代之。美国基督教新教神学家保罗·蒂利希以“终极关怀”（或“终极关切”，ultimate concern）来解释宗教信仰的本质，“信仰是终极地关怀的状态：信仰的动力学是关于人之终极关怀的动力学”[⑤]，终极关怀贯穿信仰活动的主体与客体两个方面，两方面相互作用产生终极关怀的原动力，最终彻底超越主客观二元，以达成信仰。美国宗教学家密尔顿·英格认为：“宗教可以定义为信仰和实践的体系，根据这种体系，组成某种社会团体的人们与人类生活的最根本难题展开斗争。”[⑥]他也注意到宗教对于根本难题、终极问题的解决，通过面对各种人的“存在”问题来将苦难转化为幸福。

---

① ［英］麦克斯·缪勒：《宗教学导论》，陈观胜、李培茱译，上海：上海人民出版社，1989年，第20页。

② ［英］麦克斯·缪勒：《宗教的起源与发展》，金泽译，上海：上海人民出版社，1989年，第13页。

③ 见［日］高木きよ子的《总说》（载［日］岸本英夫主编：《世界の宗教》，东京：大名堂，1981年，第2-3页）：“所谓宗教就是一种使人们生活的最终目的明了化、相信人的问题能得到最终解决，并以这种运动为中心的文化现象。”并将宗教概括为宗教意识和宗教行为两个要素，但强调了神的观念和对神的崇拜对于解决人生问题的重要作用。

④ 见吕大吉《宗教学通论新编》（北京：中国社会科学出版社，2010年，第63页）：“宗教是关于超人间、超自然力量的一种社会意识，以及因此而对之表示信仰和崇拜的行为，是综合这种意识和行为并使之规范化、体制化的社会文化体系。”

⑤ ［美］保罗·蒂利希：《信仰的动力学》，成穷译，北京：商务印书馆，2019年，第2页。

⑥ ［美］J.M. 英格：《宗教的科学研究》（上册），金泽等译，北京：中国社会科学出版社，2009年，第9页。

相对于宗教学研究者，特别是西方宗教学者将“神”扩展到最高信仰、至上权力等概念的试探，加地伸行规避了主客观二分的西方神学观点，从死亡观念的角度入手理解宗教，可以看作以终极关怀、根本难题解释宗教的延伸。在《沉默的宗教》中，加地伸行认为“最具宗教性的、宗教的本质是生死观。是说明死以及死后的世界。‘死以及死后的世界’正是宗教的根本核心，其他虽然与宗教无关也可以起作用”①。由于人们对死亡有着与生俱来的恐惧，特别是东北亚人（包括中国人和日本人）的这种畏惧感更加强烈，即畏惧死亡，从而追求对于死后世界的解释和精神寄托。基督教（以及伊斯兰教等一神教体系）和佛教等其他宗教构建了死后的世界，给予信仰者精神寄托，而儒教乐于现世，于是通过魂魄分离与结合的魂魄理论和祭祀制度的实施，将此世的生命延续到后代。

儒教的生命论结合了原始宗教（以及萨满教、巫术）的魂灵论作为理论支持，认为人死后魂与魄分离，即“魂气归于天，形魄归于地”②，通过祭祀祖先可以使魂魄短暂地再次结合，因此需要生育后代来延续生命，从而获得永恒的生命，弱化对死亡的恐惧。因此，儒教所提倡的“孝”本质是宗教性的，儒教所表现出来的礼教性也是围绕“孝”展开的对在世者的规范，即“生，事之以礼；死，葬之以礼，祭之以礼”③。从丧礼发展出来的祭祀制度和礼乐文化，构建出以礼乐文明为特色的儒教，其表象为礼教性，原本内在根植的宗教性则被隐藏了起来。加地伸行这种从“生命观”的角度理解儒教宗教性的观点，将对“死”的说明者作为宗教的本质，从祖先祭祀的角度为儒教作为宗教提供了理论支撑和事实论据。

加地伸行认为，之所以现在的儒教是“沉默”的，其宗教性受到怀疑，是因为如今礼教性掩盖了其本质的宗教渊源，已经无法从表面认知作为宗教的儒教。由于儒教的礼教性与宗教性逐渐分离并成为主流，导致人们只认为儒教是关于礼教、道德的文化体系，否认“儒教”是宗教。儒教是沉默的，不为自身“宣教”，具有儒教的宗教观念的东北亚人也对此浑然不觉，只有在举行丧礼时才会通过设灵、祭拜、

---

① ［日］加地伸行:『沈黙の宗教——儒教』, 東京: 筑摩書房, 1994 年, 第 102 頁。

② 见《礼记·郊特牲》:“魂气归于天，形魄归于地，故祭，求诸阴阳之义也。殷人先求诸阳，周人先求诸阴。”注:“魂气归于天者，阳也。形魄归于地者，阴也。故祭，求诸阴阳而已。”（清）孙希旦撰:《礼记集解》，北京：中华书局，2019 年，第 714 页。

③ 见杨伯峻《论语译注·为政篇》（北京：中华书局，2010 年，第 13 页）:“孟懿子问孝。子曰:‘无违。’樊迟御，子告之曰:‘孟孙问孝于我，我对曰，无违。’樊迟曰:‘何谓也？’子曰:‘生，事之以礼；死，葬之以礼，祭之以礼。’”

上香等行为表现出一些源自魂灵观的“原则”。因此，研究儒教需要通过表层的礼教性来窥探其深层的宗教性。那么，相对于以灵魂观念为核心的宗教性，儒教的礼教性是否只停留在世俗伦理层面？在宗教中又应当如何定位？在宗教性已经难以被发觉的当代，儒教的礼教性应当如何去解读和发挥？这些问题都可以从生命论的角度展开思考。

本文从儒家的灵魂观念入手，分析儒教宗教性与礼教性之间的关系，解读“教”的多重含义，并反思儒教的“教化”作用在儒教体系中的地位，重新解读宗教，思考“儒教”作为宗教的本质。

一、儒教的生命论

相对于佛教将人生解读为“苦”，儒教认为人生是快乐的。佛教追求解脱，而儒教看重现实的幸福。“不亦乐乎”正是儒家所追求的人生状态，因此，面对死亡这个无法回避的终极问题，儒教的解决方式是使生命延续下去。

在儒教的生命观念中，人死后“魂”与“魄”分离并散留在天上，通过“招魂”的方式可以使死者再生。加地伸行认为，这种观念来自于东北亚的原始巫术，顺应缓解对死亡的恐惧并延长生命的需求而产生。儒教思想认为，人死后魂升天魄入地，自己亲人的“魂”分散上升，但并没有就此消失，并且，在血缘上越亲近的人越确信死者魂灵的存在，且会在某一刻返回。通过祭祀祖先，同一血缘的后代使逝去长辈的魂返回，与魄再次结合，在这样短暂的停留中，先人“复生”，其生命得以延续。因此，儒教要求祭祀祖先、繁衍后代，使活着的后代祭祀家族先人的仪式可以有保障地持续下去，来追求永恒的生命。在这样的生死观中，祖先、自己、后代分别是自己的过去、现在和未来的状态，生命通过祭祀的传承不断流动下去，解决了死亡是有限生命终点的难题。《礼记·祭义》中有“身也者，父母之遗体也”[①]，在儒教中，人不是独立的个体，可以看作处于家族生命延续过程中的一个阶段，承载着对先人的责任和对后代的希冀，使生命在更大的意义上流动下去。因此，加地伸行的宗教定义是“所谓宗教，是有关死以及死后的说明者”[②]，对死亡的关注是宗教的核心。

① （清）孙希旦撰：《礼记集解》，北京：中华书局，2019年，第1226页。

② ［日］加地伸行：『儒教とは何か』，東京：中央公論新社，2005年，第33頁。

在这样的生命观念下，儒教产生了“孝”的思想，并通过“礼”的制度来维护、贯彻祭祖的仪式，以此来对抗、弱化死亡对现实幸福的威胁。因此，相信灵魂的存在是儒教的根源，由此产生了具有宗教性的“孝”，以及实践层面的“礼”。以“孝”为内涵的祭祀行为将过去、现在、未来结合起来，为礼仪制度注入将生命拓展至永恒的神圣感。加地伸行认为，儒教的礼制以丧礼为基准，而丧礼的基准是父母的丧礼，从而形成庞大的礼乐文化。① 因此，儒教的内在结构也是“家庭伦理—社会伦理—政治论”的展开模式，虽然伦理道德和政治思想被更多论及，但宗教性是儒教内在结构的重心。

当然，加地伸行的儒教生命论不乏值得商榷的部分。他站在“东北亚一体”的立场上，将“原儒时代”的巫术、灵魂观念、招魂行为等作为儒教的渊源，试图将中日的“儒教”作为同一概念探讨。如果撇开这一将“东北亚儒教”同一化的趋向，儒教最初形态的仪礼是否是原始巫术的流变，显然需要有力的证据。此外，将丧礼作为儒礼的核心和基准②，以此展开亲缘关系向社会关系的扩张，也缺乏说服力。婚、冠、丧、祭是儒礼的四种表现形式，而礼之五经则“莫重于祭”③，对祭祀的重视是先秦以来儒礼的突出表现。在《礼记·礼运》中有“是故夫礼必本于天，殽于地，列于鬼神，达于丧、祭、射、御、冠、昏、朝、聘”④，可见礼以天为根本，效仿于地，并不是源自对祖先神灵的告慰，“丧礼为基准”的观点忽略了礼源自天的制作逻辑。

不过，加地伸行从生命论的角度看待儒教，不仅回应了儒教无“神”的疑问，还将“神”从神灵、神仙、超能力者的意思扩展到汉字“神”所具有的精神、神韵等与魂灵相关的另一层含义。同时，其对儒教本质的探究将宗教定义拓展到了对死后世界的解释，冲破了以一神论为主流研究理论的宗教学，儒教生命论作为宗教生命论的一种，使儒教与其他宗教居于多元、平等的学术生态。

---

① ［日］加地伸行:『儒教とは何か』，東京：中央公論新社，2005 年，第 71-72 頁。

② 见［日］加地伸行『儒教とは何か』（東京：中央公論新社，2005 年，第 71-72 頁）：“礼（依据数字和物品的表现）是具体的行为，也就是说，丧礼中礼制的观点、礼制的组合方式、礼制的顺序，这些都是冠、婚、祭等其他礼制的构造模式。抑或是单位，或是基准。”

③ 见《礼记·祭统》:“凡治人之道，莫急于礼；礼有五经，莫重于祭。夫祭者，非物自外至者也，自中出，生于心也，心怵而奉之以礼。是故唯贤者能尽祭之义。”（清）孙希旦撰:《礼记集解》，北京：中华书局，2019 年，第 1236 页。《礼记·王制》则规定六礼为“冠、昏、丧、祭、乡、相见”。见《礼记集解》，第 397 页。此外，《礼记·昏义》有“夫礼始于冠，本于昏，重于丧、祭，尊于朝、聘，和于乡、射。此礼之大体也”，可见昏礼是礼之本。见《礼记集解》，第 1418 页。

④ （清）孙希旦撰:《礼记集解》，北京：中华书局，2019 年，第 585 页。

儒教通过家族祭祀将人的生命从有限延长到无限，故而重视教育子孙、规范后代。现世的人要将生命延续的任务交接到后代，所以重视对子孙的培养。因此，儒教之“教”的内涵也是对后代的教育之“教”，通过培育后代来确保自己在死后被祭祀回魂。儒教这种应对死亡的方式从原初的宗教性中衍生出教养的意味，也为礼教性的产生作了血缘意义上的铺垫。

二、宗教性与礼教性的发展与分离

从历史发展的维度来看，加地伸行将儒教的发展分为四个阶段：原儒时代、儒教创立时代、经学时代和儒教深化时代。“死—孝—丧礼—礼制”是儒教的重心由宗教性转向礼教性的内在逻辑结构。

在孔子之前的原儒时代，“儒”已经出现，主要承担祭祀、祈祷的职能，从事主持丧礼、为死者招魂的职业，以实现“孝”的价值。此时，儒教的宗教性与礼教性是结合在一起的，共同为生命论的需求服务。到了孔子的时代，宗教仪式的“史”与祭祀仪式的“事”分离，使儒教的礼教性与宗教性之间出现了分层：由生命论产生的宗教性处于底层，而制礼作乐的礼教性上升到表层。“生，事之以礼；死，葬之以礼，祭之以礼”①可以看作孔子对原儒时代祖先祭祀的提炼和总结。由死亡自觉产生的“孝”的要求通过丧礼扩展到整个礼制，发生了宗教仪礼向伦理仪礼的转化。在这一时期，孔子区别了“君子儒”与“小人儒”，对君子人格的追求加强了儒教从原儒时代宗教性的脱离，并通过“仁”学说的阐释和扩展在伦理上确定了儒家的理论根基。同时，孔子创办私学，以培养官僚为目的，“儒教的历史古老，而孔子开创了一座山。对于孔子以前的既风俗又宗教性的儒教，作为‘集大成者’的孔子增加了思想性与社会性”②，使儒教的理论更加适应现实，迈入了政治论的领域。到了汉代，儒学发展到经学时代，获得官方认可的儒教被国教化，礼教性与宗教性进一步分离，其应用性和实践性被强化，成为儒教的主流。此时，以宗教性为基础的儒教，其礼教性升华成为上层结构。礼教性具有“公”的性质，发展为社会伦理和政治理论，宗教性则承

① 见杨伯峻《论语译注·为政篇》（北京：中华书局，2010年，第13页）：“孟懿子问孝。子曰：‘无违。’樊迟御，子告之曰：‘孟孙问孝于我，我对曰，无违。’樊迟曰：‘何谓也？’子曰：‘生，事之以礼；死，葬之以礼，祭之以礼。’”

② ［日］加地伸行：『沈黙の宗教——儒教』，東京：筑摩書房，1994年，第171頁。

载了“私”的性质上的信仰层面，而“礼”是二者的连接点，“孝”是其内在的纽带。儒教处于官方正统地位，儒礼是官僚的行为规范[①]，因此学习礼、培养行政官僚教养、适应现实政治成为儒教的主要职责。随着礼教性越发凸显，逐渐与原本的宗教性分离。到了后期以朱子学为发端的儒教深化时代，后儒为儒教补充了宇宙论和形而上学，儒教在原有的宗教性、礼教性之上增加了哲学性，成为更加庞大的理论体系。时至今日，儒教在形式上解体，实际上是礼教性中的封建色彩不再适应时代的发展，而其深层的宗教性却在观念上保留在每个中国人的内心深处，在生死观、孝的伦理、葬礼仪式等方面发挥着微弱却无法忽略的作用。儒教受到批判，也是封建王朝中礼教性的束缚及其愚昧落后之处所造成的；而儒教深处的宗教性却往往被宗教的研究者忽视和误解，加之儒教自身缺乏宣教、护教的性格[②]，儒教成为“沉默的宗教”。

儒教的礼教性产生于宗教性，是宗教性所代表的家庭关系发展到社会关系的结果，由血缘共同体的传统走向地缘共同体，在“共生”中应付人生问题。“朝廷莫如爵，乡党莫如齿，辅世长民莫如德”[③]等儒教观点也体现了共同体道德之上的德治思想。在儒教这个圣人至上的体系中，圣人是模范和领袖，人们通过尊重和模仿圣人来确定秩序，形成稳定的社会模式。而礼则是圣人的尺度，“通过学习接触圣人的德性、知性、感性并从中吸取之。这种学习从圣人的角度换言之，是教化，是感化。受到这样的教化、感化，也就是受到教育，儒教认为其成为人性才是幸福的。”[④]宗教的最基本的特征就是相信人生的终极问题能得到最终解决，使人获得“最高幸福”。因此礼教性既有教条、僵化的一面，也有积极应对、自我培养的一面。

同时，儒教走向正统之后，礼教作为一种自上而下的、强加于人们的制度化内容，不是孤立存在的，同时受到大众自下而上的支持，而这种支持的内在底色应当是宗教性的。两种向度互相结合，形成了牢固的儒教体制。这种双向动力也可以解释基督教等其他宗教之所以保持较高地位的内在原因。那么，在儒教的礼教性崩溃

---

① 见［日］加地伸行『儒教とは何か』(東京：中央公論新社，2005年，第71-72頁)：“马克思・韦伯把中国的官僚组织规定为家产官僚制。这样一来，‘作为生命论的孝’以祖先祭祀和王朝的家产性的性格为支柱，发展为郡国制之下的中央集权国家西汉王朝的指导理论。”

② 见［日］加地伸行『儒教とは何か』(東京：中央公論新社，2005年，第152頁)：“儒家知识人（官僚是其代表）厌忌将巫者各种各样的祈祷活动即所谓‘淫祠邪教’与祖先祭祀相混淆，因而画了一条线区分二者，为了批判‘淫祠邪教’。因此，儒教（实际是礼教方面突出的儒教）在表面上更加强调了其知性、伦理道德性的性格。”

③ 杨伯峻：《孟子译注・公孙丑下》，北京：中华书局，2010年，第81页。

④ ［日］加地伸行：『沈黙の宗教——儒教』，東京：筑摩書房，1994年，第191頁。

时，内在的宗教性难以寄托于礼教，就需要新的突破。

加地伸行对于儒教历史的概括仍然存在一些疑点。原儒时代包含早期的灵魂观念，但这种灵魂观念是否等同于以招魂为核心的巫术以及东北亚普遍存在的萨满现象是存疑的。在儒教创立时代，如果小人儒和君子儒分别象征着儒教的宗教性和礼教性，那么“弟子，入则孝，出则悌，谨而信，泛爱众，而亲仁。行有余力，则以学文”[①]所描述的修养次第则难以用这样的二分来解释。同时，小人儒是否可以联系到“乡愿”也是值得思考的。

儒教的礼教性和宗教性分别居于表层和里层，孝是二者的连接点，三者共同构成了儒教。“礼教性具有‘公’性的、社会性的（仅以家族之外为中心）、知性的性格，它以知识人（读书人）、官僚（士大夫）为中心而深化。另一方面，宗教性具有‘私’性的、社会性的（仅以家族之内为中心）、情感性的性格，以普通平民为中心而被继承下来。”[②]

相对于在中国封建历史中影响颇深的礼教性，儒教的宗教性与死的自觉相关，深藏于人们内心深处，难以被感知。从宗教性到礼教性的转变，也是儒教经由孔子的文献整理和诠释，由“具体”走向“抽象”的过程，“礼”被赋予了复杂多样的象征意义，来完成它的“教化”职能。

三、教化之教——对儒教之“教”的反思

儒教既是宗教的“教”又是礼教的“教”，二者统一于作为宗教的儒教。儒教从生命论出发，将魂灵论作为祖先祭祀的理论基础，且“气也者，神之盛也。魄也者，鬼之盛也。合鬼与神，教之至也”[③]，以鬼神树立“教”的权威和意义，即“神道设教”。作为宗教，儒教体现为一种贯彻生命论的教化。

儒教在汉代成为国教，礼教性融入现世社会的政治理论，并将其纳入吏治的发展，带动文教的推进完成了制度化，从原有的自下而上的宗教情感转变为自上而下的教化体系。礼是圣人收集、编制的人伦规范，儒教通过学习礼乐文化而接受这种

---

① 杨伯峻：《论语译注·学而篇》，北京：中华书局，2010年，第4页。

② ［日］加地伸行：『儒教とは何か』，東京：中央公論新社，2005年，第220頁。

③ 见《礼记·祭义》：“子曰：‘气也者，神之盛也。魄也者，鬼之盛也。合鬼与神，教之至也。’”（清）孙希旦撰：《礼记集解》，北京：中华书局，2019年，第1218页。

关于人的教育，是儒教在经学时代之后给人的普遍印象。通过伦理关系的规范和延伸，儒教将血缘共同体的理想推向地缘共同体，产生一种“共生”的幸福论，即追求自己所属社会的幸福。“儒教的道德论并不是追求个人的幸福，而是在社会（家族社会、地域社会、国家社会……）之中作为一个个体的自己，与其他个体共同追求所属社会的幸福那样的共生的幸福论。”① 相对于个人主义，儒教以个体为出发点追求幸福，这样的个体是从自己出发的身边人之间关系的总和，在息息相关的联系中共存共生。“共生的幸福论”既是儒教礼教性的完成，又延续了原有的人本关怀，以“礼”拓宽个人边界，壮大个人力量，更好地生存下去。

追求共生幸福论的具体实施方法是教育。儒教认为，除了天和地之外，人便是最重要的②，因此儒教重视人间伦理，并以人间的法则去要求人，即圣人制作的礼。圣人是出类拔萃者，通过整理古典文献的方式留下自己的观点，即“祖述尧舜”，将其作为天地启发于人之道，因此化育百姓。而人们则“通过学习接触圣人的德性、知性、感性并从中吸取之。这种学习从圣人的角度换言之，是教化，是感化。受到这样的教化、感化，也就是受到教育”③，从而明人伦，“尽人事”，成为儒教所倡导的有德之人。因此，儒教的“教”发源于宗教性，发展出礼教性，并落实到教育中。日文的“儒教”多被解释为“教说”④，有孔子学派的意味，也接近于学问上的儒家思想，是一个由圣人带动整体社会发展、推进历史进步的圣人教化过程，恰好说明了儒教在现实意义上的落脚点。践行儒教的方式是通过教育来使人理性化、德性化，成为有理性的人，形成人的生活方式，并通过自主努力接近理想中的圣人。

儒教的圣人教化是一种人本关照，也是理性的彰显，使人通过“教”壮大自身，掌握人之为人的信心。“从儒教依据道德教化人们的立场来看，道德与教育是难以分

① ［日］加地伸行:『沈黙の宗教——儒教』，東京：筑摩書房，1994 年，第 191 頁。

② 见［日］加地伸行『沈黙の宗教——儒教』(東京：筑摩書房，1994 年，第 182 頁)：“万物有别，对于认为天地之间只有人存在的东北亚人来说，论述人的关系论，是论述道德的最有效的方法。”

③ ［日］加地伸行:『沈黙の宗教——儒教』，東京：筑摩書房，1994 年，第 191 頁。

④ 可参见《世界宗教大事典》“儒教”词条(《世界宗教大事典》，东京：平凡社，1991 年，第 893 页)：“中国的西汉武帝通过董仲舒的献策，以儒家的教说为基础，固定为正统教学，并在此之后，直至清末成为王朝支配的体制教学的思想。儒教成为肩负政治文化重任的士人（官人地主层）的主要思想，适应历史和社会的变化，接纳佛教和道教的教说丰富了教义，儒教思想史的展开即是前近代中国思想史的主流。因此在克服郡县制帝国的王朝体制的近代化过程中，儒教作为思想文化上的打倒目标被批判。然而，儒教深刻影响了过去的朝鲜、越南、日本的文化形成，特别是朱子学在与这些地域的诸政权连结中长期占有了正统教学的位置。通常，儒教的学术面称为‘儒学’，教学性格以开祖之名称为‘孔子教’，英语称 Confucianism。”

割的"[①]，这种教化过程既是圣人的教化也是人的自我教养。从这个意义而言，儒教是属于人的宗教，在面对人生苦难时建构人类的生命观念与道德体系，积极寻求解决方法，回归生命本身，耕耘现世的幸福。

四、结语：礼教之"教"的人本精神

从生命论的角度看待儒教的宗教性，其优越之处在于不纠结"神"的观念，不再从儒教中寻找西方意义上"神"的踪影，并未将祖先祭祀（或天、神的祭祀）等礼制中的祭祀行为理解为对"神"的崇拜和祈祷，避免陷入潜在的以"神"为标准衡量宗教的误区，而是从死亡观和生命论的角度解构宗教，重新定义"宗教"，将其纳入对于现世幸福的热忱和对永恒的追求中来叙述。对死的畏怖可以看作儒教的"终极问题"的源头，从而在寻求解决方式的过程中产生具有东方特色的宗教。从儒教的生命论可以看出，儒教的存在拓展了宗教的定义，使宗教的定义不囿于作为超越者、至上者的神的存在。相对于神，东亚的宗教更重视人的存在，关注人的生命可以代代相传，并长久留存于历史长河。因此，加地伸行以生死观来考察宗教的定义，不仅以较高的普遍适用性回应了"什么是宗教"，也解释了"儒教是怎样的宗教"。他意识到了儒教文化圈中个体的强大生命力，是一种"人本"的宗教观。

儒教（甚至同处于东北亚的儒教）不是由"神"裁决的宗教，而是通过人的力量顽强抗争，在努力实践的过程中抵御苦难的宗教。生死是每个人都无法避免的人生课题，对于宗教所面临的终极关怀问题，儒教不借助神，而是以个人的力量去抗争与生俱来的对于死亡的恐惧，通过理性解读生死，以礼教化育人生，给人以充分的信心面对终极问题，即"肫肫其仁"。正是在这样的基础上，儒家构建了礼教性的体制，以理性的方式解读生死，以"神道设教"的方式引导个人在世俗的修养中找到个人价值的实现，从而壮大个体的生命力，彰显出人性的智慧。

"君子以为文，百姓以为神"[②]，儒教是人本的宗教，发达的礼乐文明就是儒教区别于其他宗教的特色。如果"礼"是儒教的宗教性和礼教性的联结点，那么"教"

---

① ［日］加地伸行：『沈黙の宗教——儒教』，東京：筑摩書房，1994 年，第 182 頁。

② "雩而雨，何也？曰：无何也，犹不雩而雨也。日月食而救之，天旱而雩，卜筮然后决大事，非以为得求也，以文之也。故君子以为文，而百姓以为神。"（清）王先谦撰，沈啸寰、王星贤整理：《荀子集解》，北京：中华书局，2012 年，第 309 页。

应当是儒教延续的实践形式。“为仁由己，而由人乎哉？”[①] 儒教中并未设立至上之神、命运之神，而是以圣人之“教”的教化功能来丰富、强大自己，从而面对人生的问题。因此，儒教之“教”既是宗教，也包含礼教，是道德教育也是圣人教化，更是人类的自我教养。

“君子求诸己，小人求诸人。”[②] 在这样的思维模式下，儒教为人们树立信心，在现世中积极解决问题。儒教通过一套丰富的理论建立人间制度，以“教化”的模式运作，进而产生更强大的自己来面对人生的障碍。这种教化不是一味地灌输，是一种自我培养，体现了人的自主性。儒教是实践者，是“行动派”，每个人都亲自参与“教”的动态过程，完成对于此世幸福的构建，增强对于来世延续的信心。

如今，儒教的宗教性被隐藏在深处，礼教性处于商榷状态，如何面对儒教，是时代赋予我们的任务。对礼教的反思、重构，以及解脱礼教的桎梏，也是现代人的课题。在儒教的礼教性崩溃时，内在的宗教性难以寄托于礼教，需要新的突破。儒教的宗教性承载着对生命的珍惜和对个人的责任感，始终是中国人的情感寄托。对于礼教性，应当扬弃僵化的教条，发挥儒教本有的教化、培养的功能，继承儒教对人性的重视，发挥人本作用，在新的时代耕耘幸福。

---

① 杨伯峻:《论语译注·颜渊篇》，北京：中华书局，2010 年，第 121 页。

② 杨伯峻:《论语译注·卫灵公篇》，北京：中华书局，2010 年，第 164 页。

“余信真理”：李大钊的日本经验与其真理世界观的形成

○ 何鹏举　北京理工大学

[**摘要**]留日期间李大钊的思想产生了巨大变化。在保持对现实强烈关注的同时，他树立起了“追求真理、信仰真理、实践真理”的真理世界观。而影响李大钊真理世界观形成的日本因素主要是中江兆民追求政治之理的政治思想。此外，幸德秋水的崇高形象也促进了李大钊真理世界观的建构，而茅原华山关于文明的地理决定论则为李大钊提供了最初的真理的实质内容。李大钊还通过一系列努力，在思想上成功地处理了自由、权力与真理世界观之间的矛盾，为最终全面接受马克思主义信仰铺平了道路。

[**关键词**]李大钊；真理世界观；日本；中江兆民；幸德秋水；茅原华山

“以青春之我，创建青春之家庭，青春之国家”，李大钊曾是一位誓把被称为“老大国”的中国改造为“青春之国”的青年。青年时期的李大钊，曾一度借助日本的思想资源开启其追求政治之理的革命人生。李大钊思想中的日本因素历来也是学界关注的一个热点。迄今为止，研究者们主要将目光集中于对文本的考察，通过文本的对比分析推断李大钊的哪些作品直接或间接地借鉴了日本学者的论述。例如，后藤延子曾论证河上肇对李大钊的影响主要体现在李写作《我的马克思主义观》前后而并非其日本留学期间，同时她还否定了幸德秋水对李的影响。[①]而李的《我的马克

① ［日］后藤延子:《李大钊思想研究》，北京：中国社会出版社，1999年，第81-82页。

思主义观》中的经济论也被证明是大量直接引用日本经济学家福田德三的《经济学讲义》。[①] 石川祯浩通过对比认定李大钊的名作《青春》直接受到了日本评论家茅原华山《悲壮精神》等著作的影响。[②] 当然，李大钊所援引的名单远不止这些，还有加藤弘之、吉野作造、安部矶雄、今井嘉幸、浮田和民等。但也有研究认为，由于许多日本学者的思想本身来源于近代西方，而且李大钊的写作又是一个广泛学习的过程，因而不能一看到某些段落与日本某学者著述相似就轻率地认为是受其"影响"。[③] 实际上，随着这些争论而来的是一个无法回避的问题，那就是对于李大钊而言，包括其留日经历、阅读日本书籍在内的日本经验的意义到底为何？如果李大钊早期主要作品多为日本学者著述的"翻版"，那么研究这些作品可能就不再重要，因为它们无法直接反映李大钊的思想。如果这些援引只是李大钊学习过程的体现，那么通过此过程李大钊的思想又产生了哪些本质变化？之所以会产生上述疑问，原因就在于目前的研究主要还停留在文本对比分析层面。而本文将从思想史的角度，透过文本聚焦李大钊思维方式的转变，论证"追求真理，信仰真理，实践真理"的真理世界观的形成乃是李大钊的日本经验给其思想带来的本质变化，同时也是李大钊日本经验的意义所在。

一、李大钊真理世界观的形成

留日之前李大钊思想的一个特点就是，对民国初年的政局抱有十分清醒的认识，始终贯穿着一种危机感。其《隐忧篇》《大哀篇》[④] 就是这种意识的直接反映。在充斥着"党私""省私""匪氛"[⑤] 的局面面前，他选择了一种对袁世凯政权容忍，甚至近乎是"拥袁"的态度。他把以国民党为代表的政党势力和以都督为代表的地方军阀都视为国家统一的严重障碍，而结束内乱、维护国家统一成为其至高无上的目标。

① ［日］后藤延子:《李大钊思想研究》，北京：中国社会出版社，1999 年，第 100-128 页。

② ［日］石川祯浩:《李大钊早期思想中的日本因素——以茅原华山为例》，《社会科学研究》2007 年第 3 期，第 141-149 页。

③ 李权兴:《李大钊文章"援引说"释义——以李大钊对日本学者学术观点的援引为例》，《滨州学院学报》2006 年第 4 期，第 34-39 页。

④ 通过实证分析，李大钊的《大哀篇》与其同学、北洋法政学会会员郭须静的《愤世篇》在内容上也高度相似。应该说，这种危机意识是当时知识界所共有的。参见［日］后藤延子:「李大釗と中国社会党——加入か否かをめぐって」，『人文科学論集』1997 年第 2 号，第 127-130 頁。

⑤ 李大钊:《隐忧篇》，《李大钊全集》第一卷，北京：人民出版社，2006 年，第 1-3 页。

为了更加直观地分析日本经验对李大钊思想变化的影响，先引用一段他对民初时局的论断，可以看出在这里并没有什么理论，也没有什么主义，反而充斥着一种十分强烈的现实主义。他说：

> 方风驰云扰之会，所以震伏群魔、收拾残局者，固不得不惟此枭雄是赖也。……世之倚重于彼者，其效用乃随时势而有所蜕减，终且视为祸根，则疑而防之诚宜矣。……防总统政府专制者，吾闻之矣；防议会专制者，未之闻也。虑中央集权，启政府专制之患者，吾闻之矣；虑地方分权，召国家分崩之祸者，未之闻也。……自今而后，政权不入于军人，则入于暴党，其为少数柄政、暴民专制一也。军人与暴党何择焉，以暴易暴而已矣！①

然而，1913 年年末开启留日行程之后，李大钊的思想出现了显著变化。在早稻田大学期间，他主要学习了浮田和民的国家学原理和近代政治史、美浓部达吉的帝国宪法、天野为之的应用经济学、盐泽昌贞的经济学原理、牧野之助的民法要论、井上忻治的刑法要论等课程②，内容涉及政治、经济、社会、历史等各领域③。随着课程的学习与阅读经历的积累，再加上日本兴起“托尔斯泰热”的影响，李大钊逐步认识到了“群众”在历史进程中的重要作用，他明确指出，“新势力维何？即群众势力，有如日中天之势，权威赫赫，无敢侮者”④。经历了“二十一条”事件和激烈的“反袁”斗争后，李大钊的民主思想更趋成熟，终于在留日后期写出了《民彝与政治》这一标志性作品。一般研究认为，此文受到托尔斯泰的影响，李大钊特别重视“民众之思想”的重要性，将“民彝”即民众生存的本性看作政治社会结构的原理。⑤谈及影响此文的日本因素时则主要认为，李大钊的“惟民主义”受到了当时在日本流行的、吉野作造所提倡的“民本主义”的启发。⑥然而当滤过所谓“某某”对李大钊思想影响这一分析层面，直接深入到李大钊思维逻辑的内核时，就会发现，这一时期李大钊的思想基础已经发生了根本性转变，那就是他从单纯关注现实危局转变为追求社

---

① 李大钊:《论民权之旁落》,《李大钊全集》第一卷，北京：人民出版社，2006 年，第 41-42 页。

② ［日］川尻文彦:「マルクス主義受容以前の李大釗初探」,『愛知県立大学外国語学部紀要』第 47 号，2015 年，第 126 页。

③ 韩一德:《李大钊留学日本时期的史实考察》,《近代史研究》，1989 年，第 305-308 页。

④ 李大钊:《政治对抗力之养成》,《李大钊全集》第一卷，北京：人民出版社，2006 年，第 105 页。

⑤ ［日］后藤延子:《李大钊思想研究》，北京：中国社会出版社，1999 年，第 15 页。

⑥ 吴汉全:《留学日本与李大钊早期思想的发展》,《徐州师范大学学报（哲学社会科学版）》2000 年第 4 期，第 19 页。

会变革的根本动力——真理。关于民彝，他就明确地说，“盖政治者，一群民彝之结晶，民彝者，凡事真理之权衡也”[①]。而社会历史的演变动力又是什么呢？答案就是“理”。

> 群演之道，在一方固其秩序，一方图其进步。前者法之事，后者理之事。必以理之力著为法之力，而后秩序为可安；必以理之力摧其法之力，而后进步乃可图。是秩序者，法力之所守，进步者，理力之所摧也。……国之存也存于法，人之生也生于理。国而一日离于法，则丧厥权威，人而一日离于理，则失厥价值。……既以理之力为法之力开其基，更以理之力为法之力去其障，使法外之理，无不有其机会以入法之中，理外之法，无不有其因缘以失法之力。平流并进，递演递嬗，即法即理，即理即法，而后突发之革命可免，日新之改进可图。[②]

这一段看似是在讨论法与理的关系，仔细阅读就会发现实则不然。法与理的关系，在其中是不平等的。法作为政治社会的现实存在，起到的作用是维护秩序。可李大钊认为，根本上推动社会变革进步的是理。对于法而言，“必以理之力著为法之力，而后秩序为可安；必以理之力摧其法之力，而后进步乃可图”。显然，李大钊所真正重视的是理，而写作《民彝与政治》一文也是他探索政治社会，乃至人类历史演变之理的一个阶段过程。随着探寻真理的不断努力，终于在结束了留日经历之后，李大钊发出了信仰真理的呼喊：

> 余信宇宙间有惟一无二之真理。此真理者，乃宇宙之本体，非一人一教所得而私也。
>
> 余信世界文明日进。此真理者，必能基于科学，循其逻辑之境，以表现于人类各个之智察，非传说之迷信所得而蔽也。
>
> 真理乃自然的因果的，宗教传说乃神秘的迷信的。故吾人与其信孔子，信释迦，信耶稣，不如信真理。[③]

也就是说，到了1917年这一阶段，在李大钊的思维中形成了一种真理世界观，这种认识世界的方法，与其留日之前基于现实关注的危机意识是截然不同的。在这

① 李大钊：《民彝与政治》，《李大钊全集》第一卷，北京：人民出版社，2006年，第150页。

② 李大钊：《民彝与政治》，《李大钊全集》第一卷，北京：人民出版社，2006年，第162页。

③ 李大钊：《真理·真理（二）》，《李大钊全集》第一卷，北京：人民出版社，2006年，第244-245页。

里，本文关注的重点并非李大钊如何认识真理的真理观[①]，而是李大钊追求真理、信仰真理、实践真理的这种真理世界观。用他的话说，就是“真理者人生之究竟”，“人生最高之理想，在求达于真理”[②]。之所以真理世界观的问题重要，一方面在于留日期间李大钊借鉴各家学说的主要动力是为了满足其真理世界观的需要，也即他需要找到一个能够解释世界，甚至是改造世界的真理，直至后来他遇到了马克思主义。另一方面，由于李大钊对现实的强烈关注并没有因其寻找真理而减退，科学社会主义使得他不仅仅找到了一个能够解释世界的真理，而且还成为他改造世界的武器。所以可以说，在李大钊留日后一直到他成为一个坚定的马克思主义者期间，李大钊博采众长吸收各种观点是其真理世界观所驱动的，不能简单地把李大钊借鉴各种学说理解为各种学说对他的影响，甚至认为他的思想——至少一段时期内——是各种学说的“大杂烩”。

当然，围绕李大钊的真理世界观，还需要注意几点。第一，其真理世界观的形成并非一蹴而就，正如后文所述，影响其形成的原因也是多样的。第二，其真理世界观的形成受到了当时中国社会文化大环境的影响。在这一时期，传统的“天理世界观”开始解构，受科学主义思潮的影响，许多知识分子的思想中出现了一种“公理世界观”[③]。这是李大钊真理世界观能够形成的大环境。但其真理世界观与一般意义上对科学公理的认同的不同之处在于：首先，他对真理有一种强烈的信仰感情而并非一般意义上的认同；其次，他对真理抱有一种强烈的实践意识，因为与自然界存在的科学公理不同，人类社会的真理是需要探寻与实践的。也就是说，作为学者，认同一种主义并不等于信仰这种主义，作为思想家，相信一种主义不等于能够在实践中去努力实现这种主义。李大钊的真理世界观的特征就在于，他不仅仅强烈相信真理的存在，更愿意为了真理的实现而献身。这也是他与众多“新文化运动”领袖的不同之处。第三，其真理世界观的形成也离不开中西方思想资源的滋养。虽然近代西方的政治思想与中国传统政治思想有许多本质区别，但正如渡边浩指出的，以进化

---

① 关于李大钊的真理观，可参见郑伟健：《李大钊真理观探略》，《齐鲁学刊》1990 年第 2 期，第 29-31 页；吴汉全：《李大钊早期真理初探》，《贵州教育学院学报（社科版）》1992 年第 1 期，第 46-51 页。

② 李大钊：《真理之权威》，《李大钊全集》第二卷，北京：人民出版社，2006 年，第 103 页。

③ 汪晖：《现代中国思想的兴起》，北京：生活·读书·新知三联书店，2008 年，第 1107-1279 页。例如，有研究认为以“民彝说”为代表的李大钊留日后思想的变迁，其主要思想背景就是进化论这一“公理世界观”的影响。不过，把原因单纯地归结于科学主义，就会忽略掉李大钊思想中对真理的“信仰”与“实践”层面而有失偏颇。相关研究参见段炼：《从“心力”到“民彝”：民国初年李大钊关于政治正当性的思考》，《史林》2017 年第 2 期，第 121-124 页。

论为代表的近代西方的价值一元论思维与相信"天理"存在、人人皆能成为"圣贤"的"程朱理学"在思维方式上具有高度的共通性。[①] 这也是李大钊能够形成真理世界观的文化大背景。不过，正如许多知识分子并没有能够形成真理世界观这一事实所显示的，仅凭大环境、大背景的影响还不足以促使李大钊产生思想转变，其思想变化的背后必然还有一些特定的因素。如前所述，他的变化恰恰产生于留日期间，那么李大钊的日本经验对其真理世界观的形成起到了哪些作用呢？

二、中江兆民与李大钊真理世界观的形成

通过什么线索才能找到影响李大钊真理世界观形成的日本因素呢？一个可行的方法就是在李大钊的著作中检索他直接或间接提到、引用过的日本思想家或学者，看看谁的思想方法具有真理世界观的特征或与真理世界观有共通之处。通过考察，本文得出的一个假设性结论就是，影响李大钊真理世界观形成的主要因素是中江兆民（1847—1901）的思想。

（一）中江兆民的影响

中江兆民是日本近代著名思想家、自由民权运动的思想领袖，被称为"东洋的卢梭"。他一生的思想活动都是在追求政治之"道""理"，他在日本积极宣传"人民主权"并将其认定为政治的根本之"理"。同时，他也是一位唯物主义者、无神论者，著有《民约译解》《三醉人经纶问答》《平民之觉醒》《国会论》《一年有半、续一年有半》等。一般认为，中江兆民的唯物主义思想曾经影响过李大钊[②]，但本文认为中江兆民对李大钊影响最大的层面还在于思维方法上。

就在李大钊写作《民彝与政治》的前一年，他在《甲寅》杂志上发表了《厌世心与自觉心》一文。在此文中，李大钊直接将中江兆民作为具体事例来激励民众。他写道：

> 日人中江兆民，晚年罹恶疾不治，医言一年有半且死。兆民曰："命之

① ［日］渡边浩：《东亚的王权与思想》，区建英译，上海：上海古籍出版社，2016年，第166-174页。

② 吴汉全：《留学日本与李大钊早期思想的发展》，《徐州师范大学学报（哲学社会科学版）》2000年第4期，第19页。

修短，宁有定限，若以为短，则百年犹旦夕耳。若以为修，则此一年有半，亦足以余寿命之丰年矣。”遂力疾著书不稍倦。愚今举此，或且嗤为拟于不伦，但哲士言行，发人深省，吾国今日所中之疾，是否果不可为，尚属疑问。即真不可为，犹有兆民之一年有半，为吾民最终奋斗之期，所敢断言。吾民国能谛兆民精勤不懈之意，利此余年，尽我天职，前途当法曙光，导吾民于光华郅治之运，庸得以目前国步之崎岖，猥自沮丧哉！①

由此可见，中江兆民在人格上对李大钊是十分有感染力的。兆民将其去世前出版的名著命名为《一年有半》，这也是李大钊在其文中提及的事迹，因此有理由相信李大钊对《一年有半》等中江兆民的主要著作是熟悉的。再比如，中江兆民在1882年就用汉文的形式将卢梭的《社会契约论》翻译为《民约译解》。②而李大钊对卢梭的理解就在很大程度上依赖于兆民的译著，在论述邦国之本时，他给下面这段文字加上了“见日人中江兆民译《民约论》第三页”③的注释。

卢骚不云乎：“……然则邦国者，果何所本也？曰：此非本于天理之自然，而本于民之相共为约也。”斯透宗之旨，当永悬为政理之鹄。④

李大钊在这里通过中江兆民引用卢梭是在探讨作为邦国之本的政治之理，而探索政治之理恰恰就是中江兆民一生的追求。他在《民约译解》中开篇就用“东洋式”的表达，对卢梭的论述展开了独具特色的“译解”，兆民说：

政果不可得正邪、义与利果不可得合邪、顾人不能尽君子、亦不能尽小人、则置官设制、亦必有道矣、余固冀有得呼斯道、夫然后政之与民相适、而义之与利相合其可庶几也。⑤

中江兆民实际上通过“译解”的形式告诉读者，他一生的追求就在于寻找“政”之“道”，而人民主权原则对于兆民而言就是政治的真理。在《一年有半》中，兆

---

① 李大钊：《厌世心与自觉心》，《李大钊全集》第一卷，北京：人民出版社，2006年，第140页。

② 当时中江兆民只翻译了原书的前言至第一卷第六章。1898年，上海同文书局根据中江兆民的译文刻印《民约译解》第一卷，题名《民约通义》。关于中江兆民著作在中国的影响，请参见［日］島田虔次：「中国での兆民受容」，『中江兆民全集月報』2，1983年。

③ 李大钊：《暴力与政治》，《李大钊全集》第二卷，北京：人民出版社，2006年，第181页。

④ 李大钊：《暴力与政治》，《李大钊全集》第二卷，北京：人民出版社，2006年，第175页。

⑤ ［日］中江兆民：「民約訳解·巻之一」，『中江兆民全集』第一卷，東京：岩波書店，1983年，第73頁。本文引用原汉文。

民依然高呼，“民权是至理也，自由平等是大义也”[①]，可见他对自己认定的政治之理是坚信不疑的，甚至说是抱有一种信仰的。中江兆民认为不但存在政治的根本道理，而且在具体的政治过程中也存在“理”。他把“理”的实现寄托于国会内民选议员[②]的讨论，他相信“无论何事道理都只有一个，但又难于很快发现，所以由甲乙丙丁各个党派相互争论、切磋，这期间那个道理也会逐渐抬出头来映入人们的眼帘”[③]。

当然，这种将国会的合议与“理”的发现相联系的观点，会让人想起主张主权的存在基于“理”、将“理”的实现作为代议制政体任务的基佐（1787—1874）。不过，至少在两点上，兆民是不同于基佐的：第一，兆民仍然坚持“人民主权”的理念，并没有将主权的基础放到形而上的“理”中；第二，在基佐的政论中并不存在政党[④]，兆民却并非如此，他相信政党能够在“理”的发现过程中起到积极作用。他将政党分为“自然之党派”与“私意之党派”，兆民认为，政党就应当如同学术团体一样追求真理，且只有自然之党派才重视真理，有时为了追求真理即便放弃自己的主张也在所不惜；而私意之党派恰恰就是“朋党”“徒党”[⑤]。

以上介绍的中江兆民追求政治之理的政治观就是影响李大钊真理世界观形成的一个重要因素。虽然现在已经无法具体得知李大钊到底阅读过多少中江兆民的著作，但从其文章中透露的内容看至少可以肯定，他阅读过兆民的《民约译解》与《一年有半》等。相信阅读广泛的李大钊是有机会接触到兆民的其他著作的。退一步而言，即便仅仅是这两部著作，也足以对李大钊产生以下两点影响。第一，促使李大钊树立起“人民主权”的观念。无论是提出“民彝”这一概念，还是后来关注劳工、关注“面包问题”、呼吁进行“普通选举”，都可以看出通过中江兆民所阐释的卢梭的“人民主权”是其思想发展的基础。如果说这一点还不能完全说是中江兆民原创思想的影响，那么第二点，即对政治之“理”的追求，则直接影响了李大钊真理世界观的形成。可以断言，留日后期李大钊著作中出现的探寻真理的思索，是直接受到了中江兆民思想的影响而写就的。因为兆民不仅仅在思想方法上追求真理，更在其一生

① ［日］中江兆民：「一年有半」，『中江兆民全集』第十巻，東京：岩波書店，1983 年，第 177 頁。

② 中江兆民一直呼吁实现（男子）普选，不过当时日本实行的是限制性选举制度，兆民没能看到自己愿望的实现。

③ ［日］中江兆民：「平民の目さまし」，『中江兆民全集』第十巻，東京：岩波書店，1983 年，第 31 頁。

④ ［日］山田央子：『明治政党論史』，東京：創文社，1999 年，第 81 頁。

⑤ ［日］中江兆民：「政党ノ論」，『中江兆民全集』第十四巻，東京：岩波書店，1984 年，第 97-98 頁。

的实践中追求真理，信仰真理，用他的行动感染了李大钊。当然，对于中江兆民和李大钊而言，真理的具体内容是不同的，兆民对李大钊的影响主要体现在真理世界观的思想方法上，而把何种思想、哪种主义作为真理，对于李大钊来讲在一段时期内还是一个未解的课题。

（二）自由、权力与真理世界观

在李大钊真理世界观的形成过程中，作为一位思想家，他需要处理好与真理世界观具有张力关系的思想课题，即自由、权力与真理之间的张力关系课题。而中江兆民也遇到了同样的课题。李大钊在对这个问题的处理上与中江兆民有何异同？当然，本文在此进行比较分析，并非意味着在这些问题的处理上李大钊也是直接受到了中江兆民的影响，比较的目的在于通过分析二者的异同进一步明确真理世界观思维方法的特点。

首先，李大钊需要处理好自由，特别是思想、言论自由与真理之间的张力关系。这是因为，如果存在真理，那是不是就意味着不再需要讨论，也没有言论自由的必要呢？李大钊对此的回答是坚决的，那就是“否！”。在他看来，广泛的讨论、思想与言论的自由是通向真理的必然途径。因为他深知，“言真理者之所谓真理，虽未必果为真理，即含有真理而未必全为真理”[①]。所以他说：

> 思想自由与言论自由，都是为保障人生达于光明与真实的境界而设的。无论什么思想言论，只要能够容他的真实没有矫揉造作的尽量发露出来，都是于人生有益，绝无一点害处。[②]

真正相信真理、追求真理的人一定也是支持讨论、主张言论自由的人。启发李大钊形成真理世界观的中江兆民在这一点上立场也十分明确，在谈到如何发现政治之中的“理”时，他就主张要不断讨论，因为只有通过国会内外、政党内外广泛的讨论才能发现真理。他曾经倡导说：

> 设置两三处会议所一起讨论政治的纲领吧，……从前政党中的人物或政党外的人物有希望成为候选人的，立即来会议所成为一员吐露自己的意

① 李大钊:《真理之权威》,《李大钊全集》第二卷，北京：人民出版社，2006年，第103页。

② 李大钊:《危险思想与言论自由》,《李大钊全集》第二卷，北京：人民出版社，2006年，第345页。

见吧，候选的竞争者两人也好三人也罢都成为会议所一员各自吐露自己的意见吧，……总之，各选区里设置两三处或五六处这样的会议所一起讨论吧，……如此各会议所中人们都吐露意见、倾听意见、比较意见、进行论战，分析、综合、增减、变更，记录涂抹再记录再涂抹，经过五天、十天，再过一个月，在其间一定能涌现出二十条、三十条或四五十条的好意见。①（笔者译）

这一段可以称得上是兆民式的"协商民主论"。当然，在这里讨论也好，协商也罢，都不是目的，目的是能够找到"好意见"，能够发现政治中的"理"。因此，兆民才非常重视言论自由，他相信"舆论虽然并非都是好的、没有错误，但十之九是符合道理的"②。虽然李大钊重视言论自由的思想不能说是直接受兆民的影响所致，然而这两位思想家在处理真理与自由问题上的高度相似性，可以表明真理世界观在追求真理的过程中是崇尚自由的理论探讨的。所以，重视自由讨论、重视探索真理的李大钊不会采取胡适所倡导的"实用主义"立场，因为对他而言"主义"本身就是"问题"，主义与问题是不可分的。③

另一个李大钊需要处理的重大思想课题就是如何处理真理与权力之间的张力关系。众所周知，李大钊曾经是一位激进的民主主义者，他对于近现代西方的代议制曾经持十分认同的立场。而在西方政体中，无论是权力分立也好还是政党轮替也罢，其思想基础都是"多元主义"，也即建立在不存在绝对真理的认知前提之下。而真理世界观则要求李大钊不断追求真理。既然是真理，其本身就包含绝对性，当李大钊后来找到了马克思主义这一真理时，他又该如何处理真理的绝对性与民主的多元性要求之间的矛盾呢?

同样，追求政治真理的中江兆民也曾经遇到过相似的理论难题。不过，中江兆民的回答十分干脆，因为当"无论何事道理都只有一个"时，真理就有可能被不断地追求而穷尽。到那个时候，也许就不再需要许多党派了，所以兆民便说"当关于政治的大大小小的宗旨、主义都已明确，加之以意气投合、道德信用，他日在我日本拥立起庞然的一个大日本党也未可知"④。在兆民看来，绝对的真理是会导致绝对

---

① ［日］中江兆民：「選挙人目さまし」,『中江兆民全集』第十卷，東京：岩波書店，1983 年，第 119-121 頁。
② ［日］中江兆民：「平民の目さまし」,『中江兆民全集』第十卷，東京：岩波書店，1983 年，第 32 頁。
③ ［日］坂元ひろ子：『中国近代の思想文化史』，東京：岩波書店，2016 年，第 125 頁。
④ ［日］中江兆民：「政党ノ論」,『中江兆民全集』第十四卷，東京：岩波書店，1984 年，第 182 頁。

权力的。李大钊在这一点上则颇为纠结，他信仰真理，但他同样相信真理应该实现的是真正的民主而不是相反。因此他才不会相信有什么“平民独裁政治”，他说“平民政治的真精神，就是要泯除一切阶级，都使他们化为平民”，“所以我说只有君主、贵族、资本家的独裁政治，断乎没有‘平民独裁政治’”[①]。

但现实中，根据马克思主义真理进行革命之后，俄国却实行了无产阶级专政。这又该如何解释呢？这里出现了一个如何看待解放过程中的革命权力的问题。[②]在真理世界观的引导下，不断追求真理的李大钊需要找到一个合理的解释，也即一个既能解释真理实现过程中的不合理现象，又能揭示出真理所必然包含的民主价值最终如何实现的答案。最终李大钊给出的答案，就是用“工人政治”代替“平民政治”。

> 后德谟克拉西而起者，为伊尔革图克拉西（Ergatocracy）。Ergates 在希腊语为“工人”（Worker）之意，故伊尔革图克拉西可译为“工人政治”，亦可以说是一种新的德谟克拉西。在俄国劳农政府成立以后，……大权皆集中于中央，而由一种阶级（无产阶级）操纵之；现在似还不能说是纯正的 Ergatocracy，不过是无产阶级专政的制度而已。他们为什么须以此种阶级专政为一过渡时期呢？因为俄国许多资本阶级，尚是死灰复燃似的。为保护这新理想、新制度起见，不能不对于反动派加以提防。将来到了基础确立的时候，……阶级全然消灭，真正的伊尔革图克拉西，乃得实现。这种政治完全属之工人；为工人而设，由工人管理一切事务，没有治人的意义。这才是真正的工人政治。[③]

就这样，通过对“工人政治”的远景设计，李大钊解决了真理实现的价值与现实之间的矛盾，满足了其真理世界观的逻辑需要。李大钊虽然没有像中江兆民那样，预想真理的实现带来一党制，但通过“工人政治”的设计彻底消灭了人对人的“统治”，这种统治权力的消解，实现了他所要求的最为彻底的民主，也为其坚持真理世界观扫清了思想障碍。

---

① 李大钊：《平民独裁政治》，《李大钊全集》第二卷，北京：人民出版社，2006 年，第 277 页。

② ［日］野村浩一：『近代中国の思想世界——「新青年」の群像』，東京：岩波書店，1990 年，第 206 頁。

③ 李大钊：《由平民政治到工人政治》，《李大钊全集》第四卷，北京：人民出版社，2006 年，第 4 页。

三、幸德秋水与茅原华山的影响

如前所述，李大钊真理世界观形成的影响因素不是单一的，除中江兆民以外，第二位影响李大钊真理世界观形成的日本人就是中江兆民的弟子——幸德秋水（1871—1911）。虽然没有证据表明李大钊接触马克思主义与其留日期间受幸德秋水的作品影响有关[①]，但不能因此就认为李大钊在思想形成上与幸德秋水毫无关系。1912年10月，具有对外扩张思想的亚洲主义者中岛端出版了《支那分割之命运》一书，对中国的历史与现实肆意诋毁，对中国的命运作出了毫无根据的悲观预测。这本书一出版就引起了许多中国学子的强烈愤慨。当时正在北洋法政专门学堂读书的李大钊和他的同学们也对此义愤填膺。他们决定以北洋法政学会的名义编辑一部著作对此书进行逐一批驳，而李大钊就是法政学会的编辑部长。就在两个月后，在李大钊和他的同学们的努力下，《〈支那分割之命运〉驳议》一书出版，起到了正本清源、振奋人心的作用。

该书的署名是学会之名，通过分析可以明显看到既有李大钊的文风，也有一些可能是出自郁嶷（1890—1938）之手。[②]但不管怎样，作为编辑部长的李大钊对于该书的内容应该是熟知的，而且在立场上也是积极赞同的，他留日之后还专门为此书作广告，称此书"字字皆薪胆之血泪"[③]。中岛在其书中，将幸德秋水斥为"大逆不道之凶贼"。那是因为转向无政府主义后的幸德秋水在1910年的"大逆事件"中，被诬陷为谋害天皇的主谋，于1911年1月18日被判处死刑并于24日被处决。[④]幸德秋水在得知判决后写下了"区区成败且休论，千秋唯应意气存，如是而生如是死，罪人又觉布衣尊"的绝命诗。作为中江兆民的弟子，幸德秋水十分敬重自己的老师，和兆民一样，也用自己的生命实践着对真理的追寻，只不过对于幸德秋水而言，社会主义才是真理。

就是这样一种不惜牺牲生命来坚持真理的幸德秋水的形象，在1912年已经沁入了李大钊的内心。李大钊与他的同学们也对幸德秋水给予了高度评价。在驳斥中岛

---

① ［日］后藤延子:《李大钊思想研究》，北京：中国社会出版社，1999年，第82页。

② ［日］后藤延子:「中島端『支那分割の運命』とその周辺（一）——アジア主義者の選択」,『人文科学論集』2005年第3号，第187頁。

③ 李大钊:《新书广告三则》,《李大钊全集》第一卷，北京：人民出版社，2006年，第122页。

④ ［日］林茂:『近代日本の思想家たち——中江兆民·幸徳秋水·吉野作造』，東京：岩波書店，1958年，第96-103頁。

原文的译按中，他们写道：

> 译者曰：物极必反，天之道也。印度阶级之制严，而佛氏倡平等之教；法国专制之风酷，而卢骚倡民约之论；日本伪立宪而有幸德秋水鼓吹社会主义。佛氏也、卢骚也、幸德秋水也，之三人者，虽生不同时，居不同地，而其慈祥恻怛，为吾人人类一大救世主则一也。①

将幸德秋水称为“救世主”完全是李大钊等对其崇敬心情的体现，而幸德秋水追求真理、坚持真理的崇高形象，我们也有充分理由相信，一直深埋在李大钊的心底。随着李大钊留日后，对幸德秋水的恩师——中江兆民的政治思想的理解不断加深，这一对师徒从理性和感性两方面促成了李大钊真理世界观的初步形成。

第三位对李大钊真理世界观的初步发展起到了促进作用的日本人就是评论家茅原华山（1870—1952）。他本人著作颇丰，比如《世界文明推移史论》《第三帝国论》《人类生活史》等，内容涉及从文明论到政治评论等多个领域。之所以说他对李大钊的真理世界观的初步发展产生了影响，是因为茅原的一些学说——当然其思想本身也受到了近代西方学者，比如基佐、巴克尔、爱默生等的影响——为李大钊的真理世界观赋予了初步的实质内容，给他提供了一个具有客观内涵的“真理”。

根据文本的对比分析，现在可以得知，李大钊的名作《青春》直接受到了茅原华山的论文《悲壮精神》的影响，李大钊的《第三》与《今》《东西文明根本之异点》则分别受到了茅原《第三帝国》与《人类生活史》的影响。② 而其中给李大钊的真理世界观提供初步实质内容的，就是茅原所主张的地理环境决定论或可称为地理史观的思想。茅原华山以欧亚大陆中部高原为界大胆地将东西方文明分为“南道”与“北道”，认为今后世界的出路是两种文明的调和，他指出，“未来时代人类生活伟大的进行曲是从南北两道朝向一致的世界而奏响的”③。在《东西文明根本之异点》中，李大钊全盘接受了茅原的地理环境决定论，他也将中国文明与西方文明定义为“南道文明”与“北道文明”，认为二者的根本差异就是一“静”一“动”。李大钊之所以

---

① 此文转引自刘民山：《李大钊与幸德秋水》，《近代史研究》1995 年第 4 期，第 255 页。从这段文字可知，通过在法政学堂的学习，李大钊与同学们对于卢梭的思想已经具备了一些基本知识。同时，李大钊在这一时期可能已经接触到了兆民的译本也未可知。但从此时李的其他文章中可以看出，他还没有建立起真理世界观。

② ［日］石川祯浩：《李大钊早期思想中的日本因素——以茅原华山为例》，《社会科学研究》2007 年第 3 期，第 145-148 页。

③ ［日］茅原华山：『人間生活史』，東京：弘学館書店，1914 年，第 471 頁。

能够接受地理决定论，就在于这种观点具有高度的客观性，在一定程度上符合"真理"客观、科学的本质属性要求。可以说，地理决定论是李大钊寻找真理过程中的初步结果。所以，直到后来李大钊接受唯物史观写作《由经济上解释中国近代思想变动的原因》时，里面仍然夹杂着"南道文明""北道文明"[①]的话语也就不足为奇了。

李大钊并非只是真理被动的接受者，他还是主动的追寻者，因而与茅原华山不同的是，他将调和东西方文明以产生新式文明的希望寄托于俄国[②]，应该说这是李大钊在探寻真理的过程中开始注意俄国革命动态的具体表现。在谈到中国时，李大钊的主张更非简单的中西融合，他希望能够用"动"的文明改造"静"的文明以实现进步。而这一过程也是真理探寻的过程。

> 然在动的生活中，欲改易一新观念，创造一新生活，其事较易；在静的生活中，欲根本改变其世界观，使适于动的生活，其事乃至难，……竭力铲除种族根性之偏执，启发科学的精神以索真理，奋其勇气以从事于动性之技艺与产业。……如斯行之不息，科学之演试必能日臻于纯熟，科学之精神必能沦浃于灵智。此种精神，即动的精神，即进步的精神。……时时创造，时时扩张，以期尽吾民族对于改造世界文明之第二次贡献。[③]

当了解到李大钊在这里吸收茅原华山的文明论的根本动力是受其真理世界观形成的本质需要所驱动时，就可以发现他论述东西文明融合的过程其实就是不断探索真理的过程，也便不会简单地认为李大钊在这一时期主张"调和论"。关于这篇文章中表达的文明论，汪晖虽然由于资料有限，误认为李大钊"可能受到了论敌的影响"将东西文明的差异理解为静与动，但他还是注意到了文章的重点其实是在叙述对真理的追寻，指出"本质主义的真理概念是整个叙事的核心"[④]。对于李大钊来讲，地理环境决定论由于其内容本身的"客观性"特征，便成为他在追寻、解释人类历史发展真理过程中的初步结论。后来李大钊接受了唯物史观，地理决定论起到了一种"承上启下"的作用。石川祯浩认为在当时的知识分子思维中，从东西文明论到

---

① 李大钊：《由经济上解释中国近代思想变动的原因》，《李大钊全集》第三卷，北京：人民出版社，2006年，第143页。

② 李大钊：《法俄革命之比较观》，《李大钊全集》第二卷，北京：人民出版社，2006年，第227页。

③ 李大钊：《东西文明根本之异点》，《李大钊全集》第二卷，北京：人民出版社，2006年，第217页。

④ 汪晖：《现代中国思想的兴起》，北京：生活·读书·新知三联书店，2008年，第1296-1298页。

主张地理环境决定论再到接受唯物史观，三者之间存在着一定内在逻辑关系。[①]从本文的角度看，至少就李大钊而言，贯穿于这其中的就是他的真理世界观，真理世界观促使了他不断地寻求真理，不断地吸收各种学说，直到最后找到了他认为最具客观性、科学性，也最具实践性的马克思主义。马克思主义曾经只是李大钊寻找真理过程中的一种学说，但它最终战胜了其他学说，成为李大钊所坚持、信仰的真理，除了其内容本身具有的"客观性""科学性""实践性"特征之外，还和李大钊本人坚持不懈探索、追寻真理的努力有关。最终，马克思主义成为李大钊所坚持、所信仰的真理，李大钊也如同中江兆民、幸德秋水那样，最终用自己的生命捍卫了信仰。

四、结　　语

1916年春，为了参加讨袁护国运动而短暂回国的李大钊从上海返回东京，其挚友幼衡（本名朱尔英）恰欲归国，李大钊在东京神田的一家小酒馆为其饯行，还特意送诗一首：

壮别天涯未许愁，尽将离恨付东流。
何当痛饮黄龙府，高筑神州风雨楼。

从留日前对袁世凯抱有一分期待，到如今誓言再造神州，就是在这种思想上发生巨大变化的情况下，李大钊于同年5月写下了《民彝与政治》这一名篇。本文着眼于李大钊留日前后思想方法上出现的这个重大变化，也即其真理世界观的形成，深入探究了这期间源自日本的影响因素。通过分析可以相信，中江兆民对李大钊真理世界观的形成产生过决定性的影响，而且二者在处理自由、权力与真理之间的张力关系等问题上，也具有一定的相似性。此外，幸德秋水在感性上促进了李大钊真理世界观的形成。而茅原华山的地理环境决定论则给李大钊带来了一个最初的"真理"。正是在留日期间树立起的真理世界观，才促使李大钊不断探索、追求真理。在这一过程中，无论是托尔斯泰也好，还是穆勒、卢梭也罢，抑或是河上肇、福田德三，以及最终的马克思主义，对于李大钊而言都是寻找真理的对象，他们都在为李大钊

① ［日］石川祯浩：《李大钊早期思想中的日本因素——以茅原华山为例》，《社会科学研究》2007年第3期，第148页。

提供真理的具体内容。而李大钊最终选择马克思主义，就是因为其满足了真理世界观对科学性、客观性、实践性的逻辑需要，同时，拥有真理世界观的李大钊，也不是简单地认同、研究马克思主义，而是将其作为真理来信仰，并为其实现献出了生命。他的真理世界观也潜移默化地感染了之后的中国革命者，对人们的思想产生了无法估量的影响。

文化交流视域下的赵必振早期汉译日书活动考察

○ 仲玉花　天津外国语大学

［**摘要**］20 世纪初留日先进知识分子对日本早期社会主义学说著作的汉译，是中日文化交流史和中国近代翻译史上的重要事件。将清末留日知识分子的汉译日书活动及其影响纳入文化交流视域下进行考察，是从文化交流与翻译角度对中国早期社会主义传播史的研究。本文以赵必振的译介活动为主要研究对象，通过对原著和译本的对比考证，以及对译介的背景和影响等内容的考察，探究了早期社会主义思潮在近代中国的传入过程，审视了译者的文化传输作用。

［**关键词**］文化交流；赵必振；汉译；日本社会主义学说

翻译，并非简单的文字之间的转换活动，翻译，本质上是不同文化之间的交流活动。20 世纪初，留日进步知识分子对早期日本社会主义学说著作的汉译活动，是中国近代翻译史的重要组成部分，也是中日文化交流史上的重要事件。"一个民族的文化要发展，除了依靠自身的力量外，必须吸纳外来文化。"[①] 因此，翻译也是吸收其他民族文化的最直接方式。清末民初，仅留日知识分子译自日文的有关社会主义学说的著作就有数十本之多，其中，《近世社会主义》被称为"中国近代第一本较系统介绍社会主义学说的译著"，译者赵必振更被称为"中国译介马克思主义第一人"。学界关于赵必振的研究不在少数，权威研究如田伏隆、唐代望[②]，该研究对赵必振的

① 杨仕章:《略论翻译与文化的关系》,《解放军外国语学院学报》2001 年第 3 期。

② 田伏隆、唐代望:《马克思学说的早期译介者赵必振》,《求索》1983 年第 1 期。

人生轨迹及其译介活动作了全面梳理；曾长秋[①]结合20世纪初中国知识分子传播马克思主义的背景，考察了赵必振对社会主义学说的介绍和传播，并评价了其翻译作品；鲜明[②]以《近世社会主义》为考察对象，通过对原作与译作的对比分析，考察了赵必振的翻译策略以及马克思主义在中国的传播。这些研究视角非常值得我们借鉴。

"翻译是把根植于源语民族土壤中的文化素移植到译语民族文化的过程与结果。在移植过程中，是促进文化沟通、展示文化差异，还是顺应译语文化、遮蔽差异，通常取决于译语文化或译者个体。"[③]纵观赵必振的一生，他在20世纪初西方社会主义思潮兴起的年代，取道日本为中国输入社会主义学说，呕心沥血译出了中国社会主义传播史上极具分量的译著。在前人研究的基础上，本文以赵必振早期译介活动为主要研究内容，结合译介底本和汉语译本的对比分析，在文化交流和文化翻译视域下考察译者在源语和译入语文化语境下对社会主义学说和马克思主义的解读、阐释及其影响，同时审视译介在其中的地位和作用，以期进一步丰富近代社会主义学说和马克思主义传播相关研究。

一、赵必振早期译介活动

赵必振，又名震，字曰生，别号星庵，武陵县（今常德县）人。清同治十二年（1873）生于广东南海县。赵必振先后就读于常德德山书院、长沙岳麓书院、湘水校经书院。戊戌变法前夕，参加院试，取补县学生员。戊戌政变后，赵必振愤世伤时，与好友何来保等结寒舍，日事吟咏，慷慨悲歌。光绪二十六年（1900），唐才常等组织自立会，密谋反清起义，赵必振受命在常德组织自立军，失败，逃亡日本。赵必振到达日本后，初任《清议报》校对、编辑，常以赵振、民史氏等笔名为《清议报》和《新民丛报》撰写论文，揭露清廷黑暗统治。同时，赵必振还发奋学习日文，广读卢梭、孟德斯鸠等人的著作，接触社会主义各流派学说，并和革命党人章炳麟、秦力山等交往甚密。

光绪二十八年（1902），赵必振潜回上海，从事译述。赵必振认为要救中国，必先倡导新思想，催人觉醒。同年8月，翻译出版《二十世纪之怪物帝国主义》，11月又翻译出版《广长舌》一书，阐述社会主义。1903年，翻译出版《近世社会主义》，

---

① 曾长秋：《赵必振：马克思主义在中国最早的传播者》，《湖南大学学报（社会科学版）》2017年第9期。
② 鲜明：《晚清首部国人译介的社会主义著作的翻译史考察》，北京：中央编译出版社，2016年。
③ 杨仕章：《文化翻译学界说》，《外语教学理论与实践》2016年第1期。

该书成为中国较早系统介绍马克思主义学说的译著。赵必振担任过《商报》编辑，在华北大学担任过教授一职。新中国成立后，赵必振担任过湖南省文史研究馆馆员。1956年，赵必振病逝于长沙。①

赵必振潜心译书事业，仅在流亡日本及回国之后的短短两三年内译介的日本著作就达二十多部。除上述译著外，还有《世界十二女杰》《日本维新慷慨史》《东亚将来大势论》《戈登将军》《拿破仑》等。1902—1903年，广智书局出版了系列史学译著，其中一大部分出自赵必振之手。

赵必振集中推出译著的时期，也正是清末留日热潮掀起的年代。明治维新后迅速跻身强国之列的日本，对清末留日知识分子产生了强烈的刺激。在他们看来，同属汉字文化圈且发展背景曾经相似的邻国，之所以会在明治维新后迅速强大，其中一个原因即是日本经过选择和译介引入了西方新思潮并进行了本土语境下的思想重构。因此，借鉴日本的经验，将已经进入日本的西学经由译介渠道引入近代中国，便具有了合理性与必然性。此外，梁启超也曾提出“以东文为主，而辅以西文”的译书主张，并提倡将西学译介作为改良社会与文化的一种重要的手段。在此背景下，在近代中国面临被列强瓜分的危急时刻，为进行爱国救亡的宣传，先进留日知识分子充当译介活动的主体，经由日文译介了许多以其他国家亡国为研究内容的历史著作。正如《土耳机史》序言中所述：“昔日兴隆之要素，皆减皆灭。呜呼！土耳机之末世，所以不振者，非偶然也。紫山②此著，为东洋作焉。其寓意之深，亦可以想矣。”③再如柴四郎所作序中也指出：“呜呼！土耳机帝国者，非亚细亚之屏藩耶。土国灭亡，与鸟折一翼，车折一轮，何以异也！嗟我同洲！苟有忧帝国之前途，抱远大之宏志者，则此欧亚管键之一帝国之大势，不可不详也。紫山北村君之此著，欲警醒于邦人而共振发志气也欤。”④不言而喻，译者赵必振通过译介这些国家的亡国史，希望能以这些文明古国由盛转衰最后亡国的历史为鉴，引起国人的共鸣并救国于危难之中。

20世纪初，日本社会主义运动蓬勃发展，西方社会主义学说也得以在日本广泛传播。此时期不仅涌现出了幸德秋水、片山潜、安部矶雄等较有影响力的社会主义者，

① 湖南省地方志编纂委员会编:《湖南省志人物志》第三十卷上册，长沙：湖南出版社，1992年，第660页。
② 即原作者北村三郎。
③ ［日］北村三郎:《土耳机史》，赵必振译，上海：广智书局，1902年，第1页。
④ ［日］北村三郎:《土耳机史》，赵必振译，上海：广智书局，1902年，第3页。

而且出版了大量的宣传社会主义学说的著作。于是，在此背景之下，近代中国留日知识分子与社会主义思潮相遇了。

1902 年 8 月，赵必振翻译的《二十世纪之怪物帝国主义》由广智书局出版。该书是日本社会主义思想家幸德秋水的著作，原版出版于 1901 年。书中最早对帝国主义进行了分析和批判，提出了“变资本家横暴之社会为劳动者共有之社会”“世界的大革命运动”等革命主张，主张“以科学的社会主义，而亡其野蛮的军国主义”，该书是第一部对帝国主义分析批评的中文译著，带给有识之士以强烈的震撼。杨仕章认为，文化的需求程度决定翻译活动的规模。“某一文化领域（或物质文化，或意识文化，或行为文化）对文化的需求程度越大，该领域里的翻译活动就会愈活跃。”[①]随着社会主义思潮在日本的广泛传播，进步留日知识分子越来越多地接触到了这种新思潮，并开始逐步认识和了解它，如下译文所示：

> 然则果如何计以应今日之急症也。曰无他。惟更向社会国家再施其大清洁法。质而言之，开始世界的大革命之运动而，变少数之国家，为多数之国家，变海陆军人之国家，为农工商人之国家，变贵族专制之社会，为平民自治之社会，变资本家横暴之社会，为劳动者共有之社会。而后以正义博爱之心，而压其偏僻之爱国心也，以科学的社会主义，而亡其野蛮的军国主义也。……如其不然，则乘此今日之趋势，以放任而漫不加省，则吾人之四围，惟百鬼之夜行，吾人之前途，惟黑暗之地狱也，志士仁人，能禁口如寒蝉，如仗马哉。[②]

上文中画直线的“世界的大革命之运动”“平民自治之社会”“劳动者共有之社会”“科学的社会主义”等说法，在译著出版的 1902 年，对国人来说是十分具有震撼力的声音；文末加波浪线的部分，则是译者救亡图存的呼吁声。原文如下：

> しからば即ち何の計か以て今日の急に応ずべき。他なし、更に社会国家に向かって大清潔法を施行せよ、換言すれば、世界的大革命の運動を開始せよ。少数の国家を変じて多数の国家たらしめよ、陸海軍人の国家を変じて農工商人の国家たらしめよ、貴族専制の社会を変じて平民自治の社会たらしめよ、資本家暴横の社会を変じて労働者共有の社会たら

① 杨仕章：《略论翻译与文化的关系》，《解放军外国语学院学报》2001 年第 3 期。

② ［日］幸德秋水：《二十世纪之怪物帝国主义》，赵必振译，上海：广智书局，1903 年，第 87 页。

しめよ。而して後ち正義博愛の心は即ち偏癖なる愛国心を圧せん也、科学的社会主義即ち野蛮的軍国主義を亡さん也（中略）若し夫れ然らず、長く今日の趨勢に放任してもって省みる所なくんば、吾人の四囲はただ百鬼夜行あるのみ、吾人の前途はただ黒闇々たる地獄あるのみ。①

在急需输入新思潮以呼吁国人救亡图存之时，大量引入宣传和介绍新思潮的著述，就成了社会历史之需。《二十世纪之怪物帝国主义》出版的同一年，赵必振又译介了幸德秋水的著作《广长舌》，他将原著中的32篇文章译介并编辑成一本译著，由商务印书馆于11月出版。该书更多地探讨了“社会主义”这一新事物及其性质，如例文所示：

要而言之，吾人欲绝灭金钱无限之势力，以救社会之堕落，其第一要著，在视资本为社会之公物，且改革今日之经济制度。是固主张社会主义者，不二之理想也。②

再如：

呜呼！十九世纪者，自由主义时代也。二十世纪者，社会主义时代也。③

从译文可以看出，文中出现了如下画线部分的许多新说法，如“社会”“经济制度”“社会主义”“自由主义”等，在清末国人乃至进步知识分子眼中，这些都可以视为全新的事物。因此，通过汉译日书输入这些新事物，则是译者桥梁作用的体现。上述两段例文在原著中分别如下：

然り吾人は再言す、金銭無限万能の力を絶滅して社会の堕落を救わんと欲せば、宜しく速やかに今日の経済制度を更革して、生産資本を社会共同の有に移すに在り、是を社会主義的改造と名く、近世社会主義者は実に之を以て唯一の理想と為す者也。④

鳴呼十九世紀は自由主義の時代なりき、二十世紀は将に社会主義の

① ［日］幸德秋水：『帝国主義』，東京：警醒社，1901年，第133頁。

② ［日］幸德秋水：《广长舌》（节录），赵必振译，高军等：《五四运动前马克思主义在中国的介绍与传播》，长沙：湖南人民出版社，1986年，第97页。

③ ［日］幸德秋水：《广长舌》（节录），赵必振译，高军等：《五四运动前马克思主义在中国的介绍与传播》，长沙：湖南人民出版社，1986年，第97页。

④ ［日］小田切進：『明治社会主義文学集』（二），東京：筑摩書房，1965年，第66頁。

時代たらんとす。[①]

对比原文和译文可以看出，上述画线部分的词汇来自日文原文。表面上看，是因为这些词汇的日文形态——“和制汉语”与中文形似，加之当时承担译书工作的知识分子大部分都是留日不久的学生，其日文水平也制约了译书水准。赵必振 1900 年赴日，1902 年出版大量译作即是代表性例子。因此译者在译介过程中，原样将原文词汇“借入”中文是一种极为方便的方法。然而从深层因素来看，清末“留学生的派遣，改变了文化接受的方式，使纵向的传承让位给横向的接纳，实质上也就是改变了文化接受的内容和目标”[②]。明治维新的成功以及中日文的同根特征，决定了日书汉译是取道日本输入西方社会主义学说的既可行又便利的渠道。“翻译是把根植于源语民族土壤中的文化素移植到译语民族文化的过程与结果。”[③] 由此可见，早期汉译日书中大量使用日文词汇的现象，既是接受新思潮的一种方式，也是输入异质文化的一种途径。

二、《近世社会主义》的译介

1903 年 1 月，广智书局出版了赵必振译《近世社会主义》，这是近代中国较早系统介绍马克思主义的译著。日文版原著出版于 1899 年（明治三十二年），作者福井准造（1871—1937）。福井准造，生于相模国大住郡小岭村（现在的神奈川县平塚市），1891 年（明治二十四年）毕业于庆应义塾大学。

《近世社会主义》分为上下两册，约十六万字。全书分为四编：第一编为《第一期之社会主义——英法二国之社会主义》，介绍了圣西门、傅里叶等的学说和著作；第二编为《第二期之社会主义——德意志之社会主义》，介绍了马克思、恩格斯生平及其学说；第三编和第四编分别为《近时之社会主义》《欧美诸国社会党之现状》，分别介绍了无政府主义、国家社会主义等社会主义流派以及法国、德国等国社会党的活动情况。

《近世社会主义》汉译本出版之际，《新民丛报》第二十九号曾刊登广告称：

---

① ［日］小田切進：『明治社会主義文学集』（二），東京：筑摩書房，1965 年，第 66 頁。

② 刘少勤：《盗火者的足迹与心迹——论鲁迅与翻译》，南昌：百花洲文艺出版社，2004 年，第 10 页。

③ 杨仕章：《文化翻译学界说》，《外语教学理论与实践》2016 年第 1 期。

本书关系于中国前途有二端，一为中国后日日进于文明，则工业之发达不可限量，而劳动者之问题大难解释。此书言欧美各国劳动问题之解释最详，可为他日之鉴法。一为中国之组织党派者，当此幼稚时代宗旨混淆目的纷杂，每每误入于歧途而社会党与无政府党尤在疑似之间，易混淆耳目。[①]

即对中国社会而言该书可供中国参考。之所以认为《近世社会主义》对中国社会来说十分重要，究其原因，是因为作者福井准造已经明确了该书目的：

政友福井直吉君之哲嗣准造君好学修文，研究社会主义，博采泰西诸家之说，顷者著题为社会主义，公之于世，夫社会问题之将就，为近世之最急要者，而发明社会主义真相著作，吾国尚厥而不详，以致研究社会主义者，每每误解，今此书出，关系于吾国者不浅，因一言以为序。[②]

"近代中国由于西方国家这一'他者'的强行闯入，致使'世变'日亟，创剧痛深，'自我'即民族的生死存亡遂成为最为迫切的问题，而固有的文化不足以应对危机，因此，对西方这一异质的'他者'文化的理解和应对，遂成为一个时代性的重建'民族'所必须首要解决的重大课题。"[③] 由此，在此种背景下，主体性选择译介材料并通过翻译引入社会主义学说和马克思主义便成了赵必振译介《近世社会主义》的使命。杨仕章指出，翻译除了传入新思想和新知识外，还会引入一些"副产品"，其中最主要的表现就是丰富了译语的语言和文学。[④] 首先，结合两组《近世社会主义》的原文和译文来看：

原文：是れ単に<u>私有資本家</u>の<u>競争</u>的組織たるに外ならず。即ち<u>原料</u>及び<u>機械器具</u>などは、比較的少数なる<u>財産家</u>の私有に帰し、彼等は<u>労働者</u>を<u>使役</u>して以て有価の<u>物品</u>を<u>製造</u>せしむ。[⑤]

译文：除<u>私有资本家</u>之<u>竞争</u>的组织之外，凡<u>原料</u>及<u>器械器具</u>等，皆为比较的少数<u>财产家</u>之私有。彼等<u>役使劳动者</u>，而<u>制造</u>有价之<u>物品</u>。[⑥]

---

① 《新民丛报》五，北京：中华书局，2008 年，第 4166 页。
② ［日］福井准造：《近世社会主义》，赵必振译，上海：广智书局，1903 年，第 1 页。
③ 王宪明：《语言、翻译与政治——严复译〈社会通诠〉研究》，北京：北京大学出版社，2005 年，第 4 页。
④ 杨仕章：《略论翻译与文化的关系》，《解放军外国语学院学报》2001 年第 3 期。
⑤ ［日］福井準造：『近世社会主義（上巻）』，東京：有斐閣書房，1899 年，第 14 頁。
⑥ ［日］福井准造：《近世社会主义》，赵必振译，上海：广智书局，1903 年，第 5 页。

原文：且又劳銀の鉄則が千古不磨の真理にして、貧富の懸隔は人類社会の通則たりとすれば、彼等は非理の要求にを以て富豪に逼るの策を採らざるべし、其非理たるやを究めんが為に、歴史、法律、経済、統計及び哲理、真理、論理など万般の学理を研究の材料とし、広く探り、深く稽えへ、以て其主義方針を確定し、然る後に社会改革の方策を計画せるなり。[①]

译文：且以劳银之铁则，为千古不磨之真理，贫富之悬隔，为人类社会之通则。于是彼等以非理之要求，以逼富豪。其所论非理者，皆未尝于历史、法律、经济、统计及哲理、心理、论理等万般之学理，为研究之材料，广探深稽，以确定其主义方针，然后计划改革社会之方策。[②]

上述两组例文中，原文画线部分的词汇如“資本家”“競争”“原料”“財産家”“労働者”“労銀”“貧富の懸隔”“法律”“経済”“社会改革”等，几乎都原样“移入”到了译文中，即译文中画线部分的“资本家”“竞争”“原料”“财产家”“劳动者”“劳银”“贫富之悬隔”“法律”“经济”“社会改革”等。译文从整体上来看异质色彩比较浓厚，在20世纪初译介浪潮高涨的时代，这也是汉译日书的整体语言水平。横向来看，与赵必振译《近世社会主义》同年出版的中国达识译社译《社会主义神髓》大体上也呈现出受源文化影响而异质色彩较浓的特征，如：

原文：於是乎社会は、一面に於て生産機関を専有して、尽く其生産を領有するの資本家てふい一階級を生ずると同時に、他面に於て、彼の労働力の外何物をも有することなき労働者の一階級を生じて、両者の間判然鴻溝を画するに至る。社会的生産と資本家的領有の間に生ぜる一大矛盾は、如此にして先づ其一端を、地主資本家と賃金労働者との衝突に現ぜる也。[③]

译文：于是社会分为两阶级：专有生产机关，尽领有其生产之地主资本家为一级；食力以外，一无所有之劳动者为一级。彼疆而界，鸿沟截然。

① ［日］福井準造：『近世社会主義（上卷）』，東京：有斐閣書房，1899年，第151頁。
② ［日］福井准造：《近世社会主义》，赵必振译，上海：广智书局，1903年，第2页。
③ ［日］幸徳秋水：『社会主義神髓』，東京：朝報社，1903年，第36頁。

此社会生产与领有之间，已现地主资本家与赁银劳动者之冲突。[①]

从上面的例子可以看出，幸德秋水著《社会主义神髓》原文中的许多日文词汇，都几乎原样出现在了中国达识译社译本中。此外，同年出版的罗大维译《社会主义》也有此特征。无论是罗大维译《社会主义》，还是赵必振译《近世社会主义》，译文中都大量使用了这种“和制汉语”，即日文汉字词汇。诚然，上述译作“他者”色彩浓厚，但是在中国固有文化不足以应对危机而急需引进西方先进思潮的清末，这种翻译未尝不是一种信息等值的翻译。毕竟“无论从哪个角度思考，都要把等值问题放置在具体文化背景下讨论”[②]。作为文化交际活动的翻译，应该将其纳入文化交流与文化翻译的体系中，置于具体的历史文化语境中来探讨。

如前所述，不同民族文化的强弱对翻译具有极大的影响。清末的中国文化相较明治维新后的日本文化而言，处于弱势的地位。通过汉译日书引入西方社会主义思潮，即是强势文化向弱势文化的渗入。清末汉译日书中，译者不仅采取“异化”翻译策略大量引入了“和制汉语”，而且还引入了负载于这些新词汇新概念上的新思潮——马克思主义。如：

马陆科斯之“价格论”，以价格之分离为始。彼论价格分离之道，分“使用价格”及“交换价格”二种。[③]

译文中所说的“价格论”，便是马克思主义劳动价值理论的重要内容。“使用价格”即“使用价值”，“交换价格”即“交换价值”。原文如下：

マルクスの価格論は価格の分離に始まる。彼は価格を分離して之に「使用価格」及び「交換価格」の二種類ありとせり。[④]

由上面的“价格论”，引出了后文所述的剩余价值理论，从而揭露了资本家实现财富增值的剥削本质。也就是说，资本家发家致富的秘密即占有剩余价值。如：

原文：使用、交換両価格の差は間の如くにして生じ、生ずる余剰価格を以て、資本家は資本の上に、資本を重ね、以て其事業を維持拡張し

① ［日］幸德秋水：《社会主义神髓》，中国达识译社译，高军等：《五四运动前马克思主义在中国的介绍与传播》，长沙：湖南人民出版社，1986年，第159页。

② 刘军平：《西方翻译理论通史》，武汉：武汉大学出版社，2009年，第400页。

③ ［日］福井准造：《近世社会主义》，赵必振译，上海：广智书局，1903年，第6页。

④ ［日］福井準造：『近世社会主義（上巻）』，東京：有斐閣書房，1899年，第163-164頁。

以て其財産を蓄積增集すと。是れ彼が資本制度の発達を以て之を余剰価格の専占に帰する所以なり。[①]

译文：其使用、交换两价格之差，以是而比，其余剩余之价格，又为资本家之资本，更以维持扩张其事业，以蓄积增集其财产。是彼资本制度之发达，其余剩之价格，而所以专归资本家之占有。[②]

"在吸收外来文化（包括语言文化）时，译者的心态是开放还是保守，对译文的内容和风格都有很大的影响。翻译是不同语言之间的转换，所以吸收原语中的一些语言手段不仅是必要的，而且还是必然的。"[③] 通过日文原文和中文译文的对比可以看出，文中"使用价格""交换价格""剩余之价格""专归资本家之占有"等术语和概念，都是译者采取"异化"的策略从原文中输入的，以上这些关于马克思剩余价值理论的表述，在《近世社会主义》汉译本出版的1903年尚属于较早的案例。剩余价值理论在幸德秋水著《社会主义神髓》中也曾有过论述，如：

彼等资本家谋所以厚其资本者，唯从劳动者掠夺此剩余价格，然则此劳动力之"剩余价格"也，有不全为大盗积者乎？[④]

该书汉译本则出版于1903年10月，出版时间稍晚。因此，《近世社会主义》被后人称为"近代中国系统介绍马克思主义的第一部译著"[⑤]，赵必振也被称为近代中国"系统传播社会主义思想的第一人"[⑥]。"两种文化的交融，往往首先取决于文化接受者有否吐纳异质文化的胸襟和姿态。"[⑦] 赵必振译《近世社会主义》不仅站在了译介浪潮的前列，而且以一种主动迎受的态势引入了马克思主义，从而使这种异质文化适应中国历史文化语境，并与之相交融。

---

① ［日］福井準造：『近世社会主義（上卷）』，東京：有斐閣書房，1899年，第167頁。

② ［日］福井准造：《近世社会主义》，赵必振译，上海：广智书局，1903年，第7页。

③ 杨仕章：《文化翻译论略》，北京：军事谊文出版社，2003年，第42页。

④ ［日］幸德秋水：《社会主义神髓》，中国达识译社译，高军等：《五四运动前马克思主义在中国的介绍与传播》，长沙：湖南人民出版社，1986年，第160页。

⑤ 田伏隆、唐代望：《马克思学说的早期译介者赵必振》，《求索》1983年第1期。

⑥ 曾长秋：《赵必振：马克思主义在中国最早的传播者》，《湖南大学学报（社会科学版）》2017年第9期。

⑦ 王嘉良等：《"浙江潮"与中国新文学》，北京：文化艺术出版社，2004年，第19页。

三、译介的影响

翻译活动是语言文字的转换活动，但是它归根结底是一种文化的传输活动。“翻译虽是两种语言文字的转换，但又绝不仅仅是两种语言文字的转换，它同时还是一种文化传输与移植的过程。”① 因此，清末汉译日书中大量使用“和制汉语”的现象，是传输社会主义思潮的一种途径。如赵必振译《近世社会主义》中，较早译介了《共产党宣言》中的经典论断：

> 同盟者望无隐蔽其意见及目的，宣布吾人之公言，以贯彻吾人之目的，惟向现社会之组织，而加一大改革，去治者之阶级，因此共产的革命而自警。然吾人之劳动者，于脱其束缚之外，不敢别有他望，不过结合全世界之劳动者，而成一新社会耳。②

原文如下：

> 同盟は其意見及び目的を隠蔽するを望まず、故に吾人は公言す、吾人の目的を貫徹せんが為めには、只現社会の組織に向て一大改革を加ふるの要あることを、治者の階級は此共産的革命を戦慄すべし、然れども吾人労働者は只其束縛を脱するの外敢て他意なく、斯くの如にして以て更に一新社会を作為せんとす、全世界の労働者よ、来り以て結合せよ。③

回顾马克思及其思想进入近代知识分子视野范围的时间点，马克思的名字最早出现在1899年刊登在《万国公报》上的《大同学》中：“其以百工领袖著名者，英人马克思也。”④1902年，梁启超在《进化论革命者颉德之学说》一文中指出“麦喀士”为社会主义之泰斗。1903年2月，马君武发表在《译书汇编》第11号上的文章《社会主义与进化论比较》中，提到了马克思的名字：“社会主义者，发源于法兰西人圣西门……极盛于德意志人拉沙勒、马克司。”⑤ 而赵必振译《近世社会主义》对马克思生平及其学说思想的介绍，则是汉译日书中最早且最系统的介绍。

---

① 杨仕章：《文化翻译论略》，北京：军事谊文出版社，2003年，第42页。

② ［日］福井准造：《近世社会主义》，赵必振译，上海：广智书局，1903年，第13页。

③ ［日］福井準造：『近世社会主義（上巻）』，東京：有斐閣書房，1899年，第187頁。

④ 林代昭、潘国华：《马克思主义在中国——从影响的传入到传播》，北京：清华大学出版社，1983年，第44页。

⑤ 莫世祥编：《马君武集》，武汉：华中师范大学出版社，1991年，第83页。

德国学者李博认为，社会主义学说传入中国知识界的开始时间应为1903年，那是因为那年出现了赵必振译《近世社会主义》等汉译马克思主义著作。[①]通过汉译日文马克思主义著作引入社会主义思潮的同时，大量的表述马克思主义的概念与术语以借用“和制汉语”的方式进入了汉语，对中国马克思主义术语的发展和形成产生了一定的影响。如《近世社会主义》汉译本中多次出现“余剩价格”“剩余价格”等说法，这是“剩余价值”的早期形态，如：

> 欲知今日之资本主义，须知余剩价格之性质如何。[②]
>
> 是彼资本制度之发达，其余剩之价格，而所以专归资本家之占有。[③]
>
> 资本家所分取自己之利益，马陆科斯所谓剩余价格，收没劳动者之劳动是也。然资本家既有享当然利益分配之权，则此余剩价格者，亦为生产社会必要之价格。[④]

如上所示，在马克思主义术语的嬗变与发展过程中，最接近现代汉语“剩余价值”的形态“余剩价格”和“剩余价格”较早出现在汉译《近世社会主义》中，这也是该书对马克思主义术语发展的一大贡献。此外，对比《近世社会主义》原著与汉译本，可以归纳出以下译自日文的术语，如表1所示。

表1 《近世社会主义》马克思主义相关术语日汉对比[⑤]

原文	译文	原文	译文
階級	阶级	余剰価格	余剩之价格 / 余剩价格
権利	权利	価格論	价格论
労働者	劳动者	使用価格	使用价格
資本家	资本家	交換価格	交换价格
賃銀	劳银 / 赁银	平均的労力	平均劳力
利益	利益	国有財産制	国有财产制
分配	分配	資本私有制	资本私有制
利潤	利润	労働時間	劳动时间

---

① ［德］李博：《汉语中的马克思主义术语的起源与作用》，赵倩等译，北京：中国社会科学出版社，2003年，第104页。

② ［日］福井准造：《近世社会主义》，赵必振译，上海：广智书局，1903年，第6页。

③ ［日］福井准造：《近世社会主义》，赵必振译，上海：广智书局，1903年，第7页。

④ ［日］福井准造：《近世社会主义》，赵必振译，上海：广智书局，1903年，第11页。

⑤ 此处对比所用文本为：［日］福井準造：『近世社会主義（上巻）』，東京：有斐閣書房，1899年；［日］福井准造：《近世社会主义》，赵必振译，上海：广智书局，1903年。

续表

原文	译文	原文	译文
短缩	短缩	自由競争	自由竞争
選挙	选举	共産主義	共产主义
社会民主党	社会民主党	無政府主義	无政府主义
社会改革	社会改革	生產機関	生产机关
自由平等	自由平等	貧富懸隔	贫富悬隔

日本学者石川祯浩指出，清末以来中国介绍西方思想时往往把已经在日本翻译、介绍过的内容有选择地重译成汉语，并在此过程中多半沿用了“和制汉语”。到了“五四”时期，通过日本文献接受而来的马克思主义术语，则以日语中的“汉字”形式逐步固定了下来，这一过程可以说是非常自然的。① 上表中“阶级”“权利”“选举”“自由竞争”“利润”“分配”“劳动时间”等词汇以沿用“和制汉语”的形式，在近代中国引入社会主义思潮的年代发挥了启迪民智的作用。经过数代译者的翻译活动，这些来自日文的术语逐渐融入了汉语，并渐渐地演变成马克思主义术语。表2以摘自《近世社会主义》中的术语为例，来考察其演变历程：

表2　马克思主义术语汉译演变历程②

日文原文	赵译（1902.2）	民译（1908.1）	陈译（1920.8）	高译（1923）	马译（1963）	编译局（2005）
階級	阶级	阶级	阶级	阶级	阶级	阶级
賃銀	劳银 / 赁银	赁银	工资	年工	工资	工资
労働者	劳动者	劳民	劳动者	劳动者	劳动者	劳动者
生產力	生产力	生产力	生产力	生产力	生产力	生产力
剩余価格	剩余价格			剩余价值	剩余价值	
生產機関	生产机关	生产机关	生产机关	生产机关	生产资料	生产资料

虽然仅以表2中的几个术语并不能代表马克思主义术语汉译的演变全过程，但是以此为引子，可以看出有些术语保持了早期译介的形态并一直使用到了现在，有

① ［日］石川祯浩：《中国共产党成立史》，袁广泉译，北京：中国社会科学出版社，2006年，第15页。

② 此处对比所用文本为：［日］幸德秋水：《社会主义神髓》，中国达识译社译，高军等：《五四运动前马克思主义在中国的介绍与传播》，长沙：湖南人民出版社，1986年；［德］马克思、［德］恩格斯：《共产党宣言》，民鸣译，《天义》，株式会社大安，1966年；［德］马克思、［德］恩格斯：《共产党宣言》，陈望道译，社会主义研究社，1920年；［日］幸德秋水：《社会主义神髓》，高劳译，商务印书馆，1923年；［日］幸德秋水：《社会主义神髓》，马采译，北京：商务印书馆，1963年。

些术语则经过几代译者的译介，经历了不断演变的过程，发展到了现代汉语中的术语形态。也有学者指出："大量的日本词汇传入中国，丰富了汉语的词汇，有的一直使用到现在，如'自由''民主''人格''人权''政府''政策''选举'等，已经完全中国化了。这在中日文化交流史上很有意义。"[①] 正是由于赵必振这样的译者的艰辛译介，才赋予了不同时期马克思主义术语的译介特色，并推动了马克思主义术语汉译的演变。

《近世社会主义》汉译的影响，不仅体现在马克思主义术语形成与马克思主义传入等方面，该书的译介还给早期中国进步知识分子的社会主义认识带来了极大的影响。据曾任九州大学名誉教授的向坂逸郎[②]（1897—1985）回忆说，郭沫若曾在一次座谈中强调自己开始学习社会主义，是读了"福井准造先生的《近世社会主义》这本著作"[③]。向坂逸郎教授还说："郭沫若说，他是读了这本书的中译本，或许是我听错了，说不定他读的还是日文原本。"[④] 并感慨这本书"竟然成为中国社会主义革命家的思想出发点"。1920 年 7 月，蔡元培（1868—1940）在为李季所译《社会主义史》[⑤] 所写的序中，谈到早期马克思主义传入中国时指出："西洋的社会主义，二十年前才输入中国。一方面是留日学生从日本间接输入的，译有《近世社会主义》等书。"[⑥] 这也反映了《近世社会主义》汉译本在中国马克思主义传入进程中的地位。也正如李博指出的那样："大约直到 1919 年，即'五四运动'那一年，中国人对欧洲各社会主义流派的了解，包括对马克思、恩格斯创立的社会主义学说的了解几乎全部来自日语，或是欧洲语言著作的日文翻译，或是日语的社会主义著作。"[⑦] 译介作为外来文化的传播渠道，"通过新概念的输入，它参与了政治和社会的改革"[⑧]。清末民初乃至五四运动前后以留日知识分子为主的进步人士对日本马克思主义著作的译介与传播，影响了许多共产主义知识分子，并为中国共产党的创建和发展创造了条件。

---

① 安宇、周棉：《留学生与中外文化交流》，南京：南京大学出版社，2000 年，第 49 页。

② 日本马克思经济学家、社会主义思想家，曾任九州大学教授和社会主义协会代表。

③ 《郭沫若研究》编辑部编：《郭沫若研究 7》，北京：文化艺术出版社，1989 年，第 282 页。

④ 《郭沫若研究》编辑部编：《郭沫若研究 7》，北京：文化艺术出版社，1989 年，第 284 页。

⑤ 原题为《〈克卡朴氏社会主义史〉（*Kirkup: History of Socialism*）序》，刊载于《新青年》第 8 卷第 1 号。

⑥ 高平叔编：《蔡元培全集》（第三卷），北京：中华书局，1984 年，第 435 页。

⑦ ［德］李博：《汉语中的马克思主义术语的起源与作用》，赵倩等译，北京：中国社会科学出版社，2003 年，第 79 页。

⑧ 刘军平：《西方翻译理论通史》，武汉：武汉大学出版社，2009 年，第 246 页。

四、结　　语

作为中国近代翻译史与中日文化交流史上极其重要的事件，早期日本社会主义学说著作的汉译活动，由特定的国内外历史背景共同作用而成。因此，研究社会主义学说与马克思主义在中国的早期传入和传播，就有必要将近代中国留日知识分子的汉译日书活动纳入文化翻译与文化交流视域下全面考察。本文以赵必振译《近世社会主义》为例，通过对日文底本与汉语译本的严密对比，多视角结合考察了早期汉译日本马克思主义著作的译介，探究了早期马克思主义在中国的传入与传播过程，同时审视了译介在其中的作用。

无论是研究中国的马克思主义传播史，还是考察早期社会主义学说著作的汉译，如果脱离译介的底本，而仅借助汉译本或者译文进行研究的话，则可能会忽略译者在原文解读与译文构建过程中的“文化传输”作用，以及影响和制约译介的深层因素。由此，通过共时性和历时性的考察，我们可以更加深刻地感受以赵必振为代表的早期留日知识分子对日本马克思主义著作的译介，感受其在马克思主义在中国的传入与传播过程中以及在中日文化交流中处于什么样的位置，又发挥了怎样的作用。

过渡礼仪视角下的现代日本茶道

○ 刘　伟　日本爱知大学

[**摘要**] 日本茶道可谓日本的国粹之一；在不同日常空间里以独特的仪式进行点前[①]，并通过点前使得主客之间相互沟通。所以在日本社会人际关系中，茶道作为过渡仪式发挥着重要作用。本文在笔者多年茶道稽古、参与茶会的举办及参加茶会的经验基础上，结合相关文献，从茶道的学习者和参与者的视角来分析茶道各个阶段的学习目的和意义。

[**关键词**] 茶道；过渡礼仪；非日常性；日常性；“聚合”

日本茶道在历史、美学等领域都有很好的研究成果，但是当下人类学对日本茶道的相关研究非常匮乏。笔者认为原因如下：其一，从研究的对象来考察的话，茶道的世界比较封闭，如果不具备茶道的相关知识便很难了解茶道的内在逻辑；其二，从日本茶道文化的学习进程设计（一个月三次）来看的话，习练时间比较分散，很难做到集中调查研究。所以研究茶道不仅需要学习必要的知识，并融入到茶道中去，同时考察周期也非常冗长，这导致茶道相关研究相对匮乏。

本文的研究目的是，基于笔者对茶道多年的学习和观察，探究作为日本传统文化代表的茶道在日本社会语境中呈现何种意义。茶道研究者古川彻三对茶道作了以下解释，“茶道，以身体的动作为媒介，即具艺术性、社交性、修行性、仪式性”[②]，

---

① 日本茶道抹茶泡制法。

② [日] 古川徹三:『茶の美学』，京都：淡交社，1977 年，第 187 頁。

换句话说，茶道既涉及艺术的层面、社交的层面，也指涉及修行的层面、仪式的层面，所以茶道在日本被称为综合性文化。因此，研究作为“综合性文化”的当代茶道，具有非常重要的意义。

另外，以茶道为研究对象，可以进而了解日本人的人际关系，特别是能引发对日本人礼仪规范方面的思考，这一点也是非常重要的。本文拟运用法国人类学家阿诺尔德·范哲内普的“过渡礼仪”理论，分析茶道的稽古与茶会的过渡仪式。范哲内普提出，“从一个群体到另一个群体，从一社会地位到另一地位的过渡被视为现实存在之必然内涵”①。过渡中存在着一系列划分的阶梯式的仪式，并且“将个人从一个特定的状态传递到另一个特定的状态是有目的的”②，这一系列的阶段中都有一定的仪式存在。所以，“无论是对一群体或个体，其基本进程是同样的：他们必须停止、等待、通过、进入、最后被聚合”③。笔者通过对日本茶道多年的学习和观察，发现茶道的稽古、茶会也具有“停止、等待、通过、进入、最后被聚合”这样的仪式过程，因此本文运用过渡礼仪理论来分析当代日本茶道，是非常契合的。

一、茶道与稽古

茶道的概念始于日本江户时期，来源于“茶之汤”。熊仓功夫等指出，“茶道的传统名称为茶之汤，今日的茶道可以推测到 17 世纪（千道安的道歌中记载）”④。另外，堀内宗心认为：“茶道就是茶之汤，区别于现今的茶道。稽古是指通过茶之汤的修行行为，对素养的一种训练手段。”⑤ 在日本，传统文化以拜师学艺的方式跟随师匠⑥习练，被称为稽古，例如茶道、华道（花道）、书道、能、相扑等传统文化的习练都称为稽古；习练的场所称为稽古场。为什么传统艺能的学习被称为“稽古”？这是笔者接下来讨论的问题。日本国语词典对“稽古”有以下解释：

①［昔のことを手本にし参考にする意］学問技術を習うこと。［狭義では、武

---

① ［法］阿诺尔德·范哲内普：《过渡礼仪》，张举文译，北京：商务印书馆，2012 年，第 51-52 页。

② ［法］阿诺尔德·范哲内普：《过渡礼仪》，张举文译，北京：商务印书馆，2012 年，第 49 页。

③ ［法］阿诺尔德·范哲内普：《过渡礼仪》，张举文译，北京：商务印书馆，2012 年，第 115 页。

④ ［日］熊仓功夫、［日］杉山公男、［日］榛村純一：『绿茶文化和日本人』，東京：ぎょうせい，1999 年，第 109 頁。

⑤ ［日］堀内宗心：『基本のけいこ—「表千家流」』，東京：世界文化社，2001 年，第 4 頁。

⑥ 茶道老师的尊称。

術や芸能などを習うことを指す］[①]。（以古代事迹为范本参考之意，学问技术。狭义上，指武术、艺能等方面的学习。）

② 古の道をかんがへる。［書，堯典］曰若二稽古－帝堯。[②]（习古之道。《书·尧典》曰若稽古—帝尧。）

③ 古道を考える。［書、堯典］曰若ここに古の帝堯を稽（かんがふ）。[③]（思考古道。《书·尧典》曰若稽古之帝尧。）

从日语国语词典的解释可以看出，所谓稽古，是参照古代事迹边学边思考的行为。南谷直利、北野与一等学者也曾指出："稽古，指反复学习、习练、思考、推敲，不仅限于学问和武艺，宗教和艺能等领域也被惯用。"另外，茶道堀内师匠指出："稽古，茶之汤的点前，只是通过大脑的记忆是行不通的，需要反反复复的基本练习，达到闭着眼睛都可以准确无误操作的境界，调动身体肌肉记忆。"[④]另外，外研社出版的《日汉汉日词典》中，对稽古的解释是"排练，训练"[⑤]。

综上所述，笔者总结后认为：稽古，就是通过身体的习练，并总结前人的实践成果，以变为习惯性动作为目的的身体修炼。由此，我们可以得出，茶道的学习是对身体的训练，也就是身体动作的规范化行为。此外，仓泽行洋、井伊正弘提出，"茶道，非文字所能传授"[⑥]。这其实表达了一种观点——茶道的学习不是通过书籍获得的。再者，从茶道的制度设置可以看出，茶道是以身体动作教授为主，师匠根据每一位弟子的具体情况，有针对性地传授技艺。根据笔者自身的学习经验，茶道的学习内容是以弟子做动作、师匠针对动作进行指导的身体习练。笔者的师匠严禁徒弟大脑记忆，总是严厉指出："避免运用大脑记忆，请调动身体记忆。"例如，在添置炭点前学习时，要求握火箸的手，手背朝向宾客，避免手心朝向宾客。这就需要在夹炭的时候，预先设计好夹炭的方向和需要添置的位置，初级学习者会几人聚集到一起，讨论手的动作和夹炭方式。师匠每当看到这样的情景时，都会非常严厉地指出："交给身体，请不要特别记忆，容易把学习变得复杂化。"也就是说，茶道的稽古首先是对身体的

① ［日］山田忠雄:『新明解国语辞典』全面改订第6版，東京：三省堂，第434頁（括号内的中文为笔者译，下同）。

② ［日］诸桥辙次:『大汉和辞典』卷8修订版第8刷，東京：大修館書店，1988年，第611頁。

③ ［日］白川静:『字通』出版第1刷，東京：平凡社，1996年，第408頁。

④ ［日］堀内宗心:『基本のけいこ一「表千家流」』，東京：世界文化社，2001年，第4頁。

⑤ ［日］杉本达夫:《日汉汉日词典》（外研社—三省堂），外语教学与研究出版社，2001年，第252页。

⑥ ［日］仓泽行洋、［日］井伊正弘:『一期一会』，京都：燈影撰書，1988年，第15頁。

训练，练习的次数决定动作的自然流畅程度。换句话说，茶道是一种肌肉记忆训练。如同我们小时候学习自行车的骑行一样，经过反复骑行，身体自然而然地掌握平衡。

再者，从茶道制度设定和稽古频率来分析，茶道组织为家元制，类似于父子关系的形式，由非血缘关系成员组成，家长传授技艺给弟子。① 稽古的频率一般是一周一次或者一个月三次。无论是制度还是学习频率都不同于学校的集中授课方式，而是分散式的重复学习方式。笔者通过田野观察发现，坚持几十年习练茶道是很平常的事。在茶道的世界里流行着这样一句话："茶道有起点，没有终点。"年复一年的重复习练是理所当然的事情。井口仙翁指出，"在茶道点前的动作中，有很多动作应用于日常的起居生活中"②。由此可以得出，茶道稽古的目的在于，通过反复指定身体动作的训练，使之变成习惯性动作。从稽古的课程设计和练习的频率来考察，茶道采用不间断式训练方式，在时间设计上则是采用顺应人体规律的记忆学，一周一次的频率避免了反复习练的乏味，又照顾到日常实践性。在学习方法上，稽古期间不允许作任何笔记，要求专注于身体动作，在结束稽古后，采用回忆式记忆方式，把学习的内容进行回忆（二次记忆）。在回忆中发现有忘记部分，需要带到下一次的稽古中重新学习加深记忆。从学习方式的设计中也可以看出，茶道稽古既避免了反复练习的乏味又便于在日常中打磨技艺。由此可见，无论是从茶道稽古的概念还是从稽古时间的安排来分析，目的都是一致的，那就是在非日常空间习练刻意动作，经过时间的沉淀在日常生活中呈现。

二、茶道的非日常性和日常性

众所周知，日本茶道具有非日常性。学习的稽古场（茶室及准备间）就是一个非日常空间，从露地到茶室每一个空间都代表着亭主的个人审美。打扫得一尘不染的茶室，体现了亭主对前来赴会宾客的"坦诚"；几十年如一日的刻苦稽古成果是对赴会宾客的"诚意"。之所以说稽古场与日常的空间不同，是因为茶室空间会根据招待的宾客作相应的设计，每一次茶会的茶室都是亭主只为当日而创作——精简至极的茶花，符合当日主题的茶道具，以及应和今日茶会主题特制的色香味俱佳的茶点

① 刘伟：《日本茶道与中国茶艺的比较研究》，《文明21》2018年12月第41号，第36页。

② ［日］井口仙翁：『茶の美学』，東京：講談社，学術文庫，1996年，第29頁。

与怀石料理，都是亭主尽最大能力创作的“世界”。当我们置身于这样的空间时，在身心得到放松的同时，更重要是这样的空间更能让人精力集中，专心于稽古。但是，当人处于这样的空间时，会自然而然地感到紧张；与此同时，来自宾客和师匠的关注像放大镜一样，使得自己只能全身心地专注于点前，心无杂念地稽古。

范哲内普指出，“门是外部世界与家内世界间之界线；对于寺庙，它是平凡世界间之界线”，所以，“跨越这个门界就是将自己与新世界结合在一起”[①]。基于范哲内普对于地域过渡仪式的一些描述，茶室对于学习者，是从日常空间过渡到非日常空间的转变，意味着进入到“纯净”的世界。田中海仙认为，“宾客进入时，最后进入茶室的客人‘砰’一声关上茶室门的那一刻，茶室变为脱离‘俗’进入‘净’的空间”[②]。从“俗”空间转移到“净”空间，不单单是空间的转换，更深层上意味着精神转换。平日的稽古场不同于茶会的茶席，在进入茶室前的门口有一个不足一米高的矮门，宾客需要弯躬屈膝跪行而入，行礼进入茶室，就意味着人从日常空间分离出来，进入到非日常空间。正如田中海仙所说，通过这扇门就进入了“净”的空间。在“净”的空间点前，或者作为客人享用亭主的点前，都是脱离日常空间的非日常活动；由于区别于日常的空间，会让人精力集中，对这段时间留下深刻记忆。每一次稽古如同成人礼的通过仪式，对于当时的人来说，这人生中仅此一次的稽古会长久地留在他们的记忆中。[③]这也是为什么每一次稽古都会紧张的原因所在。

苏格兰人类学家维克多·特纳指出，体验通过仪式的通过者，在处于与社会分离的边界领域的情况下，不需要遵循日常性的社会规范，也就是处于脱离社会日常性结构和规范的状态，从日常角色中脱离出来，进入自由状态。维克多·特纳将这种状态称为“阈限”。进入茶室的自己处于“纯”的状态。在“神圣”空间精力高度集中地稽古，容易重新认识自己，认识到自己的不完美；然后接受自己的不完美，通过下一次的稽古，使自己一点一点去接近完美。又或者，进入“神圣”空间，自身的不完美就会自然显现，进而重新审视自己。换句话说，茶室还是一个自我追求完善的空间，追求比今天更好的自己。

嶋根克己指出，“礼仪的行为不仅关注外在，还有支撑个人和社会的内在深处的

---

① ［法］阿诺尔德·范哲内普：《过渡礼仪》，张举文译，北京：商务印书馆，2012 年，第 88 页。

② ［日］田中海仙：『茶道の美学』，東京：講談社，学術文庫，1996 年，第 25 頁。

③ 每一次稽古时，都会使用不同的茶道具，每一次的主客都与不同的搭档“合作”，所以每一次稽古都有不同的体会。

重组。通过仪式的外在是指集团所属，年龄阶段、空间、时间、身份的转变，还有更重要的是通过这些相应的过渡身心上产生的变化”[①]。由此可见，茶道是一个从日常到非日常，经过反复地稽古，刻意动作变为日常习惯性动作，最后自然而然地融入日常生活的过程。茶道的稽古目的是通过非日常中的反复习练，使得习练的动作在日常生活中聚合。

经过几十年的反复稽古，成为师匠后才有资格举办茶会和茶事。如果稽古是茶道的学习阶段，那么茶会就是长期稽古的成果汇报阶段，也就是茶道点前从“生”到“熟”的过程。无论是茶会的举办者还是参与者，茶会就如同期末考试，是对一段时间学习成果的测试。通过茶会的体验发现自己不足之处，在下次的稽古中反思使之完善。这也是很多人能坚持茶道几十年的原因。

稽古、茶会、茶事等都是在非日常空间中进行的行为。在进入茶室前会经过露地；在露地和茶室之间会有一处玄关（等待室），在此等待亭主的邀请召唤。在此，我们用范哲内普的通过礼仪理论来分析过渡仪式。稽古时，首先使人从日常空间分离。这个阶段相当于范哲内普通过礼仪理论的分离阶段。稽古过程可以理解为等待、进行阶段，而茶会则是聚合阶段。我们从平常的生活、工作等空间中抽离出来，进入不同于平时的非日常空间，也是精神上、心理上的整理和净化，是进入“神圣”空间前的准备阶段。像这样脱离日常生活，进入非日常空间点前品茶，完全符合范哲内普的过渡仪式。接下来，笔者分别对茶道的稽古和茶会进行进一步具体分析。

学习茶道在入门（拜师）之后，进行正式的点茶学习前，有一段等待时间（笔者等待了一年时间）。这段时间由同门长辈教授一些点前准备事项，例如在榻榻米上走路的方式（要求一张榻榻米六小步，脚心不能离开榻榻米，拖拉式移动）、水屋[②]的准备阶段（如何清洗茶碗、茶巾等茶道具及相关茶道具的准备）的学习等，为进入茶室稽古做准备工作。在此等待接下来的师匠的教授。得到师匠的允许进入茶室后，首先学习作为客人的喝茶礼仪和交流礼仪（作为客人和主人的沟通方式及时间点的控制），以及不同宾客座位位置相关的礼仪。然后进入下一阶段师匠的指导阶段。也就是说，即使在平时的稽古阶段，也与范哲内普的过渡仪式理论一致。进入水屋和学习准备事项相当于分离阶段，准备阶段相当于境界过渡阶段，学习作为宾客品茶和亭主的沟通阶段相当于境界后聚合阶段。从某种意义上说，这也是稽古阶段的学

① ［日］嶋根克己、［日］藤村正之:『非日常をうむ出す文化装置』，東京：北树出版，2001 年，第 50 頁。
② 附属于茶室的准备间，兼有清洗功能。

习者点茶技术从“生”到“熟”的过渡。

接下来分析一场茶会的过渡过程。大概在茶会举办前一个月就需要做准备工作，举行茶会需要由亭主来全权准备相关事项。亭主根据茶会的规模和规格，准备所需要的茶道具。因此，茶会的规模和规格通过茶道具的“质”来判断。在日本教授茶道的师匠需要收藏大量的茶道具，在茶道界高规格茶会或者茶事所用的茶道具，有五十年只能出现一次的行规。即使是普通的稽古，也同样需要大量的茶道具供弟子学习与识别（学习鉴赏），所以师匠拥有茶道具的收藏品越多，也就意味着弟子学习到的知识越多。成为一名被认可的教授茶道的师匠，不单单要有高超的点茶技艺，茶道具的收藏和识别也是一个重要因素。再者，一场茶会或者茶事是否成功，还取决于主客的交流。如果没有鉴别茶道具的能力，就无法作为主客参与茶会或者茶事；只有真正对茶道具有辨别能力以后，茶道的稽古、举办茶会、参与茶会才变得有意思，才能称得上完全融入茶的世界，才能享受茶道。

同时，参加茶会也是茶道具鉴赏学习的好机会。之所以这么说，是因为每一件茶道具都不单单是陈列，而是同宾客一样出现在茶会必要的位置，被亭主用来为宾客泡制茶汤，再传到每一位宾客手中，宾客拿在手里享用茶汤并对茶道具进行仔细观摩。相比去美术馆、博物馆，茶会可以零距离欣赏茶道具，甚至可以通过茶道具享受点前。从把玩茶道具的角度考虑，举办茶会、茶事不仅是口腹的享受，还包括对工艺美术品的鉴赏。平日稽古习练是对身心的修炼，而参与茶会或者茶事是对个人审美的培养，这也是茶道在当代日本社会被人们喜爱的一个原因。

但是，根据笔者的观察，在日本日常生活中很少见到茶道的影子。笔者对周围学习茶道的同学进行深度访谈的结果显示，在日常生活中饮用煎茶和番茶居多。由于茶道的点前需要在完善的空间进行，日常生活中很少出现。这也说明，对日本人来说，茶道并不是休闲娱乐之物，而是只有在招待重要宾客的特殊时刻才进行的最高级别的招待仪式。受访人员都表示：“如果没有充分准备，是不会轻易为宾客冲泡抹茶的。”由此可见，茶道在日本既是高规格待客之道，也是人与人的交流方式。亭主通过自己多年的习练稽古和今日之会展示出的收藏品，来与宾客交流，宾客根据亭主的点前了解主人的“成长”，再通过今日之会的专属空间来与亭主进行心灵融合交流。

主客之间在品茶之前是没有语言沟通的，在进入茶室之前由亭主的动作信号引导宾客入席，然后由最后一位客人通过关门声通知亭主，客人已全员入席。随后主客在茶室，通过亭主的点前来建立沟通，一整场茶会或者茶事主客在同呼吸。茶道中的主客交流，是通过茶道的点前将主人的审美意识传达给对方，这个过程也是表现主人多年修行成果的场合。因此，漫长岁月的茶道修行就变得非常重要。换句话说，主客之间的身体交流方式，比语言更能传达彼此的“成长”。通过点茶这一媒介，主客的“心”得以相通。茶道这种款待方式不是单方面地提供服务，而是主客双方互相给予（或共同拥有）满足感。在这个意义上，茶会是连接主客双方的一种“过渡仪式”。

三、茶道与“聚合”

学习茶道，在于与日常生活聚合。因为在功能方面，现今的茶道和古代茶道相比没有太大的变化。原本贵族阶级专用的茶是作为构筑人际关系的工具，茶道在现代社会构筑人际关系中同样发挥着重要作用。同时，茶道还被作为当代人礼仪教育的素材。原本茶道是男性专有的兴趣爱好，在日本明治维新以后，茶道开始被编入女性的教养科目。现在，对于很多日本女性来说，学习茶道是为了学习礼仪。而对于男性来说，更多的是有助于自己工作。从笔者的同门的职业就可以看出茶道对一些职业的帮助，例如木工（通过茶道的学习，便于促进自己制作道具盒）、建筑师（便于促进自己设计的空间的合理化）等。通过茶道稽古，将所学运用到日常生活、工作中去。茶会时主客语言表达很少，而是通过反反复复习得“技”和收藏茶道具、花和露地等传达亭主的审美，从而使主客得以交流。

同时，师徒之间的牵绊通过茶会、茶事得以“聚合”。日常稽古时，师徒之间是上下级关系，但在举办茶会时，师徒要站在同一立场（作为合作者）来招待宾客，为了同一个目标协作努力。因此，师徒通过茶会、茶事暂时“聚合”。当然，这一阶段要经过空间和时间，最后“聚合”主客。另外，学习者也符合自我“聚合”这一理论，也就是说，茶道包含着自我成长的“统合”、主客之间的“统合”以及师徒之间的“统合”这三个聚合逻辑。

（一）自我的“统合”

茶会是平日大量稽古的结晶，也是自我习练过程的汇报场所。久田宗也认为，所谓道有着无限的可能，但茶道，始于实践，才能真正认识茶，也就是说，茶是实践法则。茶道可以通过日常的实践而得道。久田表示，“茶通过各种规范，来约束主客之间追求并得以深刻交流，一碗热乎乎的茶，使得主客对彼此的审美认可，只有主客在无言的交流中得以完全了解的情况下才成就一次成功的茶会。与出席茶会的所有人，得以相互了解，或者成为人与人之间的探索场所的时候，茶之汤的修行行为，才能同人类思考的最典型的道和法的修行一样，当我们变得亲密的时候沟通也就变得容易”[①]。茶道不仅要稽古，还必须有大量的茶会实践，茶会就是日常稽古的实践场。通过茶会测试平日的稽古情况，重新审视自己的习练成果，再回归到日常的稽古去，再从头开始稽古，这就是茶道。茶道的稽古是对身体的训练，是跟着师匠反复习练之事。重要的是从日常空间分离过渡到非日常的空间中进行习练。举办茶会、茶事时，都在非日常空间进行，非日常空间如同一面镜子，容易显现自己的不完整，增加紧张感，从而使自己专注于眼前稽古，达到最佳效果，使自己进入新的阶段，再向另一个阶段过渡。也就是说，茶道是从日常生活中分离出来，在非日常的空间里习练，“发现”自己的不足，并在接下来的习练中完善自我的“成长”过渡仪式。

远离世俗的世界，集中注意力，不仅能提高习练的效果，还能像嶋根克己所说，“在被创造的空间里容易达到集体沸腾的状态，就像涂尔干曾指出的那样，在澳大利亚原住民举办的仪式中，社会成员通过葬礼仪式使宗教得到发扬”[②]。稽古后的人也有同样的仪式过程。嶋根克己提到涂尔干的“集体沸腾”，这个词暗示了礼仪所带来的非日常性具有社会统合的潜在功能。茶道从日常的时间和空间中分离出来，再过渡到不同的时间、空间之后，再被统合到日常的时间、空间中去。茶道的过程，是时间和空间的切换。范哲内普在社会与过渡仪式之间经历着与日常时间不同的仪式化时间，也就是说，通过非日常的空间的经验，从日常生活中分离出来，去重新认识自我，然后努力成为理想的自己。就像冈仓天心在《茶之书》中指出的那样，“引人入胜的乃是过程，而非行为；真正关键的是‘去’完成，而不是‘完成’”[③]。

---

① ［日］林屋辰三郎編，［日］久田宗也著:『図説茶道大系—茶会と点前 3』，東京：角川書店，1965 年，第 156 頁。

② ［日］嶋根克己、［日］藤村正之:『非日常を生み出す文化装置』，東京：北树出版，2001 年，第 25 頁。

③ ［日］冈仓天心:《茶之书》，谷意译，济南：山东画报出版社，2010 年，第 38 页。

（二）主客之间的"聚合"

举行茶会和茶事是以茶道的点前来招待宾客。根据笔者的观察以及通过对周围学习茶道的同学访谈得出，在日常生活中很难发现点茶的情况。平日很少有人会主动走进茶室为自己点茶。即使客人到茶道老师家拜访时，也不会被特意邀请去茶室品茶，而是拿出日常家用的茶具，以简略的方式点茶给宾客品饮，一般家庭会以咖啡或者煎茶等来招待客人。根据笔者的观察，茶道的点前是专门为茶会和茶事才会进行的"表演"。也就是说，在日本的社会语境中，茶道是非常神圣之事，不会轻易"表演"。林屋辰三郎在《茶会和点前》中指出，"点前即茶筵，包含人际关系、精神和演艺三方面，作为茶道有'道'的高度，其点前自然而然形成各种各样的法是理所当然"①。冈仓天心说，"茶室正如一隅绿洲，让厌倦世间枯燥乏味的人生旅人，能够相聚于此，一饮艺术鉴赏的活水，主人与宾客的来往之间，共同成就俗世的至上祝福，也让此情此景成为一次神圣的会面"②。从通过仪式的角度来看，茶会相当于主客之间的再聚合的阶段。也就是说，宾客进茶室欣赏亭主准备的茶道具，来获得亭主欲传达的讯息，接受亭主的点前，在品饮茶汤之前，主客之间都是通过两者之间的行为动作进行无言的交流。当宾客品尝完亭主的点前，欣赏完所用之茶碗，归还给亭主后，以一问一答的方式，彼此之间开始对茶叶的产地、茶碗、茶室准备的心得等事项进行交流，宾客通过茶道具获得的信息此刻得到再次确认，达到彼此之间的相互深层了解和认可。

主客交流这一过程，从亭主的立场来考察的话，亭主的点前是长年累月、反反复复习练的结果，以之来招待宾客，是最高待客之礼。因为，这是唯有亭主一人能拿出来的"礼物"。从宾客的立场看的话，从茶室的准备来解读亭主的审美，从亭主的点前来了解亭主的稽古成果，从而达到主客之间的沟通。通过宾客的观察和各自对美的思考进行交流，彼此之间就能更深入地进行以心传心的沟通。佐佐木三味说："主客通过茶来品尝文艺、美术、工艺品等人生的乐事，享受相互的美好生活。"③主客通过今日之茶道具、彼此的行为动作相互了解沟通并认可彼此，这就是日本社会

① ［日］林屋辰三郎编，［日］久田宗也著:『図説茶道大系—茶会と点前 3』，東京: 角川書店，1965 年，第 128 頁。

② ［日］冈仓天心:《茶之书》，谷意译，济南: 山东画报出版社，2010 年，第 38 页。

③ ［日］佐々木三味:『お茶と主と客』，東京: 京都晃文社，1949 年，第 11 頁。

特别强调的“读懂空气”的重要性。毋庸置疑，茶会的无言交流就是“读懂空气”的实践活动。

（三）师徒之间的“聚合”

为了在茶会上给宾客呈上一碗茶汤，需要大量的准备工作，如茶室、露地的打扫，挂画的选择（契合主题），按照心中的构思搭配茶道具，细心挑选茶花等，点点滴滴都代表着亭主的审美眼光和生活态度。当然，这些准备工作不是亭主一个人就能完成的，一场茶会需要弟子辅佐师匠来完成。从茶会的准备阶段到正式开始，水屋工作的担当（一场茶会需要招待几十到上百名宾客，有大量的清洗工作需要完成）、代替亭主点前等，都需要亭主和弟子们的合作。每一场茶会都是秉承着“一期一会”的目的在协力成就，所以需要师徒默契配合，师匠的一个眼神徒弟就需要懂得并作出反应。因此，茶会是主客之间的“聚合”，同时也是师徒之间无言沟通的“聚合”。师徒关系相当于家庭里的父子关系。平日稽古时，师徒是上下级关系，但是举办茶会时，师徒就是合作关系，只有彼此同心，茶会才能成功。通过举办茶会，师徒“合二为一”，师徒关系以更深的纽带联结起来。所以茶会是师徒之间的“聚合”仪式，通过茶会仪式过程成为彼此的“牵绊”。

此外，茶会上在客人面前点茶，可以凭借平日稽古积累的经验，以最有效、最自然的形式表现。可以说，茶会对客人来说是一种学习，对亭主来说也是一样的。从稽古到参加茶会，再到茶会上点茶表演，这一系列的烦琐过程，可以说是人从“生”到“熟”的成熟过渡礼仪。不仅包括茶道的点前技巧的层面，更包括身心的层面。以每次稽古后的自己、作为客人参加茶会后的自己，比较亭主点前的自己、在非日常空间重新发现的自己、进入成长期“成熟”状态的自己；通过茶道反复穿梭于日常空间与非日常空间，比较“今天”的自己与“昨天”的自己；然后接受人的不完美，通过每次的稽古、茶会等来认识自己的不完美，是接受自己再去努力接近理想的自己的“通过仪式”。如同冈仓天心所指出的，“不只是社会礼仪的惯俗，甚至在任何日本人居家的细枝末节，都可以看到茶道大师们的影子”。受茶道的影响，习茶人在日常生活中，不单单是行为动作的规范，对事物的态度、思考方式也有“过渡仪式”。

四、结　语

如上所述，从“过渡仪式”这一理论来分析茶道，可知茶道具有非日常性的性质。但是，并非只有非日常性。茶道的非日常性只不过是一个过渡空间，反复进行刻意动作练习的茶道的最终目的是：回归到日常生活中对自然完美的追求。日本茶道的特点是，脱离日常空间，进入非日常空间进行稽古，通过反复进行点前，把习练的结果自然融入日常空间。因此，对于现代日本人来说，学习茶道是为了掌握社交礼仪，并运用到日常生活和工作中去。另外，茶会时客人在露地“停止”，在“寄付”“等待”，在茶室里主客相遇，“通过”亭主的点前与客人的品茶在茶室中“统合”。由此可见，茶会是构建主客以及师徒之间人际关系的重要媒介。

如同冈仓天心强调的那样，“每次茶会，都是一次即兴演出，以茶、花、画交织出当下的剧情。色彩不应违反茶室基调，声响不可扰乱周遭律动，姿势不能有碍感官和谐，言语不当破坏物我合一；一举一动务求简单自然，这些全部皆是茶道仪式的目标”①。茶道脱离日常空间，过渡到非日常空间，在非日常空间中自我再发现，使自己向完美靠近。通过考察，茶道在现代日本社会中具有非常重要的作用，无论在人际关系层面，还是在个人管理层面，甚至在日本社会推崇的社交礼仪方面，茶道均占有重要的位置。通过茶道特有的交流方式，主客、师徒之间“聚合”，无论是在日常的稽古中，还是在非日常的茶会中，都是为了运用到日常生活中去。

参考文献

（1）［日］井口海仙：『茶道入门—作法と心得』，東京：社会思想社，1969年。

（2）［日］南谷直利、［日］北野与一：「『稽古』及び『練習』の語詞的研究」，『北陸大学纪要』2002年第26期。

（3）［日］久松真一：『茶道の哲学』，東京：講談社，1987年。

① ［日］冈仓天心：《茶之书》，谷意译，济南：山东画报出版社，2010年，第38页。

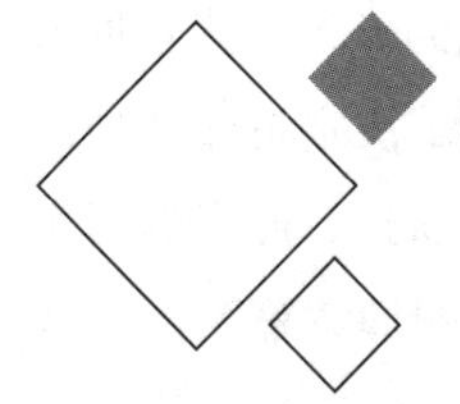

译著：《安部公房的都市》*

（连载）

* ［日］苅部直著，徐滔、林美茂译。本译著系中国人民大学科学研究基金（中央高校基本科研业务费专项资金资助）项目阶段成果，项目批准号：20XNL020，项目名称：从“哲学”的接受到“中国哲学”的诞生。

译者按语

《安部公房的都市》(『安部公房の都市』) 是东京大学法学部著名教授苅部直先生的一部关于安部公房小说的论著，于 2012 年在"讲谈社"初版发行，在读者中引起很大反响。其实，该论著最初是在《群像》杂志上以连载的形式与读者见面的，此连载引起了"讲谈社"的关注，与著者苅部教授通过磋商，决定将此系列论说以单行本形式结集出版发行。根据著者在该论著的《后记》中所述，此书的写作意图是将其作为"《丸山真男——自由主义者的肖像》的变换主题的续篇"而着笔的。那么，为了更好地理解与把握著者所分析、揭示的战后日本的思想，建议读者结合著者另一论著《丸山真男——自由主义者的肖像》(中国人民大学出版社，2021) 一起阅读。

该论著由十二章构成，具体各章篇名如下：第一章《梦的不安》；第二章《都市的梦语》；第三章《满是坑洼的街区》；第四章《另一段历史》；第五章《虚幻的共和国》；第六章《忠诚的讽喻》；第七章《割裂的未来》；第八章《海中的乌托邦》；第九章《作为故乡的荒野》；第十章《某国家的经验》；第十一章《沙的领域》；第十二章《从窗口窥视的眼睛》。论著内容涉及"都市、伪满洲国、废墟、过去·现在·将来的断绝、失踪、梦……这些安部作品所揭示的重要主题"，分析、阐述了战后日本著名作家安部公房"因战后的经济高速成长所带来的社会变化"，通过其思想的高度洞察力、艺术的表现力以及丰富的想象力"对此所作出的敏感回应的轨迹"。为此，该论著对于我们阅读安部公房，走进战后日本思想与文学，具有重要的学术价值。由于译著尚未在国内出版发行，经译者征得苅部直教授的同意，在中华日本哲学会编辑出版的学会会刊《日本哲学与思想研究》(2018—2019 卷) 上刊发了第一章至第三章，在本书中接着连载第四章至第六章，有兴趣的读者请参照阅读第一章至第三章的内容，特此说明。

第四章　另一段历史

一

如前所述，《烧尽的地图》是作为新潮社的“纯文学新作的特别作品”系列丛书中的一部而出版问世的长篇小说。但并不是所有的内容都是在发行时新写的。末尾部分的内容，基本上是将已发表过的短篇小说《弯道的前方》(《中央公论》1966 年 1 月号刊载）原样插入。

> 在那里，我慢慢地站着不走。就像被空气的发条压着弹回那样，站着不动。重心从左脚的脚尖移到右脚的脚后跟，再反过来，重量又回到左膝上。那是由于坡道非常陡的缘故。

这是《弯道的前方》开头的一个段落。在此，说话的人徒步爬着陡坡，前往名为“台町”的地方。此时，说话的人想回自己的家，但一边爬坡，在坡上本该展现的风景，却怎么也想不起来。因为这种不安，又折了回来，进了好像是在坡下的一家“咖啡店”，取出自己所带的东西想确认一下记忆，但掏出来的尽是一些没有印象的东西。随后，坐上出租车再次上坡，此时“逃掉的街区原貌”出现在眼前。

> 并非被投向真空。哪里是真空，那是一片尽收眼底巨大的街区。四层高的住宅楼群，推开昏暗的天空，到处都是亮着灯火的格子在眼前蔓延开来。怎么会有这样的街区？连想都没想过。然而，正是这种连想都没想过成为问题。街区在空间上是真实的存在，但在时间上却与某种真空无异。存在着却不存在，这是多么可怕的事情。

正是看到这个突然出现的住宅区的风景，那些熟悉的记忆顿时苏醒了过来，并不是那种让人觉得宛如真的回到了自己家的亲密感。那是拒绝有机性感情的“在时间上却与某种真空无异”的街区形象。可以说，这是安部公房作为《烧尽的地图》的主题，即“都市”空间的典型。小说《烧尽的地图》，很可能是作者把短篇《弯道的前方》中出现的坡上的住宅区上升为主要舞台，并通过将“咖啡店”中漂浮着的谜一样的空气与出租车司机相结合，从而把短篇的构思发展成了一部长篇。不过，由于作者生前出版的《安部公房作品全集》第八卷（新潮社，1972 年）中，把这两篇都收录了，所以（在这里）虽然可以说是短篇在长篇中的再利用，但作者应该是想把各自作为不同的作品吧。

《弯道的前方》发表不久，江藤淳就试图对其展开批评。在当时他所负责的《朝日新闻》的文艺时评〔1965 年 12 月 24 日，1989 年新潮社出版的《全文艺时评》（上卷）中再次收入此文〕中，与圆地文子和石原慎太郎的短篇一起，江藤也谈到了这篇作品，其评价是极其严厉的。

> 安部公房氏的《弯道的前方》（《中央公论》）是讲述一个在走路时患上了记忆丧失症的男人的故事。记得以前，我曾怀着极大的兴趣读了安部氏的《他人的脸》这部小说，但《弯道的前方》的讽喻与《他人的脸》不同，觉得似乎缺少客观性和展延性（广度）。那是因为，无论是面对坡道对面敞开的风景而陷入不安的男子的焦躁，还是被从口袋中冒出来的“S”形的徽章吓到的插曲，（这些都）只能让人产生竟然还有这样的故事这种程度的感想。

在知道该小说的构思是短篇往长篇拓展修改后的形式的后世读者看来，应该不难发现，江藤在此将《弯道的前方》中作为作品的缺点而列举的要素，倒不如说在《烧尽的地图》中被作为小说的特色而充分运用。说话人的“记忆丧失症”，与在都市中失踪这一主题结合在一起。在《烧尽的地图》这部长篇小说中，侦探意识到了去向不明的根室洋和自己的共通性，因田代青年的自杀而失去“兴信所”的工作后，接下来便是《弯道的前方》的内容。“缺少客观性与展延性”这一点，也在《烧尽的地图》中通过长篇故事的全篇得以揭示，自己的轮廓与外界的确切性双方都变得不太明确，从而带来了都市生活者的感觉渐渐得以传达的效果。

然而，在只读作为单篇作品的这篇作品的情况下，不可否定《弯道的前方》正如江藤所说的那样，是一部只给人带来散漫、淡薄印象的小说。像用长镜头回转拍摄的作品一样，映入眼中的物与事一个一个排列着，这部短篇小说的故事与江藤在文学中所追求的东西存在着很大的不同。

江藤的这种追求，在其初期长篇评论《作家行动——关于文体》（1959 年）中，把作家面向现实的“主体性行动”轨迹在其文体中的表现作为优秀文学作品的条件，与其说（是评价）安部，不如说是把年轻作家们作为大江健三郎以及石原慎太郎的陪跑者而活跃的存在，如果从这一点来看，他如此评价安部是当然的吧。虽然没有详细的考察，但我觉得不仅是这个短篇，江藤认真论述安部公房作品的例子似乎是看不到的。

追溯他们各自文学活动的轨迹，其实安部和江藤基本上没什么交集。但是，围绕着评价“明治百年”和明治维新时期的政治家，两人都有过论说，且观点呈现着尖锐的对照性。这场论说，从安部一方而言，是关于其所作的《榎本武扬》（1965 年单行本发行），这是一部在《弯道的前方》发表之前，同样在《中央公社》（1964 年 1 月号—1965 年 3 月号）上连载的长篇小说。关于江藤，则是其所写的《海舟余波——我的读史余滴》（1974 年）。他们最终各自都完成了与著作成果相关的工作。

二

1964 年（昭和三十九年）8 月，结束了在美国普林斯顿大学两年海外生活而回国的江藤淳，在《美国与我》（1965 年）、《成熟与丧失——“母亲”的崩溃》（1967 年）这样的作品中，强调了与日本文化相对的美国的异质性。而以针对 1960 年（昭和三十五年）修订《日美安全保障条约》所发生的反对运动为契机，对丸山真男以及清水几太郎等知识分子所主张的“战后”“民主主义”已经表明过自己疑虑的江藤，其论调也在其从美国回国后进一步加强了。

在江藤的社会评论工作中，最能揭示这种变化的是他的《旧美国与新日本》〔《日本》1965 年 1 月号，初刊时的标题缺了“与（と）”这个字〕。在此文中他对于回到东京时的印象如是说：“回到本来应当是‘故乡’的东京，仅仅两年的时间，‘故乡’几乎完全消失了。”江藤回国之时正是 10 月份东京奥林匹克运动会开办的前夕，在经济的高速发展与都市的不断扩大过程中，东京中心部市街主干道的新建以及高层建筑的改建等，都在快速地进行中。东京在经历过关东大地震以及“二战”末期的大空袭之后，此时正处于可以称为第三次变貌期这样的大改造的最高潮。

在走访位于之前就读的都立日比谷高中附近的赤坂见附的辨庆桥时，江藤对当时那里的样子说了下面一段话。那里也有沿着“护城河”新建的高速公路，而桥似乎成了隐藏在高速公路的影子中一样。这座桥是明治时期被架起的，当时还保留着用木材搭建的柱子以及栏杆的古桥原样。

> 站在似乎难以承受等着交通信号的成群车辆重量的“前近代性”辨庆桥下面看护城河，其河水几近枯竭，并露出了泥底。那情景看起来恰如作为惊人的“近代化”的代价、我们所丧失的东西一样的象征。人也许会觉得获得了“近代化”的结果，道路、近代建筑，以及迄今为止难以到手的财富。但是，与此同一个“近代化”，让人丧失了眼睛看不到的东西，在眼睛看不到的地方使人变得贫穷的情形也并非没有。对于眺望着河水干涸的护城河的我而言，不管怎样已经没有了涌起自己还有回去的地方等那种温馨情感的余地了。相反，我已经陷入了深深的然而空虚的悲凉之中。我几乎有一种想对路过身边的美国人说句“你有回去的地方真好呀”这样的冲动。

当然，因为自己是在东京出生长大的，所以“对于变化不如说很习惯了”，江藤如是说。但其眼前正在持续着的城市化进展，却是远远超过了都市的普通发展之“急剧的自我破坏”。而且，这种自我破坏在“进步”以及“近代化”的名义之下被加以礼赞，“过于习惯了变化的日本人的感觉”，在缺乏自觉的状态下接受了这种变化。

关于这样的大正后江藤似的日本人①，引用围绕移民意识的社会学者的研究，将其评价为“像第二代移民”。他们跟那些与“故乡”“过去”在心中保持着联系并经常试图对此再确认的“第一代”不同，他们企图进一步忘却这种古老的联系。而且，如果是第二代移民的话，试图适应的文化也牢牢地保持着它自身的“过去”。与之相对，“现代日本人”所追求的“近代化”是在观念中的“对变化着的外界的适应”。其“自我同一性”的丧失，就变得更为深刻。江藤受到的冲击是战后日本人的普遍形态，他们虽然身处丧失的危机，但谁也没有注意到这种危机。在《旧美国与新日本》一

---

① 这里所说的大正以后，指的是日本大正时期，即1912年至1926年这段日本社会短暂而相对稳定的时期。该时期的根本特征是所谓的大正民主主义、大正教养主义思潮席卷社会文化的各个领域。

文中，可以看到在当时还是耳目一新的“民族自同性（民族的 identity）的丧失”这句话。

如果大正以后的人是“第二代”，那么在同样的文章中，江藤对于“第一代”，即“明治的人们”给予了高度的评价也是明显的。根据其论述，明治人引进了“近代化”也即西洋的文化，在试图与“幕藩体制”决裂的同时，另一方面又反对破坏“过去”与“故乡”，他们还具有非常强烈的进行“自我补充强化”的意识。

比如，江藤将幸田露伴在《五重塔》中所描写的旧气质的工匠，理解为：在“暴风”似的国际形势中，这种匠人是“避免由于欧化而自我丧失之进行反弹外压的日本应有的姿态”之作者（幸田露伴）的“祈求”。更进一步，这篇文章的末尾处说，“自古以来，丧失了自我的民族，其存续是很危险的”，并提到了在邻国，“今日的中国共产党”一边实现着“急剧的近代化”，一边“有组织地谋求着作为中国人的文化自同性（文化的 identity）的强化”。（由此可见，）江藤对日本人自我丧失的危机感，是与在“冷战”的世界形势中围绕着日本这个国家能否生存下去的不安相结合的。

这篇文章刊登在 1965 年杂志的新年号上，这一年恰好同时也是（纪念）“明治百年”的动向在社会各方面开始的一年。同年四月，在向《朝日新闻》投稿的《明治百年与战后二十年》的文章中，江藤针对“论坛”讨论里所说的比起“明治百年”，更应该重视战后的“和平”与“民主主义”，指出持续礼赞被美国占领军压制的“旗帜”是（一种）“自我欺骗”，论述了当人们从“战后民主主义”的虚构中逐渐苏醒过来时，就注意到了“明治百年”这种“与过去的联系”。因此，这并没有什么不可思议。

在同一年，每日新闻社社会部编纂的《明治百年：日本文化的脚步》（筑摩书房）出版，而原书房也开始陆续出版作为《明治百年史丛书》之与明治政治以及外交史相关的基本史料。为此，在 1966 年（昭和四十一年）4 月，佐藤荣作内阁会议决定设置“明治百年纪念准备会议”。之后，到 1968 年（昭和四十三年），以作为国家仪式的纪念活动为中心，举行明治伟人的表彰活动，相继发行了纪念邮票，“明治百年”热一直在继续。1968 年放映的 NHK 历史题材的电视连续剧（大河剧）《龙马行》(『竜馬がゆく』)，应该也是作为其中的一环而被策划的。

针对“明治百年”礼赞的动向，史学会、历史学研究会、历史科学协议会等这些历史学者的团体发表了批判声明，认为这是对于大日本帝国的军国主义的再评价。日本社会党正如江藤指出的那样，采取更为强调“战后二十年”的立场。与越南的反战运动及其后开始的校园纷争活动相比，这些动向虽然显得并不亮丽（“地味”），但（也说明）此时的“明治百年”是政治与文化接点中的一大争论热点。

在这些动向中，江藤淳也超越了德川方（德川幕府）与萨长方（萨摩藩与长洲藩，即指推动明治维新的主力）的党派对立，评价胜海舟是在“正确衡量国家利益”的同时，保持了一国独立之“开放的国家主义”（演讲:《两种国家主义》，1968 年 3 月）。同时，他也参与了“讲谈社”版的《胜海舟全集》全 23 卷（1972—1994 年）的编辑工作。其著作《海舟余波》所代表的胜海舟论，此后逐渐成了江藤的主要研究工作之一。那是江藤从美国回来之后，深刻意识到日本人的“自我丧失”，并将其作为自己所怀抱的问题，试图在不毛的时代中寻求精神上“故乡”的一种营为。

三

安部公房执笔的唯一一部历史小说《榎本武扬》在杂志上开始连载是 1964 年（刊登该小说第一回的杂志是在前一年末发售），因为构想和执笔是在更早之前，所以该小说并非最初就是在注视着“明治百年”热的同时而完成的作品。执笔的契机，倒不如说更像之后将要探讨的那样，是安部对以“忠诚”为中心的思想问题感兴趣所致，这种看法应该更为合适。但将这部作品与 1964 年以后江藤淳的动向以及“明治百年”热对比，可以看出其特异性是极其明显的。

首先，安部选择榎本武扬这个题材就有其独特性。在这部小说以单行本被发行两年后的 1967 年（昭和四十二年）的 9 月至 10 月，作者自己改编而成的戏剧恰好在“明治百年”热的最高潮时上演，由芥川比吕志演出的剧团“云”公演。从安部在之后的对谈《反剧性的人》（1973 年）第七章中对唐诺·金恩所说的话来看，将小说戏剧化是因为接受了别人的约稿，这是一份被动的工作，他说“如果没有约稿，自己并没有把它改编成戏剧的打算”。尽管如此，此剧获得了这一年艺术节文部大臣奖。难道还有戏曲的完成度与舞台的表现并非完全一样的例子？

有趣的是，在这个舞台剧上演时期，尾崎秀树作为倾听者采访了安部，采访稿《榎本武扬之英雄拒绝》（1967 年 12 月）直接传达了安部对于榎本武扬以及胜海舟的评价。在文章开头，安部说“对非英雄人物有兴趣”，他这样说道：

> 我对存不存在英雄这种人基本上是持疑的，因为在本来的意思上这就是非常值得怀疑的。我对非英雄人物有兴趣。这次戏剧中所写的榎本武扬

等，是没法成为英雄的人物哟。他与成为英雄的人们之间有着本质性的区别。因此，我（对他）有兴趣。他是一个走在通往能成为英雄的路上，却没有成为英雄的人物。

安部在说“成为英雄的人们”时，脑海中出现的是像西乡隆盛、高杉晋作那样，在平民百姓中有人气的萨摩藩、长洲藩出身（即书中所谓的“萨长方”）的政治家吧。或者还可以加上司马辽太郎《龙马行》的主人公坂本龙马，此历史著作单行本（全五卷）是在上述采访的前一年完稿的。根据平濑礼太的《铜像蒙难的近代》（吉川弘文馆，2011 年）的记载，据说在 1969 年（昭和四十四年）出现了以建造明治天皇铜像为名目企图筹集资金的团体，从全国 78 个地方递来了设立团体的申请书。“明治百年”的纪念活动，也是支撑明治政府的英雄们的表彰仪式。

安部认为，“以国家形态统一民众时出现”的人是英雄。也就是说，从近代日本的例子而言，一方面，要打破在德川幕府政权统治下支配各地方的大名之各自并立的割据体制；另一方面，首先是武士、百姓以及城市居民（町人）之别，进一步则是更为琐细区分的身份框架，这些都一并取消，让全民在中央政府领导之下得到统合，创建崭新的统一国家。某个政治家要成为英雄，必须具有主导这些建设事业的业绩，更进一步，此后其功绩还必须得到国家公认并被加以传颂，这两方面（条件）都是必要的。

如果从这种英雄的条件来看，榎本武扬也好，胜海舟也罢，他们对于近代日本国家而言都是“非英雄”。在德川末期的政治变动中，两个人都是一直服务于德川幕府的败者，至少到明治初年为止，都没有去依附（奉承）新政府。戊辰战争爆发、萨长“官军”逼近江户之际，胜海舟巧妙利用英国公使，让萨摩“官军”承诺无血入城。在小说《榎本武扬》中所展开的历史故事，实质上是江户开城时，从明治元年（1868 年）四月到明治三年（1870 年）之间的短时间内的事情。但在那期间，榎本的命运是，乘坐德川幕府的军舰从品川海域（“冲”）逃走，经过仙台海域，与旧“幕臣”势力一起占领（北海道的港口小城）箱馆，试图抵抗新政权的建立却以失败告终，被收押在江户的辰口监狱。（也就是说，）他始终停留在一贯的失败者位置。

那么，为什么不是选择胜海舟而是选择榎本武扬作为“非英雄”而成为小说的题材呢？关于以箱馆为根据地试图武力抵抗“官军”的意图，在小说中榎本道出的却是充满悖论的方针，他说这是故意进行的“以失败为目的的战争”。也即是说，正如土方岁三所代表的“新选组”那样，德川幕府一方抗战派的武士们集结在蝦夷地

（北海道），谋求提前结束在本州的内乱。如果能够使执着于对德川忠诚的顽强的武士们超越对江户还是京都哪一方尽忠的选择，让他们朝着崭新的统一国家一体化的方向（而发挥作用），“萨长即便胜了，反正萨长也不会存在”。

也就是说，支撑着榎本战斗的是，如果相信他本人的说明，一种既非勤王也非佐幕，朝着建立统一国家之“败即胜”的构想。在小说中，这是胜海舟对榎本说的一句话。在历史发展过程中起了很大的作用，但在此后却不被国家正史承认为英雄的人物，如果把这种人物定义为“非英雄”，胜海舟也和榎本是一样的吗？或者不是应该可以将其作为比榎本更具魅力的“非英雄”来定位吗？

然而，在安部看来，应该重新评价榎本所具有的在近代日本中作为“非英雄”的重大的因素。明治元年（1868年）十月，榎本武扬、大鸟圭介、土方岁三等军队攻打箱馆和江差，平定了虾夷的全部地区。随后在十一月份，由于在英法两国派遣的军舰舰长送来的备忘录上使用了承认“事实上的权利”（authorities de facto）这种表现，旧“幕臣”们则理解为这是（对他们）作为独立政权的承认，从而强化了自信。在此基础上，第二年一月，武士们根据“仿效合众国之例”（山崎有信《大鸟圭介传》，北文馆，1915年），通过选举（“入札”），以榎本为总裁，确定各职位的政府成立了，政权一直持续到五月战败。安部注意到了这一段历史事实，在《榎本武扬的英雄拒绝》中，他谈到了抵达评价榎本的具体经过。

> 第一，这作为实例，那里具有作为独立国家而被国际法承认的共和国。一个国家的存在这件事，从历史而言那是很了不得的事情。（然而，）不仅日本的历史自身抹除了它，北海道的人们也不太说起这段历史。因此，榎本武扬就在大脑中与此事相结合了。于是，否定的东西，逐渐在过程中发生了变化。

安部认为，尽管时间很短，但榎本他们在箱馆成立的政权是“共和国”，它与此后确立的明治国家不同，榎本政权是基于“相对地思考国家这种存在的思想”而建立起来的。小说中的榎本武扬自己虽然没有用“共和政府”的名称，但他发表了关于法国大革命后，在“没有君主”的状态下保持统一、显示出国民高度团结的评价性言论。在德川末期的文久年间，有着实际访问西欧经验的榎本，（看到了）不是通过对君主的忠诚，而是通过平等的国民关系而产生牢固的团结这种国家形态，他受到了很深的冲击，并将其应用到了自己在箱馆建立的政权中。至少安部是这样理解的，大概他在小说中也揉进了这种思想。

在实际残留下来的有关箱馆政府的史料中，并没有“共和国”的文字。明治元年（1868年）十二月，在榎本给京都的明治政府发送的请愿书（加茂仪一《榎本武扬——明治日本隐藏的基石》，中央公论社，1960年）中，只能看到在小说中也是作为榎本的语言出现的“归根结底，不过是在迎来德川血统者为主君之前的临时措施”这样的逻辑。臼井隆一郎在《从榎本武扬可见世界史》（PHP新书，2005年）中推测，也许榎本考虑的是，虾夷岛政权与京都政权都是拥戴以天皇为君主的“同君联合”体制。作为从史料中可以读出的（榎本）构想，这样的理解应该是有说服力的。

文学史家、社会运动史家木村毅在其著作《文明开化——青年日本所表演的悲喜剧》（至文堂，1954年）中分出一章论述榎本的“北海道共和国”的内容。安部大概是以此为基础，从而对榎本构想“共和国”的可能性寄予了很大的关心。实际上，根据木村的记述，箱馆“共和国”（republic）的名称，也不是榎本自己的话。这一名称是从德川末期到明治初年，在日本的英国外交官弗朗西斯·奥·亚当穆兹的著作《日本史》（全二卷，1974—1975年）中看到的概念。但木村认为，与其是这样，倒不如说那是榎本他们的“共和国”理想在日本人之间口口相传，由此也传到了外国人的耳中。

这是一段绝不是通过文字记录得以流传，而是从口头到口头相传，根据情况，有的地方消失了，有的地方被歪曲了的历史。但在这段历史中，不是隐含着江藤淳所说的那种与国家公认的“故乡”的“过去”完全不同的真实吗？实际上，安部公房从幼年开始就多次去过双亲的故土北海道，对他而言，对那样的另一段历史的存在方式是熟悉的。

> 北海道的历史浅浅开始，然后应该是急剧地统一了步调。于是有趣的是，对于孩子们不能有意识地进行讲述，对孙子也无法讲述。就这样，历史不仅被歪曲了，同时也消失了。（《榎本武扬的英雄拒绝》）

这种传说即便还流传着，大多也仅被当成是单纯的大话以及伪史之类的吧。然而有时，这段历史中也会发出一丝微弱的、颠覆公认历史的真实之光。安部将其作为那样的存在，把握着围绕榎本武扬的“共和国”传说，并将它运用到作品中。在此安部持有完全不同的历史视线。这种视线，与“明治百年”表彰运动中赞赏国家的功劳者，或者江藤淳把胜海舟作为“国家理性”冷静的追求者来把握的议论，都是截然不同的。

在这里，北海道的口头传说“消失而去”这样的措辞，与已经失踪的主题是共通的，这件事也意味深长。在《榎本武扬》中也一样，榎本和在辰口中一起过着监狱生活的囚人们，为了创建自己的“共和国”在明治三年（1870 年）去了北海道，却消失在根钏原野的深处。90 年后，走访那个地方的说话人，即“写东西的人”，这样描述着风景：“稀疏的杂草和密密麻麻生长着的山白竹，以及如果没有根就像是会浮在空中那样的杂树灌木林，没有理由地交错在一起，无止境地延续着。尽是这些没用的东西却能顽强地聚集而来。”——在此，作者的视线又朝向了与都市的“废弃物”相通的“没用的东西”。

第五章　虚幻的共和国

一

安部公房的《榎本武扬》作为历史小说采用了与众不同的体裁。那是将“写东西的人”，也即“我”一应作为小说的说话人，但由那个“我”所说的章节，除了开头和结尾部分，其他地方并不算多。大部分是引用给“我”邮寄过来的书信以及手稿中的内容。

其原稿好像是明治初年写的，把以《五人组结成的始末》为题的长文翻译成现代文，其文章大概是 290 张 400 字方格纸的长度。在《五人组结成的始末》寄来的大概一年前，受“某电视台的委托”“我”走访北海道东部的港口小镇厚岸时，遇到的旅馆主人福地伸六亲自执笔，附上长文信件送来的稿件。“我”面向读者，省略性地介绍其原稿和书信，为了理解之便在《五人组结成的始末》之间插入补充了年表式（的内容）。还有，把与福地相遇的经过也附在文章的前后，就这样构成了这部小说。

如果只是这样，以说话人发现并介绍别人写的手记这种框架故事形式为基础的作品，可以说是很常见的。但安部的《榎本武扬》比较特殊的是，文中所引用的《五人组结成的始末》这部作品本身就具有复杂、结构混乱这种特点。《五人组结成的始末》的基本内容，由明治三年（1870 年）四月，原新选组队员浅井十三郎在试图暗杀囚禁在辰之口监狱的榎本武扬时写下的日记，以及为了暗杀榎本结成“五人组”之际时发表的檄文为基础构成。

然而，在其间（即小说中）有明显的出自他人之手（的内容），比如讲述出场人物之一浅井的文章、浅井与其他“五人组”成员之间的对话录，更进一步，明治初年的新闻、插图新闻的摘录也屡次穿插其中，切断了小说叙述的流畅。并且，由福地伸六在小说中追加补充的部分、不知道是谁插进去的对福泽渝吉的文章《忍瘦说》（『瘦我慢の説』[①]，1901年公开发行）的引用等也都混杂其中，其状态则是由各种不同种类的文章拼接而成的。

小说的内容是追述，明治元年（1868年）四月，药材小贩浅井因偶然的机缘，加入了新选组，参加了由土方岁三所率领的“官军”作战之奥州战争、箱馆战争，失败之后，企图暗杀榎本直到失败为止，小说大体上具备了作为历史故事的实质。但是，正如之前提到的那样，因为不同的文章被拼接在一起，叙述的顺序也不一定是按照时间的前后，与通常的历史小说不同，异常难读。

因为《五人组结成的始末》原本在《中央公论》（1964年1月号—1965年3月号）上连载了十四回（1964年10月号休载），作为杂志的编辑部，无论怎么说大概更期待像子母泽宽以及司马辽太郎那样的作家所写的简明易懂的历史小说吧。因为《五人组结成的始末》是一部采用了前卫性拼贴画手法的作品，杂志的普通读者可能会困惑难解。不仅如此，在书中出现榎本出场的场面，只占了极少的比例。大概安部也有企图展示历史小说新形式的野心吧。

因此，这部小说是由新闻以及插图新闻、福泽的《忍瘦说》、胜海舟的《海舟座谈》、大正时期出版的大鸟圭介的传记（山崎有信《大鸟圭介传》）等各种史料的引用拼接而成。根据安部与唐诺·金恩的对谈《反剧性的人》（1973年）第七章中所言，小说是在真实的报纸新闻里也混入一些创作性“虚构内容”写成的。故意地进行人为加工，同时让《五人组结成的始末》染上了虚实掺杂的怪异氛围。

实际上，在查阅这部作品中的引用史料时，发现了一些有趣的地方。整部小说的说话人“我”为了向读者说明浅井的阅历记前史，在《五人组结成的始末》空隙处插入了他从文久二年（1862年）开始的年表式叙述。其中第一条写的是发生在这一年8月份的“生麦事件”[②]，进一步是那年下一个月，虚岁27岁的榎本武扬作为德川政权的海军留学生乘船出发，前往荷兰留学的新闻并列记录着。

---

① 『瘦我慢の説』本来可以翻译成“《逞强说》”，或者“《逞能说》”，“瘦”与中文含义相同，即“瘦”的意思，“我慢”就是“忍受”的意思。但是，“瘦我慢”的这种日文表现很生动，很形象，其原意是本来很“瘦”，却仍然“忍”着逞能，逞强，表面上却若无其事一般。日语的特点往往是表现性很强，用很形象的方式表达。译者认为这种语言特点很有特色，中文值得吸收借鉴，并且用中文的汉字“忍瘦”也很形象。为此，决定全文都采用“忍瘦”这个生造单词来翻译。

② 这是发生在横滨生麦村杀伤英国人的事件。文久二年（1862年），萨摩藩主岛津忠义之父岛津久光一行从江户往萨摩的归途中，经过生麦村时遇到四个英国人骑着马横穿岛津一行的行列，为此被萨摩藩武士杀伤，从而引发了1863年的“萨英战争”。

于是，在持续引用了由真实的榎本（非小说人物）所写的《渡兰日记》之后，记述了第二年 2 月 8 日，船停泊在圣赫勒拿岛，榎本访问了位于这座岛上的朗伍德拿破仑的墓地，在那里有榎本所作的汉诗。这首诗以加上了返点（阅读汉文的日语语法）的原文形式被引用，改成日语训读的话，是以下这样的。

长林烟雨锁孤栖，
末路英雄意转迷。
今日来吊人不见，
霸王树畔列王啼[①]。

圣赫勒拿岛的朗伍德上雾气弥漫，笼罩着拿破仑一人长眠的墓地。大概英雄在其晚年战败并接着下台，也逐渐地陷入困惑错乱吧。今日来此追怀此人的也没有别的来访者。这是到第三句为止大概可以读出的大意。

但第四句存在问题。“霸王树”是仙人掌，大概是种在墓地的旁边，榎本把不知名（或者是不知道用汉语怎么称呼）的热带树当成仙人掌了吧。“列王啼”这个地方很难理解。这首诗，被收入在明治初期发行的选集、由太田真琴编撰（南摩纲纪阅、中村敬宇序）的《近世诗史》（1876 年）的上卷中，在那里也有“鸣”成了“啼”等字词的不同，编者在夹注中把第四句解释为“有鸟曰列王”。因为在《渡兰日记》中，拿破仑的名字被写成“烈翁”，那么“列王”也可能是与“烈翁”一个意思的汉语表记吧。大概是因为拿破仑在墓的附近饲养着原产菲律宾的巴拉望孔雀雉。以前这种鸟是呈献给皇帝拿破仑的，所以也被赐名为拿破仑孔雀雉（Polyplectron napoleonis）。这里只是虚无地回响着冠以英雄之名的鸟的鸣叫声，一派空寂的风景。

现存有《渡兰日记》的榎本亲笔手稿，最近也被印刷出版并收录在讲谈社编撰的《榎本武扬・西伯利亚日记》（讲谈社学术文库，2008 年）中。但这份日记在 2 月 7 日从船上发现圣赫勒拿岛一节后就结束了。第二天参拜拿破仑墓地时的记述以及所写的汉诗，作为与榎本自身相关的文献，以附录形式也被收入日记中而出版的刊本，是《西比利亚日记・附渡兰日记》（东兆书院，1943 年）、广濑彦太所写的《两个日记的解说——榎本武扬小传》，其中有“列王啼”（这样的表现）。安部大概是从这个

① 作者原文为“列王鸣”，然而如果是“鸣”字，与前面三句不构成押韵，此诗就连基本要求都没有达到。然而，根据日文中“鸣”与“啼”发音相同，都是“なく”（naku），故译文中译者译“鸣”为“啼”，只有使用“啼（tí）”，才能与前两句的“栖（qī）”“迷（mí）”押“i”的韵。

小传，或是同样刊载了这首诗的传记——加茂仪一的《榎本武扬——明治日本的隐藏基石》（中央公社，1960 年）中引用过来的吧。广濑与加茂都没有对诗进行解释。

榎本认真地写下的日记，却在即将到达圣赫勒拿岛之前突然停止了，这引起了安部极大的兴趣。在采访稿《榎本武扬的英雄拒绝》中，正如之前提到的一样，关于维新时代，安部在说到“相对地思考国家这种存在的思想，在明治的动乱期应该可以说是非常流行的吧”之后，又接着说：

> 那个勤勤恳恳的喜欢写日记的男人，从出发开始就一直坚持着写日记，在即将抵达圣赫勒拿岛之前，想要放弃写日记的心理状态，这是现在的人所没有的那种极其细腻的感受性与敏锐性哟。这种东西已经在那个动乱期中以各种各样的形式发芽。我想如果将目光朝向这些事情，明治的印象将全然改变。

安部认为，榎本在实地目睹英雄拿破仑的墓地所在地圣赫勒拿岛的情景之际受到了强烈冲击，因而中断了日记的写作，这件事也成了榎本产生“相对地思考国家这种存在的思想”的契机，为此安部（对榎本的这段经历）很重视。在小说中，安部让榎本自己，在箱馆战争的最高潮，在与土方岁三之间围绕着对德川幕府的忠诚这一紧迫的对话中，说出了这个冲击。

在法国大革命中，处死“皇帝”、废除了君主世袭制的“市民（主要指商人与手工业者）们”，不久就对城市的混乱状态感到苦恼，拿破仑一崭露头角，就感到“这下终于出现了能让自己奉献忠诚的人”而得以安心，他们热烈地支持拿破仑。然而，获得自信的拿破仑一旦自己成为皇帝，人气中途熄灭，曾经的英雄就“被流放到那个寂寞的孤岛，作为罪人而死去”。——安部在说了这些之后，就转到了君主即便不存在也能保持国家统一，即使对强有力的政治家一度奉献忠诚，如果不再喜欢那个政治家就会立即撤回忠诚等，围绕着安部关于法国“市民们”这种心情（变化）的看法。

> 一段时间，他们尝试着无君主（的统治状态）。却并没有发生内乱，也没有被外国占领。到底，究竟是什么让法国人得以那样的统一呢？（确实，）像君主那样，能给予民心以秩序。然而，不是君主，并且是比君主更强的东西（究竟是什么）。我开始专心思考的，也就是这种君主以上的那个东西、其本来形态（究竟是怎么样的问题）。

把高于至今为止集聚于君主的坚定忠诚献给“君主以上的那个东西”。榎本在基于平等关系所支撑的法国共和政体的市民们（“町人”）身上看到了实现的可能性。小说中的榎本，超越了勤王与佐幕两者，对于胜海舟所说的“藩以及藩主这样的存在，其形态完全从日本消失”这种朝着崭新国家体制的道路产生共鸣，于是榎本告诉我们“失败就是胜利”，并将抗战派的武士们引领到东北的蝦夷之地，制订了带入战败的计划。福地将其称为“共和政府的确立”，认为无论是这个由选举产生的箱馆政府组织，还是厚待敌方的俘虏、设置红十字医院等（举措），都是为了让武士们淡忘至今为止对德川的忠诚。

对在小说中被土方岁三评为“大谋士”的胜海舟而言，大概箱馆战争也仍然是（追求）废除身份制与大名割据，在置天皇于权力顶端的同时，也要保持德川幕府一定的权力，以此作为建立统一国家的手段来进行明确的定位。但榎本与那样的“谋士”相反，他是作为在对话过程中能巧妙地转移话题，用调侃让周围的人笑起来，从而置对方于云里雾中的“古狸”——顺便提一下，明治二年（1869 年）榎本 34 岁——被加以描述的。这正是一个与“非英雄”之名相符的人物，很难把握其真意。

对于土方追问为什么要去蝦夷地，榎本（给出了）“在萨长鞭长莫及的地方，建设只属于我们的新国家，难道不也是一种选择吗？”的倡议性理由。随后又说“这是个梦呀”而取消这种回答。“只属于我们的新国家”，（安部在小说中）也总是让榎本在似乎真的梦想着建设“共和国”这样的气息中暧昧地漂浮着。之前引用的围绕法国的发言也一样，关于（榎本所寻求的）“君主以上的那个东西”，并不是像胜海舟所设想的，或者之后作为明治国家所实现的那种统一国家的形态。

借用福地伸六的话来说，榎本的话忽隐忽现地有着对“忠诚不成立”之作为终极秩序的“共和国”的切实的憧憬。在那里人们皆平等，有时合作、有时背离的同时，持续保持着一定的关系。因此，那也是一个“背叛”不被追究之“背叛自由”的世界——有着这样“自由”空间的“共和国”。当然，这在现实政治中只能停留在“梦”中。但是，榎本武扬被描绘成一个认真地怀着这个“梦”，并在其“古狸”的外貌背后悄悄地尝试着一点点去接近这个梦的人物。

安部公房自身亦然，似乎也认为历史上的榎本在箱馆是真的想实现“共和国”。1968 年（昭和四十三年）2 月，在接受《随笔产经》（『随笔サンケイ』）杂志的采访中，对选择榎本为主题的理由，安部这样说道：“那个箱馆共和国，在亚洲也是最古老的共和国，这是日本人值得骄傲的事情。尽管在历史上它被抹除了……也有对它的不满……”，是在现实的近代日本历史中消失于北方原野的“共和国”。安部执笔创作《榎本武扬》，是为了从忘却其形态的彼岸中让其得以浮现的一种营为。

安部大概是把在圣赫勒拿岛上榎本所作诗中的“列王”，按照文字意思解释为历史君主了。对于安部企图描绘的榎本而言，废除君主制，就连由拿破仑那样的英雄的统治也一味否定，对“共和国”的平衡秩序那样的存在很震惊，拿破仑的墓，同时“列王”，即在法国大革命、七月革命、二月革命以及相继而来的革命中被处刑、驱逐的国王们（在二月革命中退位的路易·菲利浦也在 1850 年去世，榎本参拜拿破仑墓地的时间是在此之后，虽然两者的墓地在不同的地方）的灵魂亦然，都是哭泣悲惨命运的地方吧。

二

从世间通常的对日本近代史的理解来看，榎本武扬这样的人物是丑恶可耻的存在。无论怎样，他在箱馆战争中刚刚战败而成为囚人，明治五年（1872 年）就被曾经作为敌人，并与之发生过战争的明治政府任命为北海道开拓使，不久担任俄罗斯公使、海军卿、清国公使等官职后，历任通信大臣、文部大臣、外务大臣、农商务大臣等，甚至还授封子爵。如果从重视操守一贯性的立场来看，人们对他的评价会很差。这件事正如福地伸六在小说《五人组结成的始末》的补充注释中，关于“人间有识者”所说的那样。

> 在那戊辰战争中，榎本的作用首先被比喻成对趋向灭亡时代的忠诚，甚至逆时代潮流持续斗争之不知变通的武士。接着在入狱、赦免后，因为响应了新政府的招安，这下马上被称为变节汉。而这样一张只是像期票一样的解释，却如现金那样，在连思想见解都不同的人之间，毫不犹豫地被通用。

即使仅限于在小说中出现的，比如之前提过的福泽渝吉的《忍瘦说》，福泽渝吉也尖锐地批判了胜海舟和榎本。福泽渝吉认为日本要保持一国的独立，对国家的一贯忠诚之“忍瘦”主义是不可欠缺的，但这两个人向世人所表现的是轻易地向萨长方投降，心平气和地为新政府服务的态度，大大地损害了日本人的“忍瘦”精神。

另外，在厚岸的学校的戏剧社的作品中，有无产者表演的作品久保荣《五稜郭血书》(1933 年）上演练习的场面，那里所描绘的榎本的形象也是背叛抗战派的武士、转向与“官军”讲和的机会主义者。确实，超越思想的立场，榎本的变节汉形象评价极差。

实际上，在二十世纪六十年代初，在安部公房身边也展开过围绕福泽渝吉的《忍瘦说》的论争。《现代的发现 · 第三卷 · 战争责任》(春秋社）论文集在 1960 年（昭和三十五年）2 月发行，论文集中也收录了吉本隆明的《日本法西斯主义者的原像》、桥川文三的《日本近代史中的责任问题》这样各自的论考。

在《日本近代史中的责任问题》一文中，桥川作为思想史家以受到巨大影响之丸山真男的论文《军国支配者的精神形态》(1949 年）为依据，指出明治国家以来追随眼前的现实潮流之“向既成事实的屈服”，是浸透了日本“统治阶层”的态度。这一态度在昭和战争（指包括侵略中国在内的亚洲太平洋战争）期间以及战后亦然，作为他们责任意识的暧昧性还残留着，并论述了这种“不负责任”的病理在“维新指导者”身上已经表现出来。

> 如果将维新前的尊攘论也贯彻到维新后，将对旧藩主的忠诚也维持到维新后等作为是有责任的态度，那么维新指导者无一例外，都变成了无耻的不负责任的化身。福泽渝吉一方面以“志士的一个转身”(此言在《丁丑公论》上可见——引用者注）这句话暗讽此行为，但另一方面，正如在《忍瘦说》中可以看到的那样，胜、榎本等旧幕臣阶层的机会主义，可以说也被看成一种同样的“不负责任”。

桥川对《忍瘦说》的再评价以及对胜和榎本的来历进退的批判也与同时代的论争相关。这是他与也是同一论文集的作者吉本隆明以及花田清辉从 1957 年（昭和三十二年）开始展开的论战。论战的经过在好村富士彦《正午的决斗——花田清辉、吉本隆明论战》(晶文社，1986 年）中有详细介绍，论战始于花田在 1957 年 7 月号的《文学》杂志上刊登的《给年轻一代》(『ヤンガー·ゼネレーションへ』) 一文，此文对吉本于前一年，即 1956 年，在该杂志的 12 月号上发表的《现代诗批评的问题》一文展开了批判。

论战以当时围绕昭和初期无产阶级文学的评价、艺术与政治实践之间的关系等为论点。之前花田在二十世纪三十年代后半期，给中野正刚负责的国家主义团体之“东方会”的杂志《东大陆》频繁投稿。从吉本指出了这个事实开始，两人逐渐陷入了互骂对方为法西斯主义者的泥潭之中。

而收入《现代的发现·第三卷·战争责任》中吉本的文章亦然，文章虽然没有提到花田的名字，但吉本说到了“东方会”，将其作为日本“社会法西斯主义”（吉本将这种区别于农本主义之通过“仿近代”性国家对社会统制的志向称之为“社会法西斯主义”）的旗手，并进行了详细的论述。桥川也在论文的末尾所添加的长“注”中提到论争，他批判花田没有理解吉本、桥川等战中派一代所提出的问题，（指出）花田“试图相杀性消解对于战争之革命性领导力的责任问题”。依据看法而言，此书也可以看作为了攻击包括花田在内的战后左翼知识分子“不负责任”的“战争责任”论文集。

对此，花田清辉发表了《〈慷慨谈〉的流行》（《中央公论》1960年4月号）进行反驳。虽然桥川和吉本两人的名字都被点到，但批判的主要对象是桥川的《日本近代史中的责任问题》。在花田看来，其议论中“只有民族主义的观点，没有福泽谕吉那种区别心情伦理与责任伦理的意识”。胜海舟在巧妙地窥探“时机”的同时操纵着佐幕派和反幕派双方，寻求“通过以毒制毒，用他自己的手给封建国家敲下了鲜艳的终止符”。榎本武扬也在箱馆政府中，对内和对外都宣称“进步的民主制”，展开了“基于对战时国际法的尊重，尤其是红十字条约的精神，不区分敌我，收留并护理负伤者的救助行动”。在花田看来，尽管他们的行为从忠诚这一“道德性责任”观点出发而言存在着一些问题，但出色地尽到了“政治性责任”。

作为结果，在花田这篇文章之后，论争不再进行了。花田清辉是安部公房在作家生活的初期、加入1948年（昭和二十三年）前卫艺术群体“夜之会”以来的至交，安部从他那里学到很多东西，花田清辉可以说是安部的艺术和左翼运动之师。安部在构思《榎本武扬》之际，大脑中有花田的这篇文章，这一点从他对《忍瘦说》以及箱馆政府的涉及上也完全能够推测。

因此，如果硬要在论争过程中给它一个定位，小说《榎本武扬》不也可以看成是为了花田而迟延数年的支援性射击吗？1961年（昭和三十六年）12月（次年2月，警察厅公布之后，日本共产党也追认），花田和安部从迄今为止作为党员所属的日本共产党中被除名，这件事应该也对小说的构思产生了影响。两人同大西巨人以及武井昭夫一起，对宫本显治书记长等党的执行部在1960年（昭和三十五年）反对修改日美安保条约的运动之后，封杀党内的少数意见，企图将文学团体变成“承包机构”的“官僚主义”进行了尖锐的批判（依据《日本读书新闻》，1961年7月31日和9

月 4 日）。《榎本武扬》中所描绘的、在旧“幕臣”军队内部残忍地处刑违反者的土方岁三这一形象，也可以让人看成在调查中严厉追究造反者的党内官僚。

吉本和桥川的主张，其焦点集中在忠诚的道德上。对于吉本而言，在战前支持国家主义团体的“东方会”，但战后却作为从属于共产党的左翼文化人而活跃着的花田，对原理缺乏忠诚。桥川亦然，质问（那些）通过曾经的转向而放弃革命运动，但又没能防止战争发展的左翼的政治责任，在其深处看出“对思想的责任意识”的欠缺。而对花田而言，应该会觉得这是规则很死板的原则论，但是否能说当事人从正面回应着这个批判，是非常值得怀疑的。（因为他认为，）对于思想、原理、信条这些东西的忠诚问题，被作为执着于“民族主义”来曲解，完全抛弃了围绕这样的忠诚质问其“道德的责任”的可能性。

在小说《榎本武扬》中，土方和榎本，或者企图检验他们言行的福地，经常围绕忠诚展开讨论。那似乎也是尝试着填补花田留下的空白领域。比如在与土方的对话中，榎本这样说：

> 如此说来，前天仙台藩的一位年轻人来过，带着让我为难的挑衅性问题。那位年轻人说：“我们仙台藩主最终还是投奔了萨长一方。知道他的变心之后，我脱离了仙台藩，决定加入逃出江户的军队。但父亲劝我不要这样做，他说仙台藩士（武士）是仙台藩的侍从，与藩主共命运是武士之道。（那么，）究竟哪种选择才是真正的武士之道呢？”

在藩主（大名）背负着为德川幕府服务的“藩”的职务时，藩士是忠诚于职务还是忠诚于藩主个人，到底哪一个优先好呢？在德川末期，包括围绕着皇室和德川政权关系的重大问题，在政治秩序的各种维度上，就这样存在着复数的忠诚相互纠葛。执着于对德川家忠诚的土方在进行这场对话的时候，也隐约自觉到将军德川庆喜已经归顺于新政府，“幕府”也消灭了，不知道到底该对谁尽忠。对于将对主君的忠诚作为人生的基本而生存着的武士们而言，无法让这个问题就这么过去。

小说中，榎本一方面身陷辰之口狱中却给新政府建言，让旧“幕臣”武士占多数的囚人们移住到虾夷地来进行开垦事业；另一方面，又指示囚人们在护送他们的军舰上发动叛乱，夺取武器并在厚岸登陆，创建只属于他们的“共和国”。根据当地的传说，他们在上岸之后，向根钏地方原野的更深处挺进。厚岸的福地伸六对榎本武扬产生兴趣的原因之一也是小时候听过消失了的“共和国”传说。在《五人组结成的始末》所引用的史料中，虽然送往北方的囚人只有 36 人的记载，但他说在传说中有“300 人”。

然而，榎本的这个指示，究竟是作为“对被时代所背叛的同伙的同情和善意”，企图赋予其作为全新的参加意识对象的“共和国”，还是“为了从身边赶走麻烦，即赶走那些无法从过去中逃离的、危险的亡灵们的一种策略”？这一点终究不得而知。福地最终考虑的是后者而感到绝望，他在给“我”寄出原稿和信件之后就成了失踪的存在（在这部作品中，“失踪”也成了一大要素）。

但是，如果把榎本的指示理解为前者，榎本的工作也许是这样的一种企图，那就是让过去的时代武士的忠诚心，转向还见不到的未来的“共和国”。（这个“共和国”）与至今为止的国家完全不同，忠诚那种东西，（在此）转向似乎无意义的空间形成（而存在）。在小说的最后，“我”再次走访了厚岸，在确认了福地的失踪后，踏进了北方的原野。

> 那广漠的风景，跟五年前毫无变化。300 囚徒逃亡的传说也与苍白的过于广阔的天空一道，让人觉得似乎不变地呼吸着。这个虚幻的传说中的什么使我如此被吸引着？我自己也不知道。我只能在这种状态中，一直侧耳倾听着这无论何时都有的、穿过荒野的风声。那种风声，有时觉得像歌唱着失去的希望，有时又像过去的亡者发出的怨嗟呐喊。

“共和国”之梦消失在风声荒芜的原野中。而这片北方的大地，对于安部公房的文学世界而言，应当可以说是其（创作）的原点，同时也让人想起（安部曾经生活过的）伪满洲国这个地方。

第六章　忠诚的讽喻

一

“忠诚”这种问题，正如已经看到的那样，在长篇小说《榎本武扬》的构思中占有相当重要的位置。如果只关注是否坚持对德川的忠诚并抵抗新政府这个选择，在作品中榎本的立场超越了二者择一，试图给武士们指出应选择“不是勤王，也不是佐幕的第三条道路”。也就是说，作为对那些尽管已经预料到“幕府”不可能复活，但仍然坚持抵抗的人们的一种粗暴治疗，采取了经由奥州战争与箱馆战争之“败即胜”的战略。

因此，小说里所描绘的榎本具有理性主义者的姿态。榎本经过西洋留学而放弃了对旧日本“封建国家”的念想，从而抵达与胜海舟所共有的展望，那就是无论“幕府”和萨长哪一方取胜，(只要)“结束这场战争，藩与藩主这样的存在，彻底从日本消失”。如果在两军对抗时如实地说出这种见解，大概会被那些执着于对德川忠诚的武士们看成背叛而惨遭暗杀吧。为此，表面上表现出彻底抗战的姿态，乘坐军舰从江户出发到达仙台海面，进一步向箱馆挺进，一边玩弄一边诱导武士们，通过让他们士气衰落，巧妙地上演了一场败战。

但是，围绕榎本与“忠诚”问题之间的关联，这部小说的描写方式，不是像上述的概要就得以完成的那样，仅以理性主义的一面简单地下结论。由整部小说的说话人“我”来讲述榎本的事情，给“我”寄来了史料《五人组结成的始末》现代日语译本的福地伸六这个男人的设定，充分体现了这一点。福地在被任命为明治政府的开拓使之后，从自己的祖母那里听到了她见过榎本访问厚岸的回忆，以及知道了在当地口头流传的讲述囚人们逃走的传说，这些成为他对榎本产生兴趣的根本原因。

然而，除了对常见的乡土史感兴趣之外，还有切实的理由。福地曾在“战争期间”，作为宪兵有过热心地努力“揭发敌性思想”的经历。那个时候，他认为妹夫是敌对东条英机政权的“反军思想”者，并向宪兵队检举，妹夫因此被捕而死在狱中。在福地看来，对揭发妹夫作出决断感到苦恼的同时，但终究还是坚守了“指挥系统的神圣”，是对职务尽忠的结果。在战争期间的这种表现，作为为了国家牺牲亲人的行为，也是被社会所认可的。

当然，他受到了妹妹的激烈谴责和诅咒。随着战争结束，消灭了“宪兵的大义名分”和宪兵队这种组织，一旦进入新价值观的时代，福地的妻子也骂他是“背叛亲人的非人”而离家出走。在对以天皇为至高存在的国家尽忠这样的伦理急剧消失的战后，对职务竭尽“忠诚”的福地的行为，被视为是面对通过权力的镇压而没能保护家人的“背叛”。

过去的忠诚在今天成了背叛。尽管战争结束后，福地又成了旅馆的老板，并也着手一些其他业务，从而成为城市的实力者。但是，他想不通（适应不了）时代的变化，感到对自己的诅咒现在已经开始。在战后的现在，对“政府机关”以及“公司”这些组织的忠诚被视为是理所当然的，为什么只有过去的忠诚必须要受到谴责？在与《五人组结成的始末》原稿同封一起寄给“我”的信中，福地这样呐喊着：

> 因此，我只能这样说，如果无论如何都要我承认过去是错误的，那就为我制定一个将忠诚视为罪恶的制度。只有到那个时候，我才会痛痛快快地承认错误。我会对曾经揭发妹夫的行为断然反省，也会下跪忏悔。但是，只要今天的忠诚还被承认，却把昨天的忠诚称为背叛，我是怎么也难以接受的。不错，我是坚决不会承认的。我终究将继续坚信自己的正义。如果命令我背叛昨天，那我连今天也要背叛，绝不妥协。

福地不是在被灌输对长官服从也即对“现人神”天皇尽忠的思想中成长起来的职业军人。在“与一切思想都无缘”中，不过是“短期”离开旅馆业作为“下级宪兵”为国家效力。然而，也许正是当宪兵这件事反而让他强化了对于忠诚的固执。

如果是照本宣科地教育尊皇、忠君那样的思想，比如，通过接触倡导人与人之间权利平等的思想，即使不至于转换立场，也会相对化地审视迄今为止自己的主义主张。然而，若是在军队生活的严格规律中学到忠诚的态度这种情况，即使对于教说的理解很浅，也会让人刻骨铭心。倒不如说，正是这样的人，大概很难解开其对忠诚的执着。尽管深刻地感受到时代的变化，但古老的忠诚，因为那是丧失了的东西，反而对其更加固执。在福地的态度中我们可以看到这种机制。

同样是从执着于忠诚问题的角度，批判向新政府转身的态度之福泽渝吉的榎本论，在福地的言语中，以及放在《榎本武扬》这部小说的全体中的评价都是很差的。这一点如前所述。但是，抛开对榎本的评价是肯定还是否定这一点来看，在深刻地把握忠诚这个问题并试图确认其意义的心愿上，倒不如说花田清辉所批判的桥川文三与小说中的福地是一样的。

或许还可以加上与桥川文三的《日本近代史中的责任问题》大约同时的，1960年（昭和三十五年）2月发行，收录在《近代日本思想史讲座·第六卷·自我与环境》（筑摩书房）中的丸山真男的《忠诚与反逆》一书，此书同样是评价“忠诚”的系列。这是一部以德川时代的武士福泽渝吉为西南战争中的叛乱军辩护的著作《丁丑公论》为素材而写成的作品。

忠诚的感情是过去的日本人让自己的精神得以自立的基础。与此同时，正如在执行侍奉“藩”的职务与主君的意向出现分歧时所看到的那样，在复数种类的忠诚互相冲突的情形中引发了内部的深刻纠葛。这部作品，鲜明地分析了（日本的）“封建性”伦理在孕育着矛盾和纠葛的同时，又在个人内部产生出巨大能量的情形。因为桥川文三与丸山真男拥有近于师生关系的亲密性，所以桥川在作品中对福泽渝吉《忍瘦说》的述及，很可能是基于从丸山那里得到的启发。

在此，饶有意味的是，在《榎本武扬》连载时，同样的杂志《中央公论》的1964年（昭和三十九年）7月号上，刊登了题为“忠诚心多元化时代”的座谈会这件事情。该座谈会以大宅壮一为中心，与堤清二（头衔是“西武百货店店长”）、永井道雄、中根千枝等人一起，讨论着在日本社会中“忠诚”感情的变化。对话以志贺义雄从日本共产党中除名这一话题为依托，从各种角度讨论了过去在战前以及战争期间，对天皇以及国家的“忠诚心”支配着日本人，但现在（即战后）转变为对公司、工会、家庭（“我的家”）的“忠诚心”。

然而，座谈会的内容是松散的。比如，对于大宅的“忠诚心这种存在是电视频道。大概有12个台，根据时间和空间的不同而切换”这样的发言，中根以“作为现代人，我认为这样是健全的哟”这句话进行回应。正如这种一问一答中所体现的那样，座谈会的总体漂浮着一种对战后新社会的现状肯定的空气。像对于武士而言的主君，对于战前的“臣民”而言的国家那样，要求个人严格的忠诚，要如何回应这种要求所引起的内在纠葛在此已经不存在了。现在有的只是对被视为“疑似家庭”的公司以及对家庭的温暖依恋。这样的论调，在这次座谈会上漂浮着。

在经过战后的民主化改革以及经济的高速增长，从而产生巨大变化的社会中，像过去那样，强烈追求对于国家忠诚的伦理明显地衰退了。取而代之的是产生作为支撑人们的精神、保障与他者之间联系的，对于家族与公司的归属情感。然而，对于这样集团的依恋，与曾经对国家的忠诚相比，可以在自己感到不满时就退出，也可以随时欢迎新成员加入，这是一种简单的、温和的情感。经济成长催生了富庶的社会，就这样让人的忠诚情感向各种各样的对象扩散，并将逐渐减弱。

生存在现代社会，在家庭以及工作单位所保持的温暖空间里漂浮的个体自我，不是已经失去了轮廓成了不安定的存在了吗？丸山真男与桥川文三有过这种疑问。与此相同的关心，在执着于榎本武扬的福地的心理上，可以看到这种投影。

武士们对德川的忠诚心，榎本对此拥有深刻的理解，作为企图给他们指出的一条让其忠诚心转化为新形式的道路，在明治初年将囚人们送到了北方大地的深处。抱着这种期许，福地开始了关于榎本的历史调查。他带“我”去了囚人们消失的根钏原野，在回到厚岸的旅馆后的对话中，他这样说道：

> 任何时候，正确的只有那个时代的信念。相信时代，这种事情本身却成了有罪，那样的时代只要不来，再怎么说要以过去为耻，这样（要求的）家伙也是没有道理的哟。……但是，那个人不同。只有那个人，那样的事情，所有的事情都完全咽下了。说是时代变了，但并不是说从时代中落伍的人是有罪的呢。于是，为了那样的同伙，在时代之手够不着的大山深处，为他们创建了崭新的国家。

这也是福地鼓励自己的话吧。对于基于支配时代的道德原理而尽忠的人，即使时代变了，他的忠诚被否定了，也要向他伸出温暖的手。福地对消失在原野的囚人传说，由于期待着榎本那样的视线，所以转向了历史研究。那也是强烈意识到时代的变化，忍受着那种痛苦的福地，通过将自己的精神与忠诚的连接点紧密地结合起来，想方设法努力保持着自我同一性的一种（精神）营为。

因此，在《五人组结成的始末》中，当读到榎本说被流放到圣赫勒拿岛的拿破仑的命运是“对忠诚这种无用的东西露骨的嘲笑”时，福地的期待落空了。失去了自我依据的福地，也与囚人一样，在茫茫原野中失踪了。在小说末尾出现的是之前也曾引用过的，呼啸着既能听成“希望”之歌，也能听出“怨嗟呐喊”的风声，荒凉的根钏原野的风景。

二

在《榎本武扬》这部小说中，福地伸六与榎本以及暗杀的主谋浅井十三郎并列，位于第三主人公的位置。不仅是历史，就连企图写历史的人物也在小说中出场，让读者阅读他准备的文章，这应当说是一部以超历史小说构成的作品。而且，那篇长文的内容，正如之前提到的那样，是由杂多的记录与史料拼凑而成的，没有展示完整统一故事的全貌。

福地虽然从心底接受了时代的变化，但是无法适应新的潮流。那既不是因为缺乏处世之道，也不是抱着坚贞操守的原因。正如前面提到的那样，福地具有成为城市实力者的足够才能，与基于坚定的“思想”而保持忠诚的军人不一样。因为偶然成了宪兵，不知不觉中让忠诚深入骨髓，即使知道落后于时代而试图抛弃忠诚，但无论如何也不可能那样做，（他就是）这样的一种分裂的人格。

同样的分裂在榎本武扬身上也可以找到。虽然自己在狱中，却对新政府建言用军舰送囚人们去北方，应该让他们去从事蝦夷地的开发，这一建言究竟是出于“对被时代背叛的同伙的同情与善意”的处理，还是来自嘲笑忠诚的冰冷的理性主义呢？也许可以看作其身上两者并存的奇妙人格。

在《五人组结成的始末》中，作为“饯别语”榎本对从狱中出来被送往蝦夷地的囚人们所说的话很微妙。“保全操守是很难的事情。然而舍弃操守，则是更难的道路。”恐怕福地是把这句话理解为劝他们“舍弃操守”，从而将自己引入了绝望，但根据读法，也能将这句话理解为与其由于“舍弃操守”而遭受最大侮辱，不如在忍受困难的同时以拒绝服从新政府的形式而选择“保全操守”的道路这样的意思。榎本的言论与行动，总是散发着这样的双重性。

像这样在作品中榎本所表达的难以把握的语言，在同时代就引起了人们对《榎本武扬》这部小说的批判。安部公房也作为会员加入的“新日本文学会”，其杂志《新日本文学》（1966 年 2 月号）上刊登的武井昭夫的文艺时评《关于危机意识的欠缺》（之后，此文在 1967 年晶文社出版的《批评的复权》一书中再次收录）一文便是其典型。武井与安部、花田清辉一起，在参加了反对1960年日美安保条约的运动之后，由于批判日本共产党执行部，在第二年7月份被日本共产党除名。这在当时，“新日本文学会”的事务局长，基于独自的马克思主义文学论的立场，引导学会走向了与日本共产党决裂方向的时期。

武井批判这部小说。他认为，“安部的思想主体几乎完全陷入对新榎本像的创造，只是面向现代借此才能提出忠诚的相对化而已”。那是缺乏对横行于（社会的）、把“时代变了、时代变了”的呐喊声作为“变节之劝”的现代进行批判的视点。安部的小说，只是通过一心描述让忠诚相对化的榎本的理性主义，“处理现代的转向问题之新型的转向文学”。武井就是这样对《榎本武扬》进行定位的。

然而，不如说对于忠诚的对象多元化，人的心情也变得淡薄的“现代”社会，武井也让人看到其深刻的焦躁，这一点是很有意思的。由于焦躁，在这里只能把榎本作为一种为了保身而反复变节之“近代官僚政治家的原型”来把握。如果这样处理，为了追溯榎本的生涯，故意让福地伸六这个人物作为媒介而存在的意义就没有了。

《榎本武扬》有时被看成是一部与安部公房脱离日本共产党有很深关联的作品，并没有作为其代表作来对待。这种现象应该也有武井的评价影响广泛，并把《榎本武扬》作为转向小说来把握的缘故吧。不久之后，在1967年（昭和四十二年）2月，安部响应三岛由纪夫的呼吁，与三岛、川端康成以及石川淳一起，发表了《关于中国“文化大革命”、拥护学问·艺术的自律性》的抗议声明。这是超越了左与右的政治立场的行动，对于认同“文化大革命”的日本左派知识分子而言，这是一种背叛的言行。安部以此为契机跟花田清辉划清界限，其远离“新日本文学会”的经过，应该也是之后固定了对《榎本武扬》评价不高的原因吧。安部的小说中其代表作几乎在新潮文库中都有再版，也包括初版由其他出版社出版的《野兽们朝着故乡》以及《第四间冰期》，只有《榎本武扬》还是与初版同样的出版社，由中公文库再版。

但另一方面，同时代也有人指出过，在小说描绘的榎本和福地两人形象中，可以读出很深的关联性（“深い陰影”）。在武井的批判发表后不久，山崎正和在投给《中央公论》（1966年6月号）的艺术时评《文艺——从“青春”文学向“历史”文学》（之后，此文被编入《山崎正和著作集6　艺术现代论》，中央公社论，1982年）一文中谈到《榎本武扬》，他指出，榎本的内在双重性与福地的内部分裂性（之间，存在着）互为呼应的结构。

在山崎看来，榎本与福地的形象，“在相互的形象中，看清了时代更替的残酷瞬间”，他们正是生活在现代的“孤独者”们的肖像。“如果将历史当作永不停止地撕开时代的前进过程，对于自己被历史所撕裂的他们而言，更容易看到历史的面目。”因此，榎本亦然，在社会大变革的漩涡中，切身自觉到历史的转变，可以把他理解为呆立不动的现代人的先驱。

> 实际上，榎本武扬这个人，是不是真的像宪兵（福地伸六——引用者注）所想的那样，是一个想得开的理性主义者，对此作者绝不是简单地就同意。倒不如说，如此执拗地厌恶对过去时代的忠诚的榎本，其自身不就是因时代的崩溃而受伤最深的人吗？为了把那些非转变者都送上死路，在搭上了自己的生命和名誉的人的心中，无疑地翻卷着被撕裂的转变者的乌黑怨念。

在此，我们可以读出，榎本由于从心底看重“忠诚”的意义，深深地自觉到自己是背叛了忠诚的“转变者”，（为此）把“非转变者”的武士们逼向死亡之路的“撕裂”心理。围绕这样人物的记录，又是由同样拥有撕裂人格的福地来整理，最终成了《五人组结成的始末》这份原稿。其记述混乱且复杂，很难总结出一个内容梗概，（这种现象，）大概也可以看作因为记录者和主人公双方所拥有的内部分裂，以外在的形式表现出来的缘故。

抱着两种矛盾的志向使身体无法动弹的主人公，与围绕着这些人物之不可理解的历史转变；只要注意一下这个特征，《榎本武扬》所采用的叙述方法，会让人想起瓦尔特·本雅明在其初期著作《德国悲哀剧的根源》（1928 年）中所说的，在 17 世纪戏曲中存在的“讽喻”的表现形式。

本雅明指出，产生于 19 世纪的浪漫主义的艺术论传统，就像在古代希腊的雕刻中看到的那样，具有温润和谐之美的作品只是作为一种个物，让看到这种作品的人感到伟大的生命以及理想，它将“象征”的表现方式奉为至上的东西。与此相对，17 世纪巴洛克时代的德国艺术作品则与“象征”相反，那是基于“讽喻”而创作的作品。而关于当时盛极一时的悲哀剧以及在徽章中可以看到的讽喻精神，他这样说道：

> 在象征中，没落通过被美化、变形的自然面貌在救济之光中刹那显现。与之相对，在讽喻中，历史的遗容作为僵硬的原风景在考察者的眼前展现。历史从最初开始就被此纠缠而不得时宜这件事，惨烈的事情，失败的事情，所有这些都成了一种面貌，不，成为一具骷髅清晰地显露出来。（冈部仁译）

阅读史料的“考察者”不是去关注那些新生的支配世界的东西，而是注视那些被忽视、抛弃了的个别事物，面对“历史的遗容”。对于“考察者”而言，所谓历史的叙述不是系列描写那些时代胜者的生平事迹，讲述从过去到未来的持续发展的路线。如果以作为这样人的关联的发展史来把握历史全体，过去发生的个别事情就会失去其（本身所具有的）固有性，只有那些能够作为现代的前史得以定位的东西被挑选出来，成为讲述的历史中被镶入的存在。其背后“惨烈的事情”“失败的事情”，将作为对现在的人们而言难以理解的事件而被忘却，最终保持着史料残片的原样而被搁置处理。

在这种意义上，作为某种发展史而被讲述的历史，往往是胜者的历史，是现在的胜者对作为自己的先驱者而指名的那些人进行叙述，一种顺畅发展的故事。与之相对，通过讽喻创作出来的艺术作品，把目光投向那样的史书中没有谈到的、散乱的残片，并且拒绝在井然有序中整理和收集这些残片。“考察者”捡起各种残片，即不得时宜的事情、惨烈之事、失败之事，只是侧耳倾听这一个一个的骷髅所发出的声音。

但是，对于本雅明所说的通过“讽喻”讲述历史的方式，安部公房在创作《榎本武扬》时也许并不知道。在日本第一次真正介绍《德国悲哀剧的根源》，大概是川村二郎的论考《〈断章〉的美学——关于瓦尔特·本雅明》（《季刊世界文学》第三号，1966年5月；之后，此文被编入《局限的文学》一书，河出书房新社，1969年）一文，而《榎本武扬》作为单行本出版发行，是在此文发表的前一年。

然而，安部投向在明治政府公认的历史观中被定位为败者们的视线，采用零乱地抛出史料那样的小说结构，难道不可以说与本雅明所说的手法是相通的吗？囚人们做着“共和国”之梦而消失，90年后福地伸六一直寻找着史料的残片的根钏原野这个空间，犹如历史的脚步停止了那样，是一个绝对静止的场所。而那里，也是安部公房所喜欢的“坑洼”以及被抛弃的无用之物等，犹如被忘却的过去的残片散落着。下文是“我”第一次走访那里的情景。

> 从吉普车上下来，试着在那条路上走了一段。那里有一个似乎连马车也能掉进去的大坑。犹如偶尔想起一样，有装着牛奶罐的台，在其深处，熏黑的筒仓像傻瓜一样呆立着。几乎看不到近邻，道路的尽头就是天空。如果笔直往前走，就那样会掉进天空里似的。这条道路，也许是天为了从下界把时间吸起来的管子。

一切都是从 90 年前，或者是从更久以前也都未曾变过那样，这是时间停止了的空间。只要把身体放在那里，接触了败者们过往的片段之后，再回到日常生活的时间中，就会觉得迄今为止所认为的理所当然的历史是非常可疑的。

《榎本武扬》的连载结束三年后，即 1968 年（昭和四十三年），是之前提过的“明治百年”热的最高潮。安部在那一年发表的随笔《内在的边境》中，在提到围绕“明治百年”所展开的学界论争的同时，他说了这样一段话：

> 现在不是被传统所框定，恰恰相反，是传统被现在所规制。说到下一个百年之后，在多样的、复合的现代向量中，有什么会作为传统被加以认知，那完全是与百年后的世界相关的事情，现代本身并没有什么决定权。

历史总是被那些书写历史的人为应对其所生存时代的关心而改写。如果将那样产生出来的、现在所谓的“传统”作为自明的东西而加以接受，人们就能够安居在“现代”的历史中。但是，如果开始把目光朝向那些被抛弃了的过去的片段，根据从“现代”所看到的历史就难以理解清楚，过去的异质性就会清晰地涌现出来。而相反地，未来也不能仅限于在“现在”的延长线上所能想象的状态中得以抵达，它会作为未知的东西被人实际感受到吧。对断绝了的过去的关心，将变成对于超出预想的未来的想象力。

（未完待续）

编后记

从2015年开始，本论丛作为“中华日本哲学会”的论文集，以研究论丛的形式连续出版至今已经6年了。从2015卷、2016卷、2017卷、2018—2019卷，到该卷2020卷，一路走来不是一件容易的事情，会员们的鼎力支持以及各卷主编的无私奉献让我们能够一直坚持下来。要持续出版这样一套立足于纯粹基础研究的论丛，需要一种坚定不移的学术精神与使命感。多年来我们既缺少资金，又要面对出版社的严格要求；每一卷从征稿、编选到出版，参与这个过程的老师们都是无怨无悔地努力着，编委会成员没有劳务补贴，而入选的论文作者也没有稿费，大家却一如既往地支持我们，这是令人欣慰的事情。在这里首先需要指出的是，每一卷的主编除了为该论丛寻找资助，还要腾出时间审阅、编辑来稿。另外，在2017卷、2018—2019卷、2020卷的征稿与编选过程中，与征稿、编辑等有关的一切事务，北京第二外国语学院的张晓明老师付出了辛勤的劳动，他却选择默默地承担，只是以作者以及编委身份出现在论丛中。这种无私的奉献精神，值得大家铭记。他们只是希望我们的学会能够得以发展壮大，在学术界产生更大影响；希望我国的日本哲学、思想、文化等研究能够在我们这一代研究者的努力下迈上新的台阶，在新时代开辟出一条通往更广阔未来的道路。

“中华日本哲学会”团队最让人欣慰的就是团结，大家齐心协力，理解、支持、配合学会的一切工作。记得北京大学的王颂老师、同济大学的陈毅立老师都曾经在私下交谈时说过，我们的学会让人感到最美好的就是大家团结、温暖，参与学会工作的许多老师都没有功利心，这是我们的前辈开创的良好传统、为我们留下的宝贵财富，需要我们珍惜和继承。“和实生物”是中国传统文化的核心思想之一，只要大家团结一致、齐心协力，相信“中华日本哲学会”在大家的共同努力下，一定会不断取得可喜的进步和发展，一定会无愧于时代而走向未来。

2020年是学会成立40周年的纪念之年，也是越来越多的年轻学者加入学会的丰收之年。以此40周年为契机，学会的发展一定会进入新的历史阶段，更多高水准的研究成果将不断涌现。学会的这个园地存续不易，需要广大会员一如既往地支持，踊跃来稿，让我们的论丛办得更好。最后，对于本卷出版费用的赞助，清华大学刘晓峰老师功不可没，与此前的郭连友老师、赵晓靓老师、刁榴老师、李红军老师一样，需要大家致以最诚挚的敬意。

《日本哲学与思想研究》编委会

2020年5月1日

编者、作者、译者简介

1. 林美茂，男，1961 年生，中国人民大学哲学院教授。
2. 刘晓峰，男，1964 年生，清华大学历史学院教授。
3. 王青，女，1964 年生，中国社会科学院哲学研究所研究员。
4. 孙彬，男，1995 年生，中山大学在读博士研究生。
5. 冯璐，女，1991 年生，中国社会科学院大学在读博士研究生。
6. 张政，男，1989 年生，中山大学在读博士研究生。
7. 陈毅立，男，1981 年生，博导资格，同济大学外国语学院副教授。
8. 文东，男，1994 年生，同济大学外国语学院硕士研究生。
9. 小岛康敬，男，1949 年生，日本国际基督教大学教授、特任教授。
10. 李泽田，女，1995 年生，北京工业大学硕士研究生。
11. 郭星媛，女，1995 年生，北京工业大学硕士研究生。
12. 顾春，女，1978 年生，北京工业大学副教授。
13. 祁博贤，男，1997 年生，中国人民大学哲学院博士研究生。
14. 宋琦，女，1987 年生，日本综合研究大学院大学在读博士研究生。
15. 项依然，女，1995 年生，中国人民大学哲学院在读博士研究生。
16. 刘晓婷，女，1996 年生，北京第二外国语学院日语学院在读硕士研究生。
17. 贾晰，女，1996 年生，中国人民大学哲学院在读博士研究生。
18. 王蕾，女，1998 年生，中国人民大学哲学院在读博士研究生。
19. 伊东贵之，男，1962 年生，日本国际日本文化研究中心教授。
20. 张晓明，男，1987 年生，北京第二外国语学院副教授。
21. 葛诗嫣，女，1990 年生，中国人民大学哲学院博士研究生，现就职于中共大连市委党校。

22. 何鹏举，男，1986 年生，北京理工大学外国语学院副教授。

23. 仲玉花，1977 年生，天津外国语大学中央文献翻译研究基地助理研究员。

24. 刘伟，女，1987 年生，日本爱知大学中国研究科在读博士研究生。

25. 苅部直，男，1965 年生，日本东京大学法学部教授。

26. 徐滔，女，1968 年生，北京外国语大学教授。